中国地质大学(武汉)本科教学工程课程与教材建设项目(ZL201922)
中国地质大学(武汉)研究生课程与精品教材建设项目(YJC2021305) 资助
户外运动专业教学训练系列教程

户外运动生理学

HUWAI YUNDONG SHENGLIXUE

主　　编：刘仁仪
副主编：欧高志　方　银　刘华荣
编　　委：李　伦　毛海峰　石伟岩　汪秀兵
　　　　　徐　豪　杨家辉　叶　星　李　芳
　　　　　周子钰　梁荣琪　胡明艳

中国地质大学出版社
ZHONGGUO DIZHI DAXUE CHUBANSHE

图书在版编目(CIP)数据

户外运动生理学/刘仁仪主编. —武汉:中国地质大学出版社,2021.12
ISBN 978-7-5625-5192-8

Ⅰ.①户… Ⅱ.①刘… Ⅲ.①野外-运动生理学 Ⅳ.①G804.2

中国版本图书馆 CIP 数据核字(2021)第 264338 号

	刘仁仪	主 编
户外运动生理学		
	欧高志 方 银 刘华荣	副主编

责任编辑:韦有福	选题策划:毕克成 韦有福	责任校对:徐蕾蕾

出版发行:中国地质大学出版社(武汉市洪山区鲁磨路388号)	邮政编码:430074
电 话:(027)67883511 传 真:(027)67883580	E-mail:cbb@cug.edu.cn
经 销:全国新华书店	http://cugp.cug.edu.cn
开本:787毫米×960毫米 1/16	字数:323千字	印张:16.5
版次:2021年12月第1版	印次:2021年12月第1次印刷
印刷:湖北睿智印务有限公司	
ISBN 978-7-5625-5192-8	定价:68.00元

如有印装质量问题请与印刷厂联系调换

户外运动专业教学训练系列教程

编委会

主任委员： 王焰新　李致新

副主任委员： 赖旭龙　王勇峰　吕万刚　张志坚
　　　　　　　周建伟　董　范　庞　岚

委　　员： 次　落　毕克成　冯　岩　牛小洪
　　　　　　刘华荣　黄　静　李　伦　代新华
　　　　　　刘良辉　董　利　李　元　黄江华
　　　　　　陈　刚　杨　华　邓焰峰　马欣祥
　　　　　　罗　申　游茂林　刘仁仪

总序一

户外运动教学是以户外运动项目所共有的基本知识、技术、技能为主要教学内容,以培养学生参与户外运动及相关竞赛所具有的身体素质、心理品质和适应能力为主要教学目的,帮助学生形成完美人格、全面提高综合素质的系列体育课程,对促进学生成长成才具有健全独特的、不可替代的重要作用。

户外运动专业教学训练系列教材付梓出版,我由衷地感到高兴。这是近半个世纪来,我校体育教师科研团队在董范教授的带领下,在特色体育教育教学领域中取得的最新科学研究成果。这一系列教材的出版,将有助于更多有志于从事户外运动的人士分享我校特色体育教学和科研成果,促进户外运动教学培训进一步规范、高效发展。

自建校以来,我校就以特色体育为方向,充分发挥学科专业优势,不断拓展体育教育的内容和途径。2012年5月19日8时16分,我校大学生登山队成功地从北坡登上海拔8 844.43m的珠穆朗玛峰顶峰,成为登上世界最高峰的首支中国大学生登山队,其中我校2011级户外运动专业硕士研究生陈晨成为全国第一位登顶珠峰的在校女大学生。当晚,校友、时任国务院总理温家宝向学校表示热烈祝贺,并指出:"这给我们一个重要的启示,那就是只要不畏艰苦和挫折,就一定能够达到光辉的顶点,这应该是我们的传统。"2013年5月4日,在"实现中国梦、青春勇担当"主题团日座谈会上,陈晨同学作为全国大学生代表,畅谈了她登顶珠峰的体会,受到习近平总书记的勉励和肯定。2012年9月,我校承办了中国登山协会主办的"中日韩三国大学生登山交流活动",在亚洲户外运动界产生了巨大的反响,进一步提高了我校户外运动的国际影响力。

从20世纪80年代开始,我校就把登山训练引入课堂教学,把登山的基本技术——攀岩,确定为学校体育必修课教学项目;20世纪90年代中期,又在国内首创了集体育学、地理学、管理学、气象学、医学等学科为一体的野外生存体验课,引入了智力与体力相结合的体育项目——定向越野。随后,我校又率先在国内开设了"户外运动"普修课。2005年我校开始招收全国第一届社会体育指导与管理(户外运动方向)专业本科生,由此而成为了全国高校户外运动课程和登山户外运动专门人才的"发源地"。经过我校体育教师多年的教学实践、研究与积累,户外运动的教学内容、方法、手段以及组织形式不断完善,逐渐形成了一整套较科学系统的"课内课外相结合"的教学模式和较全面的教学内容体系,得到了社会的广泛认同。2012年我校体育课部董范教授主持申报,杨汉、刘华荣、牛小洪、冯岩等骨干教师参与的"坚持特色教育,培养拔尖人才——创建登山户外运动教育教学体系的理论与实践"项目荣获湖北省教学成果二等奖。60多年来,我校先后有1万多名学生接受了各类登山户外运动训练,向国家登山队、攀岩队输送了多名高水平专业运动员,王富洲、李致新、王勇峰、次落就是其中的杰出代表。

户外运动的发展急需完善的人才培养体系提供理论支撑。面对社会的迫切需求,我校体育教师结合多年来开展户外运动教学的经验和科研积累,编写了一套面向户外运动相关专业的应用型教材。本系列教材内容丰富而系统,涉及户外运动教学的各个方面,具有如下鲜明的教学与实践特征:

(1)体系完整。本系列教材系统地总结了我校长期开展户外运动教学与实践积累的经验,吸收了近些年开展户外运动教学、实践与科研取得的最新成果,深入剖析了各户外运动项目之间的关系,并进行了有机组合,整个结构体系十分完整。

(2)内容丰富。本系列教材涵盖户外运动下辖的登山、攀岩、野外生存、定向越野、拓展训练等项目课程,内容涉及户外运动教学、训练、活动与赛事组织、营销等各个方面,教材中的很多内容都是我校优秀体育教师对多年教学、训练、实践成果的经验总结,具有较高的借鉴价值。

(3)注重实践。本系列教材在阐述基本理论的基础上,特别注重学生实践技术与技能的培养和锻炼,力求做到不断强化学生的思维能力、动手能力以及创造性解决问题的能力,促进学生理论知识水平和实践操作能力的全面提高,教学实践操作性强。

对从事户外运动的师生,本系列教材具有重要的学习指导价值。希望本系列教材的编写能够成为我国更多高水平、高质量的户外运动教材或专业书出版的起点,能吸引更多专业人士参与户外运动的科学研究,为促进我国户外运动事业科学、健康、快速发展做出更大的贡献!

中国地质大学(武汉)校长

总序二

欣闻中国地质大学(武汉)编写出版户外运动系列配套教材,谨致热烈祝贺。

户外运动是一项新兴的体育运动,是人们休闲娱乐的重要方式。随着我国经济社会的发展,特别是人民生活水平的提高,人们对高质量、有品味、有个性的生活和休闲娱乐方式越来越看重,并一直在努力追寻。户外运动作为一种愉悦身心、锻炼自我、亲近自然的生活方式受到广大群众的青睐。此项运动在全国发展十分迅猛,已逐渐形成了装备制造与销售、竞赛表演、培训服务等市场,有效刺激了户外运动装备、户外运动服务、户外运动赛事,甚至是旅游等相关产业的发展。户外运动已成为全民健身运动的重要组成部分和经济社会协调发展的重要促进力量,很好地推动了资源节约型和环境友好型社会的建设,传达了积极健康的生活方式和文明行为观念,为增进人与自然的协调发展和社会的和谐开拓了有效的空间。

促进户外运动健康有序地发展,是全社会非常关注的事情。中国地质大学(武汉)作为以地球科学为主要特色的重点大学,为我国的登山和户外运动发展做出了卓越的贡献,积累了丰富的成功经验。学校深知该项运动发展离不开高素质专业人才的培育,非常注重规范科学的教材建设,努力改变当前教材和教育教学与蓬勃开展的户外运动不相适应的状况。多年来,学校一直在酝酿编写户外运动规范教材,总结户外运动实践经验,不断提高户外运动教育教学的针对性和有效性。经过多方面的努力,终于完成了此套教材的编写。作者在教材的编写过程中,做到体育理论和运动实践的统一、人体运动科学和社会哲学的统一、理念战略和技术方法的统一,全方位、多层次、有重点地展示了户外运动的全貌,有利于广大读者和户外运动爱好者全面系统地掌握户外运动的基本内涵、重大意义、发展趋势、技术要领等知识和技能,从而推动户外运动健康有序地发展。可以说本套教材既可以作为开展户外运动教育的好教材,也是广大运动爱好者的理想读物;既有较强的针对性和时效性,又有严谨的科学性和较强的趣味性。

与天浮游、幕天席地是古人笃定的最为旷达的生活方式。"天地与我并生,而万物与我为一"。处在现代化和都市化进程中的人们,在繁缛的生活中向往着奔赴自然。户外运动成为了人们锻炼身体、亲近自然、回归自我、愉悦身心的重要方式。而教材的编写和出版发行,必将更好地推动该项运动的科学开展及其理念的普及,推进其大众化、规范化、科学化、系统化。

最后,衷心希望本套教材对户外运动及其教学发挥重要的作用,也希望本套教材不断完善,臻于完美,为我国户外运动的科学发展做出积极的贡献。

国家体育总局登山运动管理中心主任
中国登山协会常务副主席

前言

户外运动生理学是一门新兴的学科，它是运动生理学的一个分支，主要研究人体对户外环境变化和运动刺激的反应、适应的特征和机制。生理学认为，环境变化是一种刺激，而导致机体急性的变化是一种反应，长期的变化就是一种适应。简而言之，户外环境变化和运动刺激作为应激源作用于机体而引起其生理过程的失衡。户外运动生理学的主要研究任务是阐明人体在户外环境和运动刺激双重作用下的生理调节机制，户外运动生理学的产生与生理学、运动生理学、环境生理学和探险生理学等学科密切相关。

户外运动生理学是户外运动方向体育专业的主干课程。本书第一章主要介绍运动、特殊环境和探险运动生理学概论；第二章至第七章着重介绍运动生理学相关理论知识；第八章至第十四章主要探讨特殊环境下运动生理学知识。

本书的编写坚持运动生理学与环境生理学相结合的原则，力求做到内容优化，突出户外运动的特色。本书可作为户外运动生理学教学、科研与卫生保健相关的参考书，但笔者限于时间仓促和水平有限，书中不足之处恳望读者批评指正。

刘仁仪

2021 年 12 月 1 日

目录

第一章　运动、特殊环境和探险运动生理学概论 …………………… (1)
　第一节　运动生理学的概念 …………………………………………… (1)
　第二节　运动生理学的演进 …………………………………………… (2)
　第三节　特殊环境生理学的演进 ……………………………………… (6)
　第四节　探险运动生理学的起源 ……………………………………… (8)

第二章　运动肌肉的结构与功能 ……………………………………… (12)
　第一节　骨骼肌的结构 ………………………………………………… (12)
　第二节　骨骼肌的收缩机制 …………………………………………… (19)
　第三节　骨骼肌纤维类型 ……………………………………………… (22)
　第四节　骨骼肌与运动 ………………………………………………… (27)

第三章　运动肌肉的能量代谢 ………………………………………… (37)
　第一节　能量代谢的底物 ……………………………………………… (37)
　第二节　能量产生速率的控制 ………………………………………… (40)
　第三节　能量储存：高能磷酸化 ……………………………………… (42)
　第四节　人体运动时的能量转换 ……………………………………… (43)
　第五节　人体静止及活动时的能量消耗 ……………………………… (53)

第四章　运动肌肉的神经控制 ………………………………………… (60)
　第一节　神经组织的构成 ……………………………………………… (61)
　第二节　神经电生理 …………………………………………………… (64)
　第三节　中枢神经系统 ………………………………………………… (72)
　第四节　周围神经系统 ………………………………………………… (77)
　第五节　运动的神经控制 ……………………………………………… (81)

第五章　运动肌肉的激素控制 ………………………………………… (90)
　第一节　激素的分类、调控及作用机制 ……………………………… (90)

  第二节 激素的分泌和运动代谢的激素调控 …………………………… (93)
  第三节 运动时体液及电解质平衡的激素调控 …………………………… (107)
  第四节 能量摄取的激素调控 ……………………………………………… (109)
第六章 心血管系统及其调控 …………………………………………………… (110)
  第一节 心 脏 ………………………………………………………… (111)
  第二节 血管系统 …………………………………………………………… (123)
  第三节 血 液 ………………………………………………………… (127)
第七章 呼吸系统及其调控 ……………………………………………………… (130)
  第一节 肺通气 ……………………………………………………………… (130)
  第二节 肺换气 ……………………………………………………………… (136)
  第三节 气体在血液中的运输 ……………………………………………… (139)
  第四节 呼吸运动的调节 …………………………………………………… (144)
第八章 体温调节的生理基础 …………………………………………………… (153)
  第一节 热平衡 ……………………………………………………………… (154)
  第二节 体温调节模型 ……………………………………………………… (159)
  第三节 热应力测量 ………………………………………………………… (161)
第九章 热应激 …………………………………………………………………… (168)
  第一节 热环境中运动时生理应答 ………………………………………… (168)
  第二节 热环境中运动时热量平衡 ………………………………………… (172)
  第三节 热环境中运动的散热策略 ………………………………………… (174)
第十章 运动时水分和电解质的补充 …………………………………………… (176)
  第一节 水 …………………………………………………………………… (176)
  第二节 电解质 ……………………………………………………………… (184)
第十一章 运动与冷环境 ……………………………………………………… (187)
  第一节 冷应激 ……………………………………………………………… (187)
  第二节 冷诱导血管扩张 …………………………………………………… (188)
  第三节 冷环境中运动的健康风险 ………………………………………… (192)
  第四节 冷适应 ……………………………………………………………… (195)
  第五节 冷环境中运动的注意事项 ………………………………………… (197)
  第六节 冷水浸泡 …………………………………………………………… (198)

第十二章	潜水生理	(205)
第一节	水下环境的特点	(206)
第二节	潜水装具	(210)
第三节	潜水相关的物理定律	(212)
第四节	潜水相关的生理医学问题	(213)
第十三章	中海拔高地的训练和竞技表现	(217)
第一节	高原气候特点	(217)
第二节	高原的生理反应	(220)
第三节	高原的健身与竞技运动表现	(222)
第四节	高原环境适应	(224)
第五节	高原训练	(225)
第六节	高原训练应用的思考	(227)
第十四章	登山和高海拔生理	(230)
第一节	高山(原)反应和适应	(231)
第二节	常见的高山(原)疾病	(241)
第三节	高山(原)疾病的预防	(244)
主要参考文献		(246)

第一章 运动、特殊环境和探险运动生理学概论

诚如威廉·莎士比亚在《哈姆雷特》中描述的一样,人是一件多么了不起的杰作!人体像一台非常神奇的机器。当你坐在椅子上阅读时,身体各个系统正有不可计数而完美协调的动作同时发生,这些动作包括听觉、视觉、本体感觉、呼吸等信息整合,且都是潜意识的;当你站起来,沿着街道或运动场慢跑时,几乎全部的生理系统都会参与工作,成功地从休息状态转换到运动状态。假如坚持运动数周或数月,并逐渐增加跑步的运动强度与时间,身体将会有良好的生理适应且有更佳的运动表现。户外运动生理学主要是研究人体对环境变化和运动刺激的反应、适应的特征和机制的一门学科。它的研究和发展具有重要的经济、社会和教育意义。户外运动生理学实际上贯穿于运动生理学发展过程中。

第一节 运动生理学的概念

运动生理学起源于人体解剖学和生理学。人体解剖学是研究正常人体各部分形态、结构、位置、毗邻及结构与功能关系的学科。生理学是生物学的一个分支,是研究生物机体的各种生命现象,特别是机体各组成部分的功能及实现其功能的内在机制的一门学科。

运动生理学是人体生理学的一个分支,是研究人体运动能力和对运动反应和适应过程的一门学科,它主要研究在运动过程中人体各细胞、器官、系统的机能变化及它们的协同工作能力和机理,进而观察其对人体运动能力的影响,同时还要观察运动对人体的形态和机能产生适应性变化的影响。运动生理学是体育科学中一门重要的应用性基础理论学科。这门学科以解剖学和生理学为基础,是以正常人体为研究对象,也关注环境因素改变时,如冷、热、高海拔、微重力及水下环境等,运动的反应和适应情况。

运动生理学的研究任务主要包括:揭示体育运动对人体机能影响的规律;阐

明运动训练、体育教学和运动健身的生理学原理;指导不同年龄、性别和体质的人群进行科学的体育运动;提高竞技运动水平;增强全民体质。

运动员是运动能力研究的最佳对象。一百多年来,生理学专家以运动员为研究对象反复进行测试,试图找出成为一个奥运金牌选手应有的身体特质。环境(如温度、地形、重力)、营养(如脂肪、糖类的消耗与储存)、疾病及心理适应等,这些都是竞技运动研究需要综合考虑的因素。

运动生理学的研究涵盖两种不同模式的运动生理过程:急性运动反应和长期运动适应。急性运动反应是指机体对单次或单一形式运动(如一次力量训练课、跑步1小时)产生的反应。长期运动适应是指机体的形态结构和生理功能与其赖以生存的环境条件相适宜的现象,也指机体对长期、反复的运动产生的慢性适应。这些生理适应可以有效地提高运动能力和运动成绩。

第二节 运动生理学的演进

一、运动生理学的萌芽

运动生理学的萌芽是从欧洲开始的,它是一个新兴的科学领域。塞甘和拉瓦锡于1773年发表了第一篇关于运动生理学的研究论文,比较分析了年轻男性在休息和运动状态下的耗氧情况。拉瓦锡认为氧气的利用及二氧化碳的产生均发生在肺部,直到19世纪中期,生理学家证明氧气消耗及利用是发生在全身的组织细胞中。在这一时期中,尽管循环与呼吸生理学相关的研究迅速发展,但与运动生理学相关的研究还是十分罕见的。1888年,有人开始研究登山运动过程中人体生理变化。

拉格朗日于1889年出版了第一本运动生理学教科书——《人体运动生理学》。他试图解释人体运动反应的机制,涉及肌肉工作、疲劳、工作习惯以及运动中大脑扮演的角色等主题,由于局限于当时的观察方法,部分内容已与事实相去甚远。

20世纪初期,欧洲许多学者在运动生理学研究方面取得了辉煌的成就。1906年,德国的尊茨和莱曼研究了登山运动对人体生理的影响。1907年,弗莱彻霍普金斯研究了肌肉活动与乳酸生成之间的关系。

1919年，班布里奇出版了《肌肉运动生理学》（第三版）。该书论述了运动时能量变化过程，能量代谢在肌肉中是怎样进行的，肌肉活动时氧及营养物质供应的调节机制，以及肌肉收缩的过程。该书奠定了肌肉运动生理学的理论基础。

早期对运动生理学发展有突出贡献的3位研究者为希尔、迈尔霍夫和克罗，他们都因研究肌肉本身或肌肉运动而获得医学或生理学诺贝尔奖。希尔研究了肌肉收缩与舒张过程中热量的产生机制；迈尔霍夫则研究了肌肉工作时耗氧量与乳酸代谢之间的关系。克罗发现了毛细血管的活动调节机理。他们的研究为运动生理学的形成与发展奠定了基础。

希尔首次对跑步者肌肉进行实验，这些研究使人得以渐渐了解身体是如何产生能量的。时至今日，运动人体氧的摄取仍是当今运动生理学重要的研究课题之一。

希尔出版了3部关于运动生理学的著作，即《肌肉活动》《人类肌肉运动》《有生命的机械》。这些书中的有关理论，特别是有关肌肉工作的相关理论至今仍为生理学工作者所引用。为此，希尔被誉为"运动生理学之父"。希尔曾指出：自动物实验中得到的生理学原理，应用至人体是非常奇怪的事情。以人为研究对象的实验设计，才是人体生理学研究的主要方式，也是未来运动生理学研究发展的方向。

克罗不但在研究毛细血管功能方面获得诺贝尔奖，而且在运动生理学其他研究领域也相当有成就。他与林哈德开启运动中糖类与脂肪代谢的研究，同时研究运动中心肺反应的控制。

此外，还有其他一些必须提及的科学家，如霍尔丹对于二氧化碳控制呼吸的角色有一些原创性研究，还发明了以他名字命名的霍尔丹气体分析仪。霍尔丹对人体呼吸生理的研究成果已被应用在采矿或潜水等专业领域中。道格拉斯研制的帆布-橡胶制气袋——道格拉斯袋被许多运动生理学专家使用。

二、运动生理学的发展

（一）哈佛疲劳实验室对运动生理学发展的贡献

在运动生理学领域，论及实验室的影响，首推哈佛疲劳实验室。该实验室建立于1927年，关闭于1947年。哈佛疲劳实验室的创立应归功于著名的生化学家亨德森，当时他非常敏锐地觉察到研究不同环境对人体生理功能影响的重要性。他指定了迪尔担任该实验室主任，迪尔不负众望，团结了一批科学家，创造了一个良好的研究环境。哈佛疲劳实验室最早设立于哈佛商学院的地下室,科学家们在实验室乃至野外所作的研究,直到今天仍被引用。迪尔的经典著作——《生命、热与高原》是一本有关运动与环境生理的书。

哈佛疲劳实验室培养了一大批运动生理学科学家,其中有霍瓦斯、罗宾逊、克罗、阿斯穆森、埃里克、尼尔森以及玛伽利亚等。在迪尔的领导下,实验室成为人体、运动与环境生理学研究的典范。实验室建立初期,研究了大量关于运动、营养及健康等方面的问题。1939年罗宾逊首次进行了运动与衰老方面的研究,受试者年龄在6~91岁之间,取得了成功。

随着"二战"爆发,亨德森和迪尔认为哈佛疲劳实验室的研究成果可应用于战争,于是决定更改实验室的研究方向,建立了为陆军、海军或空军效力的新实验室,发表了许多重要的战力研究成果,有的现今还在使用。许多哈佛疲劳实验室的研究不是在实验室内完成的,而是在户外完成的。这些研究成果为运动生理学和环境生理学的发展奠定了基础。

哈佛疲劳实验室重要的研究内容包括:最大摄氧量、氧债和运动中糖脂代谢;高原、干燥、湿热以及寒冷环境对运动能力的影响;人体运动时血液的酸碱平衡、血氧饱和度、氧分压和二氧化碳分压等指标的变化及其作用;各种营养素的评价方法及其作用;哈佛台阶试验测定最大摄氧量情况。

哈佛疲劳实验室为运动生理学的发展做出的突出贡献主要体现在如下两个方面:第一,该实验室成为当时培养国际运动生理学杰出人才的摇篮,有超过15个国家和地区的研究者聚集于此,其中一些学者成为了运动生理学界的领军人物。第二,该实验室的研究者发表了350多篇学术论文,研究成果构成了现代运动生理学的理论框架,有些研究仍然是当今运动生理学研究的热点问题。

(二)北欧对运动生理学发展的引领作用

1909年,林德伯格在哥本哈根建立了运动生理学实验室。他与克罗合作完成了许多重要的实验,也发表了重要的研究成果,其研究涉及肌肉能量代谢和肺脏气体交换。这些研究工作自20世纪30年代持续到20世纪70年代,由阿斯穆森、尼尔森与埃里克负责主持。阿斯穆森从事肌肉力学特征的研究,尼尔森研究体温调控机制,而埃里克则致力于运动营养学研究,其有关运动时糖脂代谢的研究成果,至今仍被引用。埃里克对运动生理学另一贡献是将阿斯特朗德带入运动生理学领域。在埃里克的指导下,阿斯特朗德进行了大量有关耐力运动与身体素质方面的研究,制订间接测定最大摄氧量标准。阿斯特朗德和罗达尔所著的《劳动生理学教程》于 1970 年出版,该书是近代运动生理学重要的代表作之一。

20 世纪 30 年代末期,埃里克与汉森团队连续发表了 5 篇有关运动时糖脂代谢的研究论文。他还指导了许多有关体适能和耐力训练的研究。1966 年伯格斯特隆将肌肉活检技术引入运动生理学研究领域。他成为通过肌肉活检技术研究人类肌肉生物化学与营养学的先驱。与哈佛疲劳实验室一样,北欧运动生理学实验室在 1940 年代末期在国际上占有举足轻重的地位。

(三)苏联学者对运动生理学发展的贡献

在著名生理学家巴甫洛夫的影响下,苏联学者在运动条件反射建立和运动技能形成等研究方面做出了杰出的贡献。巴甫洛夫创立的大脑高级神经活动学说和条件反射理论对研究运动器官的协调活动有着重要的指导意义,主要体现在如下几个方面:①它解释了肌肉协调活动的机制;②它提出运动技能的本质是运动性条件反射的形成过程这一观点;③它证明了中枢疲劳是引起运动性疲劳的重要因素等。苏联运动生理学奠基人,克列斯朵夫尼科夫以高级神经活动学说为理论基础,通过大量的研究,发展了运动技能并形成理论,丰富了运动生理学基础理论和知识,确定了评价运动训练效果的指标体系,将运动生理学知识系统化地运用到体育教学和运动训练实践中。克列斯朵夫尼科夫于 1938 年出版了《人体生理学》,这是第一本苏联高等体育院校运动生理学方面的教材。他还于 1939 年出版了《运动生理学》《身体练习的生理学特点》《运动生理学论文集》等 3 本专著,这对苏联乃至世界运动生理学的发展产生了重要的影响。特别是《运动生理学论文集》汇集了大量的实验资料,阐述了各项运动的生理学特点,这对运动员科学训练起了重要的指导作用。

三、中国运动生理学的发展

程翰章是推动我国运动生理学发展的先驱,他所著的《运动生理》是我国最早的运动生理学教科书,该书于 1929 年出版,从运动对血液系统、呼吸系统、循环系统、运动系统、泌尿系统、神经系统以及皮肤散热和体温调节的影响等方面作了重要的论述,提出了科学的运动方式以及运动注意事项,并对某些动作(比如跳跃)从生物力学的角度作了深入的分析,且对于不同肌肉、肌群的锻炼方式和方法以及如何预防不良体态等方面给予了科学的指导,还特别阐述了儿童心血管系统生理特点以及其在运动中的注意事项。继程翰章之后,蔡翘于1940年出版了侧重于劳动生理学的《运动生理学》一书,该书与赵敏学1951年编著的《实用运动生理学》成了当时主要的运动生理学教学参考书。

我国运动生理学的教学与科研工作直到20世纪50年代初期才真正开展起来。1954苏联的吉潘来特尔和柏琴科到北京体育学院进行运动生理学的教学和科研指导工作。他们与王义润一起培养了中国第一批运动生理学研究生。1957年这一批研究生毕业后奔赴全国各地开展运动生理学的教学、科研和学科建设工作,为我国运动生理学发展做出了重要贡献。我国运动生理学迎来第一次飞跃发展期。20世纪70年代末至90年代,是我国运动生理学第二次飞跃发展时期。这一时期,我国运动生理学的教学、科研和人才培养工作得到了蓬勃发展。

2000年以后,我国运动生理学迎来了第三次飞跃发展期。2002年,"中国运动生理学专业委员会"成立。这是中国运动生理学发展史上的一个重要里程碑。2002年12月我国在香港成立了"华人运动生理与体适能学者学会"。这些学会的成立大大推动了我国运动生理学的发展。目前,我国的运动生理学在探讨人体生命活动规律、运动健身理论与方法、运动竞技理论与方法等方面取得了丰硕的成果,形成了一支人员素质高、科研能力强、具有国际先进水准的研究队伍,他们在国际运动生理学研究领域占有着重要的地位,为我国运动生理学的继续发展奠定了坚实的基础。

第三节　特殊环境生理学的演进

当一些研究人员测试人体运动反应并将其与休息状态进行比较时,另外一些研究人员着手研究特殊环境条件如高温、寒冷、高压和低压等对人体生理功能的影响,这促使了特殊环境生理学的发展。特殊环境生理学主要研究生命对环境变化的反应及其机制。经典生物学认为,环境变化是一种刺激,而导致机体发生的变化是一种反应。环境因素的变化,作为一种应激源作用于机体而引起其原有机体平衡的破坏。特殊环境生理学的发生、发展与其他科学的发展密不可分。特殊环境生理学在人类征服大自然与发展生产力的进程中具有重要作用。人类在漫长的发展历史过程中,不断地扩大生存空间,为了使活动范围能从现有的生存地域向过去人类不适宜生存的地域发展,如高原、寒区、热区、极地、海洋、水下、天空、太空等,为此需要研究不同环境因素影响人体生理功能的规律,以及提高人体对特殊环境的适应能力。特殊环境生理学就是在这种斗争中产生并发展起来的。19世纪后半叶至20世纪中叶,这一发展进程日益加快,并为后来的发展奠定了坚实的基础。一方面,当时正处于第二次技术革命时期,科学技术的进步促使生理学全面迅猛地发展,其理论和方法上的进步已具备了人类科学地解决生产斗争中有关问题的能力;另一方面,一些资本主义国家生产力的发展以及战争的需要在客观上推动了特殊环境生理学的发展。特别是第二次世界大战期间,交战双方都动员了当时一些杰出的生理学家,投入大量的人力、物力从事航空生理学、水下生理学及军事劳动生理学方面的研究。这些成就和工作经验,不仅丰富了生理学的基础理论,而且对于战后航空生理、航天生理、水下生理、高原生理等特殊环境生理学的兴起与发展也起至关重要的作用。

  19世纪中叶至20世纪中叶的一百年期间,许多杰出的生理学家都对特殊环境生理学的发展做出杰出的贡献。例如:著名的生物学家保罗·伯特,他是气体生物学研究的鼻祖,也是航空医学和潜水医学研究的先驱,被称为"现代高原生理学之父"。他是人类历史上第一个发现并系统研究氧气毒性的科学家,他证明了低氧分压是高原反应的主要原因之一。最具有代表性的学术著作是1887年出版的《气压生理学》,这是关于气压变化以及其生理学效应的经典著作,这部著作汇集了不同气压条件下生理学效应的综合研究成果。内森·尊茨是环境生理学,尤其是高原生理学领域的一名杰出的科学家,他带领探险队研究高原生理,在血液、气体动力学、呼吸和能量代谢以及高原生理等领域撰写了430多篇论文。在科学史上,提及为科学探索勇于拿自身做实验的人,当然要说到霍尔丹父子——约翰·斯科特·霍尔丹和约翰·波顿·桑德森·霍尔丹。老霍尔丹是著名的生理学家。空气质量对人体健康有何影响?这一问题一直让他着迷。正因为他发现地铁空气中一氧化碳含量高,催生了伦敦地铁的电气化改革。当时,矿井爆炸事故时常发生,而每当有灾难发生时,老霍尔丹总是一把抓起矿工帽冲入现场。他发现,矿井事故的受难者大多并非如人们猜想的那样死于爆炸,而是因为缺氧或吸入一氧化碳窒息而亡。老霍尔丹之所以能这样冒险是因为他的实验同伴——小鼠。小鼠对有毒气体的敏感性远比人类强,而鸟儿对毒气的敏感程度会更甚于小鼠。在他的研究结果指导下,矿工们把金丝雀带到矿井里,用作指示空气质量的早期示警。老霍尔丹还指出,尘肺病是由吸入尘埃导致的。1905年,老霍尔丹和他的同事一起确定了肺泡气体中二氧化碳分压在调节通气中的作用。1906年,老霍尔丹研究潜水生理,他转而关注高压对人体生理的影响。当时引人关注的一个问题是潜水员在上升时会出现减压症。老霍尔丹建立了第一份指导潜水员安全返回水面的减压表。他制定了"霍尔丹原则",所有的减压表都是以该原则为基础建立的。小霍尔丹也是当时颇具影响的生物学家,他曾把自己关在加压舱内,模拟研究被封闭在失事潜艇内的后果。这一对父子为环境生理学的发展做出了巨大贡献。约瑟夫·巴甫罗洛特在气体扩散领域进行了深入的研究。他多次用自己身体进行试验,几乎将自己推向死亡的边缘。他参与了许多高原生理研究,还把自己封闭在一个玻璃房里来测试低氧环境对人体生理的影响,他成功检测到了氧分压减少对血红蛋白氧解离曲线的影响。

第三次技术革命时期,一批高新技术迅猛发展,使生产力也进一步得到发展。由于新兴生物学科的兴起,如分子生物学、细胞生物学和神经生物学等,以及系统科学学术思想、方法论及新技术的引入为特殊环境生理学的发展注入了新的生机。当前生理学本身正处于深刻变革之中,特殊环境生理学将对整合生理学、系统生理学与人体生理学的发展做出贡献。由于经济建设和国防建设的需要,逐渐开展了航空生理、水下生理等特殊军事劳动生理学的研究,并培养了一批特殊环境生理学的科技骨干,逐步发展建立了航空、航天、水下、高原、冷与热等特殊环境因素的研究机构。多年以来,我国特殊环境生理学工作者进行了大量的卓有成效的工作,积累了宝贵的资料,取得了可喜的成绩,为我国的国防建设和经济建设做出了贡献。在新世纪,随着科学技术迅速发展,生产力的不断提高,必将出现新的环境因素。原有的环境因素在量与质的方面发生了变化。这些都将对人体产生重大的影响,引起生理功能的改变,破坏原有的平衡稳定状态。特殊环境生理学面临新的挑战和任务——利用技术科学和生命科学的高新技术研究解决特殊环境生理学的问题。户外运动参与者有时会面临特殊环境条件,如登山时的高海拔(低氧)环境、徒步穿越野外时的森林环境、高热高湿环境或寒冷环境、潜水时的水下高压环境、航空运动的高空环境等。运动复合特殊环境变化刺激将对人体生理功能产生深刻的影响,探讨特殊户外环境条件下运动生理学内容有着实际的应用价值。

第四节 探险运动生理学的起源

环境生理学着重探讨周围环境如何影响身体机能,而探险运动生理学则涉及人体如何响应探险运动结合特殊环境的要求而发挥作用。在登山过程中,运动员需要在艰难的环境条件下坚持前行,由于海拔的升高和温度的降低,登山者能量需求增加,他们只有发挥身体机能的极限水平才能到达顶峰。皮划艇运动员需要在运动过程中与热浪持续作斗争,如倾覆时,不得不应对突然的冷水浸泡。洞穴探险者可能要面对几十米甚至数百米的绳索爬升、冰冷刺骨的地下暗河,又或者翻越"无尽"的洞穴通道等。他们经常处于这种极端的环境条件下,这对运动员的身体机能提出了特殊的要求。

探险运动生理学可以让人们对探险运动生理和特殊的环境生理问题有一个清晰的了解,通过分析探险活动的基本生理需求,设计评估工具来衡量生理表现,并创建训练计划来提高参与探险运动的能力。此外,有关探险活动的环境条件及其对人体生理要求方面的知识积累,使探险活动参与者能在活动中对运动安全做出合理的评估,对运动的生理需求方面有了更多的了解,探险者就有可能更好地了解其所处的环境条件,教练员就有可能为探险者制订合适的训练计划,探险活动领队就有可能了解其团队的整体需求,生理学家可以更好地理解维持正常生命过程的机理。探险活动执行者的周期性安排如图1-1所示。这是周期性的循环过程,教练员不断地评估活动的生理需求,进行一系列的测试,制订训练计划,以提高运动员的身体机能水平。

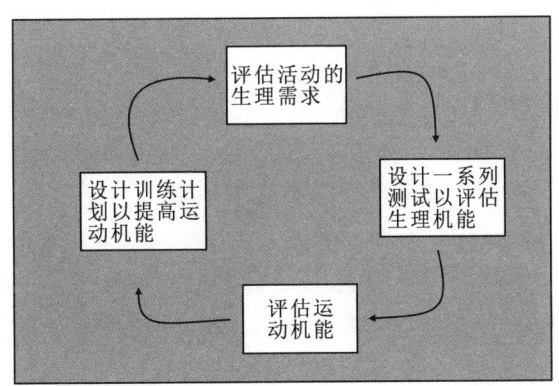

图1-1 探险活动执行者的周期性安排(据 Nick et al.,2008)

探险运动可以根据能量需求进行分类。依据运动的持续时间和强度可以将探险运动分为5类:爆发性运动、无氧耐力运动、间歇性运动、高强度有氧耐力运动和低强度有氧耐力运动。因为任何探险运动根据其运动强度和运动持续时间都可以归属于运动强度-持续时间连续图中的4个象限中的某一点(图1-2)。

探险运动生理学的理论框架都是通过生理学家研究后建构的。以下主要介绍早期的探险活动及杰出的代表人物。

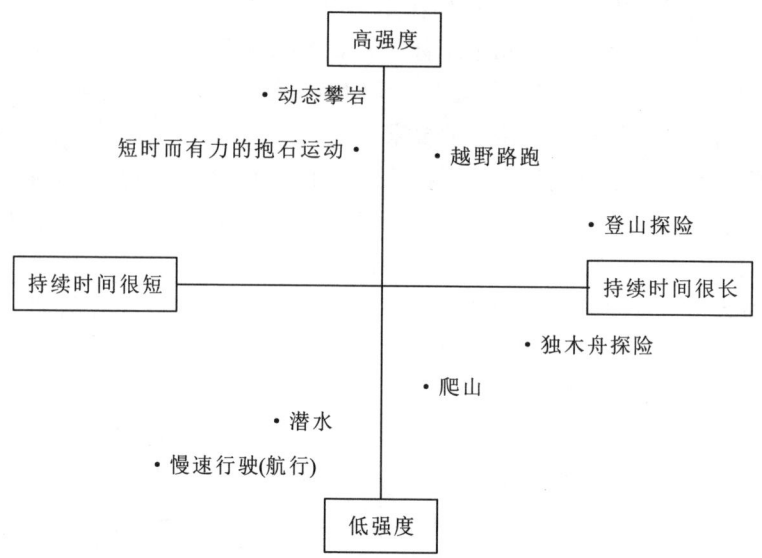

图1-2 运动强度-持续时间象限的探险活动示例(据Nick et al.,2008)

一、勃朗峰探险

早期的高山探险家索绪尔在他的职业生涯中,作了许多有关高原对人体机能影响的研究。他通过攀登勃朗峰揭示了在探险过程中收集生理数据面临的诸多问题。他发现在攀登勃朗峰的最后阶段特别困难,他回忆中说:"当我开始工作、安装仪器设备进行观察时,我总是被迫中断工作,因为需要全身心地投入到呼吸中去。"

二、高空气球探险

1862年,气象学家格拉谢和柯克斯韦尔乘坐气球飞行,目的是对高空大气压进行测量。他们从气压计上读数时发现,气球在不到1h内到达了8850m的高度。格拉谢后来描述说,当气球上升时,他暂时性失明并失去知觉。他们到达大约11 000m的高度时,双臂不能动弹,柯克斯韦尔被迫用他的牙齿通过拧转一个阀门来释放气球内的气体,使气球才得以下降。在海拔大约8000m处,格拉谢才恢复知觉。

三、弗尔峰探险

早期的生理学家认为蛋白质是运动供能的主要物质。为了证明这一观点，1864年两位生理学家菲克和维斯利古努斯在弗尔峰（海拔1956m）进行了一次实验。他们在饮食中不摄入蛋白质，然后再登弗尔峰，返回时测量了尿液中的氮含量，并计算了徒步过程中所做的功。通过分析比较，他们得出，蛋白质无法提供回程所需的能量，因此他们推测脂肪和糖类必定为机体提供了能量。

四、勃朗峰探险

生理学家对高地的研究兴趣促使许多高地实验室的建立。第一个高地实验室建在勃朗峰上。1910年亨德森在维也纳生理学大会上会见了道格拉斯和霍尔丹，他们一致决定联合进行高地探险研究。菲茨杰拉德和施耐德也加入了这个研究组。他们收集了高原反应的数据，包括二氧化碳和氧分压以及血红蛋白变化的数据。

五、塞罗·德·帕斯科高原探险

1921年，在巴甫洛夫特的带领下，由8名生理学家组成的联合探险队前往秘鲁塞罗·德·帕斯科高原进行实地考察，目的是研究在高海拔条件下人体需要大量肌肉群参与工作时可能出现的生理状况。这项研究的主要结果为：未发现肺脏分泌氧气的证据；适应高原环境的人其红细胞数量比海平面居民多了20%～30%，而高原本地居民多了40%～50%；安静时高原居民的心率与海平面居民的心率大致相同，但是，在既定的工作负荷下运动时，生活在高原上的人其心率比生活在海平面上的人要高；在高原进行运动时人体血氧饱和度会下降，而在海平面上运动时却不会发生变化。

综上所述，户外运动生理学是一门新兴的学科，它是运动生理学的一个分支、延伸和发展。作为一门交叉学科，户外运动生理学理论框架和内容体系是以运动生理学、特殊环境生理学和探险运动生理学等学科为基础的。目前，户外运动生理学尚未构建完全独立的知识体系，我们深入探讨户外运动生理学问题需要从基础学科着手，借助其概念、原理、方法和技术手段不断挖掘、梳理、总结户外运动人体反应和适应基本环境的生理学规律。

第二章 运动肌肉的结构与功能

人体包含3种肌肉组织：骨骼肌、平滑肌和心肌。

骨骼肌具有以下3种重要功能：①为人体动作和呼吸提供力量；②维持身体姿势；③保持体温。骨骼肌最主要的功能是使人体灵活自如地做出各种动作，另外它还具有分泌生物活性物质的功能，包括调节肽、细胞因子和生长因子等。骨骼肌受意识控制，它们大多数附着在骨骼上，并能牵动骨骼，完成动作。如当骨骼肌收缩时，它就会牵动骨骼并引起各种动作。骨骼肌具有收缩快且有力的特点，但比平滑肌和心肌更容易疲劳。肌肉与骨骼组成骨骼肌肉系统，人体全身上下有多达600多块的骨骼肌，单单控制大拇指运动的肌肉就有9块。

平滑肌又称为不随意肌，因为意识不能直接控制平滑肌的收缩运动。此类型的肌肉几乎存在于所有的血管壁中，通过平滑肌的收缩或舒张以调控血流量。平滑肌也可以构成内脏器官的腔壁，使器官得以进行舒缩活动，促进消化、排尿或生产等。

心肌是构成心脏主要的组织，而且只存在于心脏这个器官中，它与骨骼肌类似，但与平滑肌一样不受意识的控制，心肌会自主控制其舒缩的频率，又接受神经系统和内分泌系统的微调。

当观察肌肉收缩时，常将整块肌肉看作一个单位。因为肉眼看来，肌肉工作时确实看似整块肌肉在收缩，但事实上肌肉收缩的机制相当复杂。为了明确骨骼肌在运动中发生的生理变化及其相关的调节机制，本章主要介绍骨骼肌的结构、骨骼肌的收缩机制、骨骼肌纤维类型、骨骼肌与运动等内容。

第一节 骨骼肌的结构

要了解骨骼肌肉结构，首先需切开包裹整块肌肉的结缔组织，也就是肌外膜，如图2-1所示。这层膜将整块肌肉环绕起来，并固定肌肉的形状。一旦切除此膜，会看见整块肌肉是由一束束的肌束组成的。包裹肌束的结缔组织膜称为肌束膜。去除肌束膜并用显微镜进行观察，便可见一条一条的肌纤维，这就是肌细胞。肌细胞拥有多个细胞核，不像身体其他细胞一样只有一个细胞核，它是肌肉的基本结构和功能单位。包住肌细胞的结缔组织，称为肌内膜，肌纤维内部存在一节节横向带状显微结构，称为肌小节。一般认为肌纤维是从肌肉的一端延伸到另一端的。肌纤维横截面直径大小为 10～120 μm，接近肉眼可见的极限。

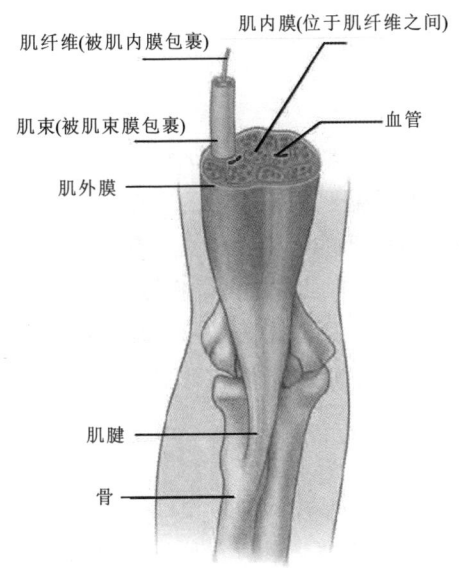

图 2-1　骨骼肌的基本结构（据 Plowman et al.，2013）

一、肌膜

环绕肌细胞表面的细胞膜是肌纤维膜的一部分。肌纤维膜由肌膜与基底膜组成。在肌纤维的末端，肌膜会与肌腱融合并附着于骨骼上。肌腱是由一束纤维结缔组织构成，能将肌纤维产生的力量传递到骨骼，并产生运动。因此，肌纤维均是通过肌腱而附着于骨骼。当肌纤维收缩或放松时，肌膜表面呈现一连串的皱褶，但当肌纤维被拉长时，则表面皱褶消失。这些皱褶是为了防止当肌纤维被拉长时肌膜受到损伤。肌膜也在运动终板，即神经支配处，形成接头皱褶，可协助运动神经元动作电位传导。另外，肌膜可协助酸碱平衡，并将血液中运来的营养物质载入肌细胞中。卫星细胞位于肌膜与基底膜之间，这些细胞的功能与骨骼肌细胞生长发育，以及肌肉损伤修复与训练适应有关。

二、肌浆

肌纤维包含许多的肌原纤维。肌原纤维如木棍般一根根地整齐排列于肌纤维的长轴,填充于肌原纤维中间的胶状物质,则称为肌浆。这些肌纤维的液态部分,其实就是细胞质。肌浆内包含了许多蛋白质、矿物质、糖类、脂肪及细胞器。肌浆与其他细胞质不同,因为包含大量的葡萄糖及负责与氧结合的肌红蛋白,而肌红蛋白功能与血红蛋白的功能类似。

(一)横小管

肌原纤维间有两种不同的肌管系统,即横小管系统和纵小管系统。这些肌管系统是骨骼肌兴奋引起骨骼肌收缩过程的形态学基础。横小管系统是肌细胞膜从表面横向伸入肌纤维内部的。横小管是肌细胞膜的延续,它是横向联络各条肌原纤维的肌管系统,确保神经冲动自肌膜传入时,能迅速传导到每一条肌原纤维。横小管系统的另一项重要功能就是给肌纤维提供一个由外部直达内部的通道,允许物质运输进入细胞,也允许代谢废物运出。

(二)肌浆网

肌纤维的纵向联络系统,称为肌浆网。肌浆网负责储存钙离子,对肌肉收缩非常重要。这些膜构成的管状结构平行于肌原纤维且形成互相联络的通道,即为纵小管系统。细胞内肌浆网围绕每条肌原纤维形成花边样的网,其行走方向与肌纤维纵轴平行。肌浆网在接近横小管处形成特殊的膨大,称为终池。每一个横小管和来自两侧的终池构成复合体,称为三联管。横小管与纵小管的膜在三联管结构处并不接触,所以这两种小管的内腔并不相通。单一肌纤维的结构如图 2-2 所示。

三、肌小节

每个肌细胞含有数百条至数千条与肌纤维长轴平行排列的肌原纤维。肌原纤维横截面的直径为 $1\sim2\ \mu m$,纵贯肌细胞。光学显微镜下观察,骨骼肌纤维有明显的横纹,正因为这个特征,骨骼肌又称为横纹肌。肌原纤维中暗区是 A 带,明区是 I 带。A 带的中心有较明亮的 H 区,此区域只有在肌原纤维放松时才可见。H 区的中心有较黑的 M 线,I 带中央有较黑的条纹称为 Z 盘或 Z 线。两条 Z

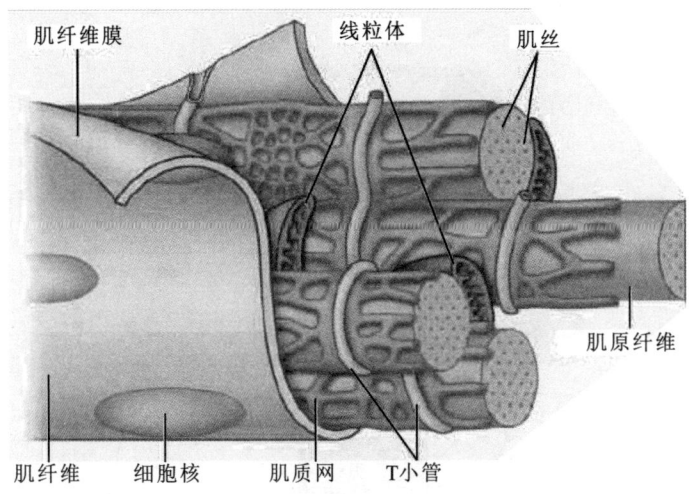

图 2-2　单一肌纤维的结构（据 Plowman et al.，2013）

线之间的结构是肌纤维最基本的机构和功能单位,称为肌小节。肌小节是肌肉的基本收缩单位。每条肌原纤维是由非常多的肌小节彼此以 Z 盘相连接而构成的。

肌小节内存在粗、细两种肌丝,负责肌肉收缩。较细的肌丝主要由肌动蛋白构成,而较粗的肌丝则主要由肌球蛋白构成。骨骼肌细胞显示的横纹结构,与这两种肌丝的排列有关。I 带是指肌小节中只存在细肌丝的区域,而 A 带则是同时存在粗肌丝与细肌丝的区域。H 区只存在粗肌丝中。因为缺少了细肌丝,使 H 区看起来较 A 带明亮一些。H 区的正中央是 M 线,此处为粗肌丝的附着处,其功能是协助稳定肌小节的结构。

肌原纤维还有两种重要的蛋白质:肌联蛋白和伴肌动蛋白,它能维持细肌丝结构的稳定,并提供细肌丝附着构造。肌小节中整齐排列着粗肌丝与细肌丝,靠着由 Z 盘延伸到 M 线的肌联蛋白,将粗肌丝固定在平行于肌小节的纵轴上。细肌丝一端附着在 Z 盘,另一端则延伸到肌小节的中央处,横置于两条粗肌丝之间。伴肌动蛋白为一种固定肌动蛋白的组分,具有调节粗细肌丝交互作用的能力,如图 2-3 所示。

（一）粗肌丝

骨骼肌中有 2/3 的蛋白质是肌球蛋白。一条典型的粗肌丝至少由 200 个肌球蛋白分子构成。每条粗肌丝都由两条索状蛋白互相缠绕而成。肌球蛋白是一个六聚体的蛋白质大分子,由两条肌球蛋白重链和两对肌球蛋白轻链组成。每

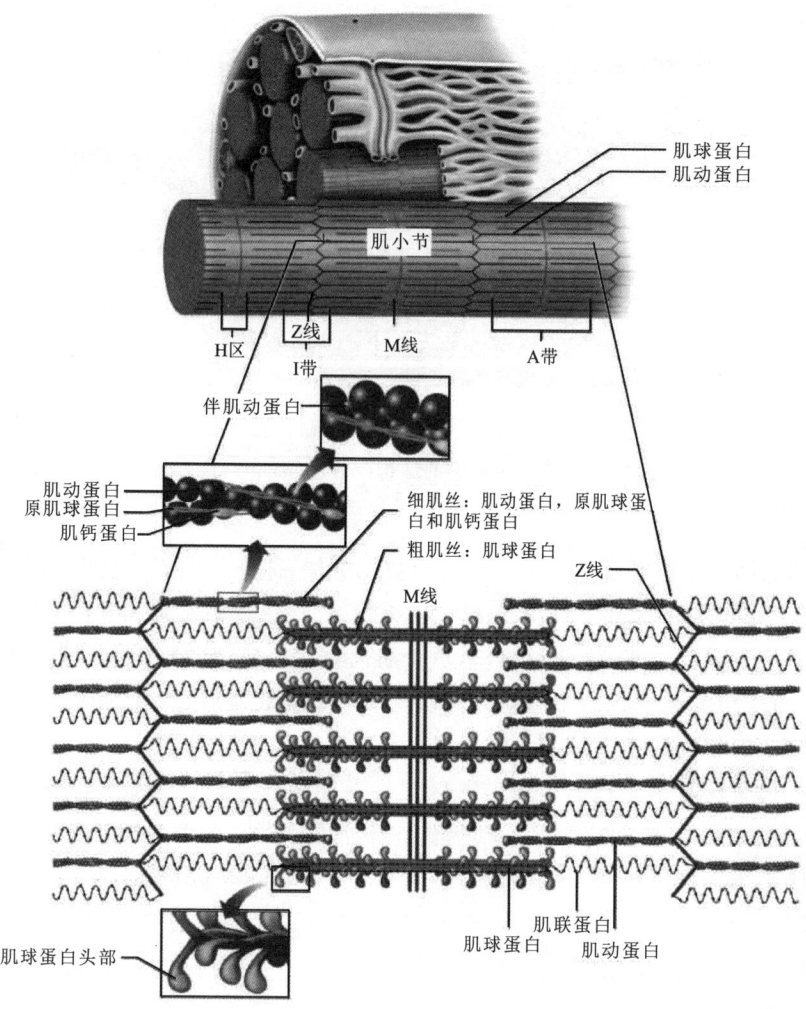

图 2-3 肌原纤维结构示意图(据 Wilmore et al.,2012)

条重链包括一个完整的球状头部和一条长的纤维状的螺旋尾部。两条重链大部分以双股螺旋状盘绕而成,进而形成长棒状的结构,其余部分则和轻链一起构成球形头部,即粗丝侧旁突起的横桥。许多肌球蛋白的杆状部分集束构成粗肌丝的主干,其头部向外突出,以供肌肉收缩时与细肌丝上特化的活化区域构成横桥。横桥具有 ATP(Adenosine Triphospate,三磷酸腺苷)酶活性,可分解 ATP 而获得能量,用于横桥的运动。

（二）细肌丝

细肌丝主要由肌动蛋白、原肌球蛋白和肌钙蛋白组成。每条细肌丝都存在活化区域，以便与肌球蛋白的头部连接。

1. 肌动蛋白

肌动蛋白是单一多肽链的球状蛋白质构造。通过接受细胞信号的作用，肌动蛋白可发生聚合或解聚，因而肌动蛋白存在两种形式：呈球状的单体肌动蛋白和呈纤维状的肌动蛋白聚合体。肌动蛋白 G 和肌动蛋白 F 的相互转变受细胞内多种肌动蛋白结合蛋白和离子的调控。许多肌动蛋白 G 单体以双螺旋聚合成纤维状肌动蛋白，好像两条珍珠项链缠绕在一起，构成细肌丝的骨架。

2. 原肌球蛋白

原肌球蛋白是细肌丝中与肌动蛋白结合的蛋白，为管状的蛋白质，缠绕于肌动蛋白丝上，由两条平行的多肽链形成 α 螺旋构型。每一条原肌球蛋白首尾相接形成一条连续的链，与肌动蛋白结合，正好位于肌动蛋白双螺旋的沟中。每一条原肌球蛋白有 7 个肌动蛋白结合位点，因此可以与肌动蛋白中 7 个亚基结合。在安静状态下，原肌球蛋白分子覆盖在肌动蛋白的活性位点之上，从而阻碍横桥与肌动蛋白的结合。

3. 肌钙蛋白

肌钙蛋白是含有 3 个亚单位的复合体，以一定间距附着于肌动蛋白与原肌球蛋白表面。亚单位 I（肌钙蛋白 I）是肌动蛋白抑制亚基。亚单位 T（肌钙蛋白 T）是原肌球蛋白结合亚基。亚单位 C（肌钙蛋白 C）是肌钙蛋白的 Ca^{2+} 结合亚基。肌钙蛋白 I、肌钙蛋白 T 和肌钙蛋白 C 分别对肌动蛋白、原肌球蛋白和 Ca^{2+} 具有高亲和力。肌钙蛋白的作用之一是把原肌球蛋白附着于肌动蛋白上。当肌浆内 Ca^{2+} 浓度增高时，肌钙蛋白亚单位 C 与 Ca^{2+} 结合，引起整个肌钙蛋白分子构型改变，进而使原肌球蛋白分子变构，暴露肌动蛋白分子上的活性位点，使肌动蛋白与横桥结合，最终导致肌纤维收缩。原肌球蛋白、肌钙蛋白和 Ca^{2+} 之间密切配合，以维持肌纤维放松状态或发动肌纤维的收缩。

四、运动终板的结构和兴奋传递

α-运动神经元负责联络肌纤维和支配肌纤维，详见图 2-4。α-运动神经元轴突末梢与骨骼肌纤维的接触点，称为神经-肌肉接头，这是神经系统与肌肉系统连通之处。神经冲动通过神经-肌肉接头传递到肌原纤维,并最终使肌纤维产生兴奋而引起收缩。

（一）运动终板的结构

运动终板位于骨骼肌中,是运动神经元的轴突末梢与骨骼肌纤维共同形成的效应器,支配肌原纤维收缩。运动神经的末梢发出许多细小分支,并且在终末处膨大。此处的神经细胞膜较正常部位厚,被称为接头前膜(也称终板前膜),与之相对应的骨骼肌细胞膜称为终板膜,又称接头后膜或终板后膜。接头后膜往往会形成许多小皱褶,以增加接头后膜的表面积。

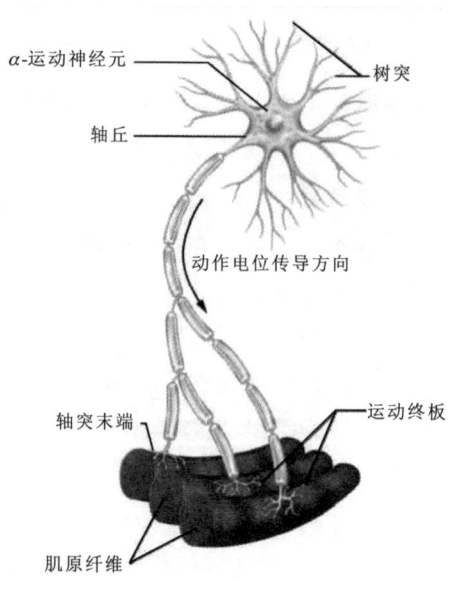

图2-4 运动单位(据Wilmore et al.,2012)

接头前膜与接头后膜之间的间隙称为接头间隙(也称终板间隙),其中充满了细胞外液。神经末梢的轴浆中含有许多囊泡,囊泡内含有乙酰胆碱。神经末梢兴奋时,乙酰胆碱以囊泡为单位批量地向接头间隙内释放,这种形式的释放是量子式释放。在终板后膜上存在乙酰胆碱受体,能与乙酰胆碱发生特异性结合。在接头间隙和终板后膜的皱褶中同时存在大量的胆碱酯酶,它可以将乙酰胆碱水解并使其失活。

（二）运动终板的兴奋传递

当动作电位沿神经纤维传到轴突末梢时,轴突末梢处的接头前膜中的Ca^{2+}通道开放,Ca^{2+}从细胞外液进入轴突末梢,促使轴浆中含有乙酰胆碱的突触小泡向接头前膜移动。当突触小泡到达接头前膜后,突触小泡膜与接头前膜融合进而破裂,并将乙酰胆碱释放到接头间隙。乙酰胆碱通过接头间隙到达接头后膜,并与接头后膜上特异性乙酰胆碱受体结合,引起接头后膜上的Na^+和K^+通道开放,使Na^+内流、K^+外流,结果导致接头后膜处的膜电位幅度减小,即去极化,这一电位变化被称为终板电位。当终板电位达到一定幅度(阈电位)时,可引发肌细胞膜产生动作电位,从而使骨骼肌细胞产生兴奋。

第二节　骨骼肌的收缩机制

Huxley 等(1969)发现：肌肉缩短时 A 带的长度不变，而 I 带和 H 区变窄；在肌肉被拉长时，A 带的长度仍然不变，I 带和 H 区则变宽；无论肌小节缩短还是被拉长，粗肌丝和细肌丝的长度都不变，但粗、细肌丝的重叠程度会发生变化。根据以上发现，Huxley 等(1969)提出了骨骼肌收缩的肌丝滑行学说。该学说认为：肌肉的缩短是由肌小节中细肌丝在粗肌丝之间滑行造成的，即当肌肉收缩时，由 Z 线发出的细肌丝在某种力量的作用下向 A 带中央滑动，结果相邻的 Z 线互相靠近，肌小节的长度变短，从而导致肌原纤维乃至整条肌纤维和整块肌肉的缩短，如图 2-5 所示。

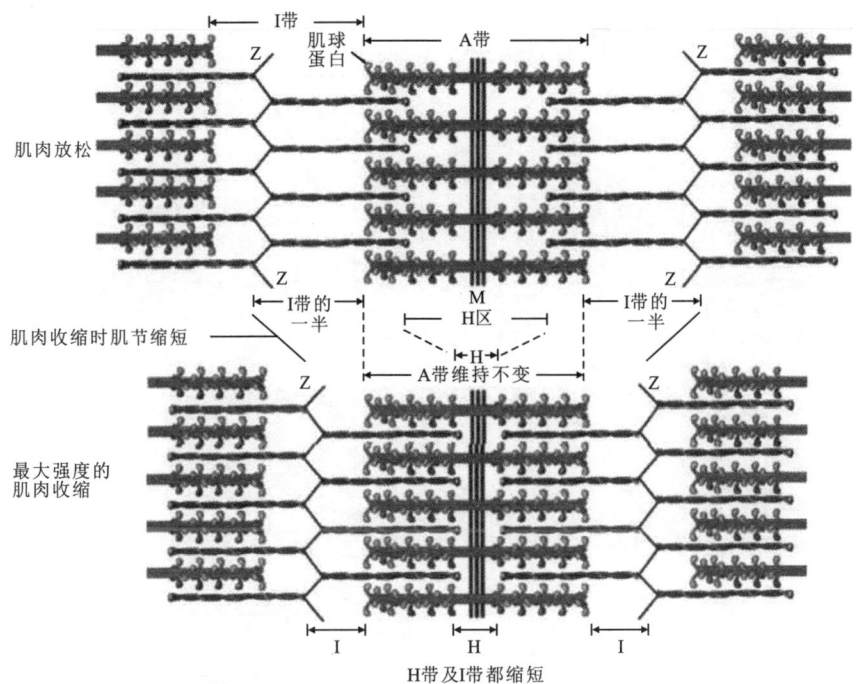

图 2-5　肌肉放松(上)与收缩(下)状态(据 Wilmore et al.,2012)

一、肌纤维的兴奋-收缩耦联

通常把以肌细胞膜电位变化为特征的兴奋过程和以肌丝滑行为基础的收缩

过程联系起来的过程称为兴奋-收缩耦联。这一连串的过程起始于动作电位。该信号发自脑或脊髓,由α-运动神经元上特化的感受器结构,树突接收以负责传导动作电位,再将动作电位从树突传递到轴突末梢。当动作电位抵达轴突末梢时,神经细胞便会分泌神经递质,如乙酰胆碱以结合肌细胞膜上相应的受体。若有足量的乙酰胆碱与受体结合,便能开启肌细胞上的离子通道,引起 Na^+ 进入细胞,这个过程称为去极化。肌纤维兴奋-收缩耦联过程包括以下3个主要步骤,如图2-6所示。

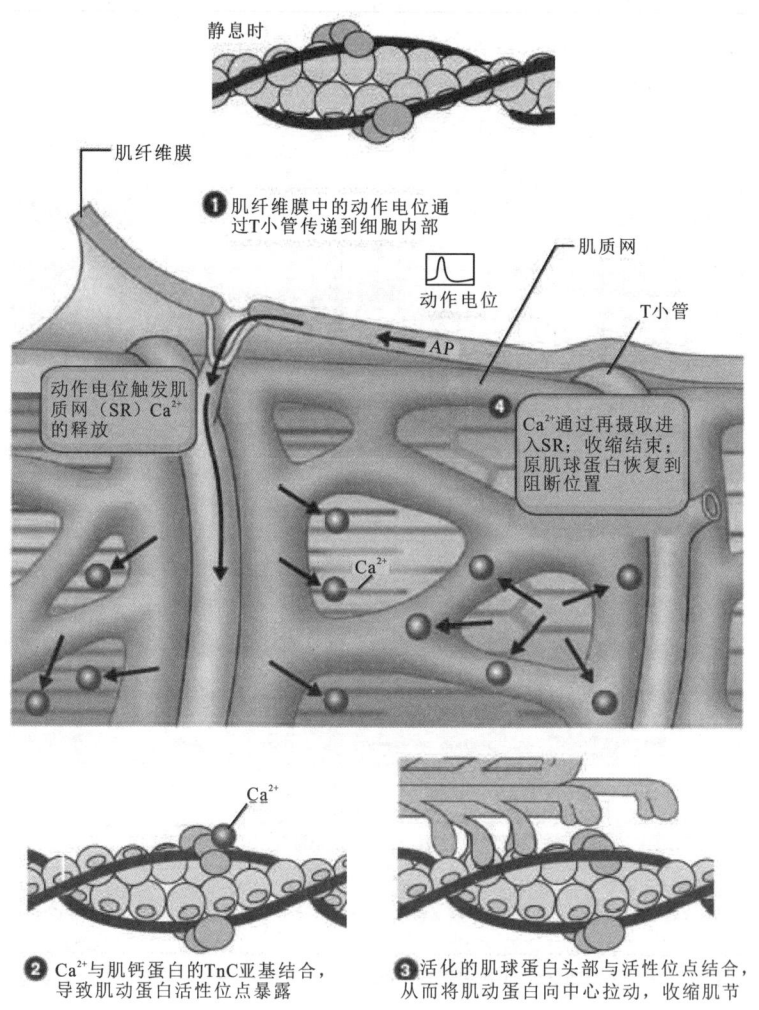

图2-6 肌纤维的兴奋-收缩耦联(据 Plowman et al.,2013)

(1)动作电位通过横小管系统传至肌细胞内部。动作电位沿着肌细胞膜传至横小管,并深入到三联管。

(2)三联管的信息传递。动作电位除了造成肌纤维膜的去极化外,还可以传导于肌原、肌纤之间联通的横小管系统中。横小管膜上的动作电位可引起与其邻近的终末池膜及肌浆网膜上大量的 Ca^{2+} 通道开放,Ca^{2+} 顺着浓度梯度从肌浆网进入胞浆中,肌浆中 Ca^{2+} 浓度升高后,Ca^{2+} 与肌钙蛋白亚单位 C 结合时,使一系列蛋白质的构型发生改变,最终导致肌丝滑行。

(3)肌浆网对 Ca^{2+} 再回收。肌浆网膜上存在的钙泵($Ca^{2+}-Mg^{2+}$ 依赖式 ATP 酶),当肌浆中的 Ca^{2+} 浓度升高时,钙泵将肌浆中的 Ca^{2+} 逆浓度梯度转运到肌质网中储存,从而使肌浆中 Ca^{2+} 浓度保持较低水平,由于肌浆中 Ca^{2+} 浓度降低,Ca^{2+} 与肌钙蛋白亚单位 C 分离,肌肉舒张。

二、肌丝滑行学说

按照肌丝滑行学说,当运动神经上的神经冲动到达神经末梢时,通过神经-肌肉接头处的兴奋传递,使肌细胞膜产生兴奋。肌细胞膜产生兴奋之后,肌浆网向肌浆中释放 Ca^{2+},使肌浆中的 Ca^{2+} 浓度瞬时升高。Ca^{2+} 浓度升高后,肌钙蛋白亚单位 C 与 Ca^{2+} 结合,引起肌钙蛋白的分子构象改变,进而导致原肌球蛋白的分子结构改变,原肌球蛋白滑入肌动蛋白 F 双螺旋沟的深部,肌动蛋白分子上的活性位点暴露。一旦肌动蛋白分子上的活性位点被暴露,粗肌丝上的横桥随即与之结合。

横桥与肌动蛋白结合后会产生两种作用:①激活横桥上的 ATP 酶,ATP 迅速分解并提供能量,引起横桥摆动;②横桥摆动,拉动细肌丝向 A 带中央移动。一旦肌球蛋白头部倾斜,会自原活化区域脱离,旋转回到原来的位置,并再结合较远的新活化区域,横桥再次摆动,拖动细肌丝又向 A 带中央更进一步。如此横桥头部往复地摆动,一步一步地在细肌丝上"行走",拖动细肌丝向 A 带中央滑行。这个肌球蛋白头的倾斜,称为力击,肌纤维收缩时形成的横桥数目越多,产生的收缩力就越大。经过反复的结合及力击过程,会使粗、细肌丝间产生相对进行运动。这个过程会一直持续,直到肌球蛋白端碰到 Z 盘或 Ca^{2+} 被运输回肌浆网为止。肌丝滑动时,细肌丝向肌小节中央移动,并移向 H 区,直到互相重叠。当重叠现象发生时,H 区便消失。

只要 Ca^{2+} 一直存在于肌浆中,肌肉收缩便一直持续。Ca^{2+} 被运回肌浆网中时,肌肉才放松。当肌纤维放松时,肌球蛋白头部仍可能会与肌动蛋白接触,但分子结合力非常微弱,或肌球蛋白与肌动蛋白间隔着原肌球蛋白,阻断两者的结合。当肌浆中的 Ca^{2+} 浓度升高时,肌浆网膜上的钙泵系统被激活,主动转运 Ca^{2+} 回肌浆网中,这是一种需要消耗 ATP 的过程。钙泵将 Ca^{2+} 泵入肌浆网内,使肌浆中 Ca^{2+} 浓度降低,Ca^{2+} 与肌钙蛋白亚单位 C 分离,肌钙蛋白和原肌球蛋白恢复原来的构象,原肌球蛋白再次掩盖肌动蛋白上的活性位点,阻止横桥与肌动蛋白的相互作用,细肌丝恢复至肌肉收缩前的位置,肌肉舒张。

三、肌肉收缩的能量来源

肌肉收缩是主动的过程,需要消耗能量。除了肌动蛋白丝上有 ATP 的活化结合区外,肌球蛋白头部也有活化结合区。肌球蛋白需要 ATP 的结合才能拖动细肌丝的滑动。ATP 水解酶位于肌球蛋白头部,负责将 ATP 水解为二磷酸腺苷、无机磷分子和能量。ATP 水解产生的能量主要用于倾斜肌球蛋白头部。

第三节 骨骼肌纤维类型

一块骨骼肌含有不同收缩能力和代谢特征的肌纤维,如Ⅰ型肌纤维,又称慢缩肌纤维,Ⅱ型肌纤维,又称快缩肌纤维。受到刺激时,慢缩肌纤维约需 110ms 才能达到最大收缩状态,而快缩肌纤维只需要 50ms。虽然慢缩肌纤维与快缩肌纤维是目前通用的命名,但是科学家们仍习惯使用Ⅰ型肌纤维与Ⅱ型肌纤维这两个名称。

目前已知Ⅰ型肌纤维只有一种类型,而Ⅱ型肌纤维可分为两个亚类:Ⅱa 型与Ⅱx 型。人类的Ⅱx 型肌纤维等同于动物的Ⅱb 型肌纤维。肌肉组织通过 10 μm 厚的横切片,并进行免疫组织化学染色即可呈现不同类型的肌纤维。Ⅰ型肌纤维为黑色,Ⅱa 型肌纤维不显色,较接近白色,而Ⅱx 型肌纤维呈灰色。颜色不清楚的为第 3 种快速肌纤维,即Ⅱc 型。

一般认为Ⅱa 型肌纤维是常被募集的肌纤维,而Ⅰ型肌纤维比Ⅱa 型肌纤维更常被募集来执行肌肉收缩工作;Ⅱc 型肌纤维则较少被使用。平均而言,一块肌肉大约有 50% 为Ⅰ型肌纤维,约 25% 为Ⅱa 型肌纤维,另外约 25% 多为Ⅱx 型肌纤维,而Ⅱc 型肌纤维仅占 1%~3%。目前科学家们对Ⅱc 型肌纤维知之甚少。每块肌肉中各型纤维占比,依不同部位肌肉与个体而有所差异,因此上述比例仅为参考值。这样的差异在运动员身上尤为明显。

20 世纪早期,肌肉活检技术建立。直到 1960 年,这项技术才被应用于运动生理学领域,有助于分析肌纤维类型。这项技术使研究者可以探讨急性运动与长期训练对肌纤维组成的影响,而肌肉检体的显微影像与生化分析,则有助于研究者了解肌肉组织产生能量的机制。

一、Ⅰ型与Ⅱ型肌纤维的特征

划分肌纤维类型的方法随着检测肌纤维类型的技术、手段的改进而产生许多种分类方法。根据不同分类方法,肌纤维可划分为不同的类型。Ⅰ型肌纤维与Ⅱ型肌纤维在运动中扮演的角色不同,这与它们的生理特性有关。

(一)ATP 水解酶

Ⅰ型肌纤维与Ⅱ型肌纤维最大的差异是收缩速度,主要是因为肌球蛋白上 ATP 水解酶的类型不同。ATP 水解酶的功能是催化分解 ATP 释放能量,为肌肉收缩供能,而Ⅰ型肌纤维含有慢型的肌球蛋白 ATP 水解酶。当神经冲动刺激肌肉收缩时,Ⅱ型肌纤维较Ⅰ型肌纤维更迅速地进行 ATP 水解。

判别一块肌肉组织中含有哪些类型的肌纤维,常用的方法是通过免疫组织化学染色法进行检测。在肌肉横切片上,通过染色技术反映肌纤维中 ATP 水解酶的活性,Ⅰ型、Ⅱa 型、Ⅱx 型等肌纤维呈现深浅不同的颜色。这项技术可以分辨每条肌纤维 ATP 水解酶的类型,一块肌肉可混合多种不同类型的 ATP 水解酶。有些肌肉内的水解酶大多是由Ⅰ型 ATP 水解酶组成的,有些则是由Ⅱ型 ATP 水解酶组成的。

另一种分辨不同肌纤维的方法是凝胶电泳法。虽然我们可以将肌纤维简单地分为慢缩肌纤维(Ⅰ型)和快缩肌纤维(Ⅱa、Ⅱx 型)两种类型,但目前的科技水平还可将其再细分。使用凝胶电泳法可以精确地检测出同时存在两种或两种以上肌球蛋白构型的混合物。表 2-1 为肌纤维分类,表 2-2 为不同肌纤维类型的理化特性。

表 2-1 肌纤维分类(据 Wilmore et al.,2012)

肌纤维类型的划分方法	肌纤维分类		
	类型 1	类型 2	类型 3
根据肌原纤维 ATP 酶染色的差异划分	Ⅰ型	Ⅱa 型	Ⅱx 型
根据收缩速度划分	慢缩肌(ST)	快缩肌(FTa)	快缩肌(FTx 型)
根据收缩速度和代谢特征划分	慢氧化型(SO)	快氧化/酵解型(FOG)	快酵解型(FG)

表 2-2　不同肌纤维类型的理化特性（据 Wilmore et al.,2012）

参数	肌纤维理化特性		
	Ⅰ型	Ⅱa型	Ⅱx型
氧化能力	高	中	低
酵解能力	低	高	最高
收缩速度	慢	快	快
抗疲劳性	高	中	低
运动单位力量	低	高	高
运动神经元支配的肌纤维数/条	<300	≥300	≥300
运动神经元大小	小	大	大
运动神经元电位传导速率	慢	快	快
收缩速度/ms	110	50	50
肌球蛋白 ATP 水解酶水解速度	慢	快	快
肌浆网发达程度	低	高	高

（二）肌浆网

Ⅱ型肌纤维的肌浆网远比Ⅰ型的发达,当肌细胞活化时,Ⅱ型肌纤维的 Ca^{2+} 运输会更有效率,这是为什么Ⅱ型肌纤维具有较快的收缩速度的原因。人类Ⅱ型肌纤维收缩速度平均是Ⅰ型肌纤维的 5~6 倍。虽然相同横截面肌纤维产生的力量是一样的,但就单位时间做功来说,Ⅱ型肌纤维比Ⅰ型肌纤维大 3~5 倍,因为前者具较快的收缩速度。这可以部分解释为什么短跑运动员的小腿肌肉Ⅱ型肌纤维比一般人多。

（三）运动单位

运动单位是指单一 α-运动神经元及其支配的全部肌纤维构成的结构,见图 2-7。α-运动神经元可以决定它支配的肌纤维是Ⅰ型还是Ⅱ型。Ⅰ型肌纤维的运动单位,其 α-运动神经元细胞体较小,且通常支配的肌纤维数不多于 300 条。而Ⅱ型肌纤维的运动单位,其 α-运动神经元的细胞体较大,支配的肌纤维数多于 300 条。这意味着当Ⅰ型肌纤维运动单位活化时,相比Ⅱ型运动单位,它有较少的同时收缩的肌纤维。这样的结果是Ⅱ型肌纤维运动单位会比Ⅰ型肌纤维运动单位较快达到等长收缩的最大值,且产生的力量大于Ⅰ型肌纤维运动单位。Ⅰ型肌纤维与Ⅱ型肌纤维运动单位产生等长收缩力量的大小,是依据每个运动单位内肌纤维数和肌纤维生理横切面的大小而定。理论上,相同生理横切面积的Ⅰ型肌纤维与Ⅱ型肌纤维产生的力量是相等的。一般来说,Ⅱ型肌纤维运动单位会产生较大肌力,这是因为较粗的肌纤维及每个运动单位内有较多的肌纤维数目。

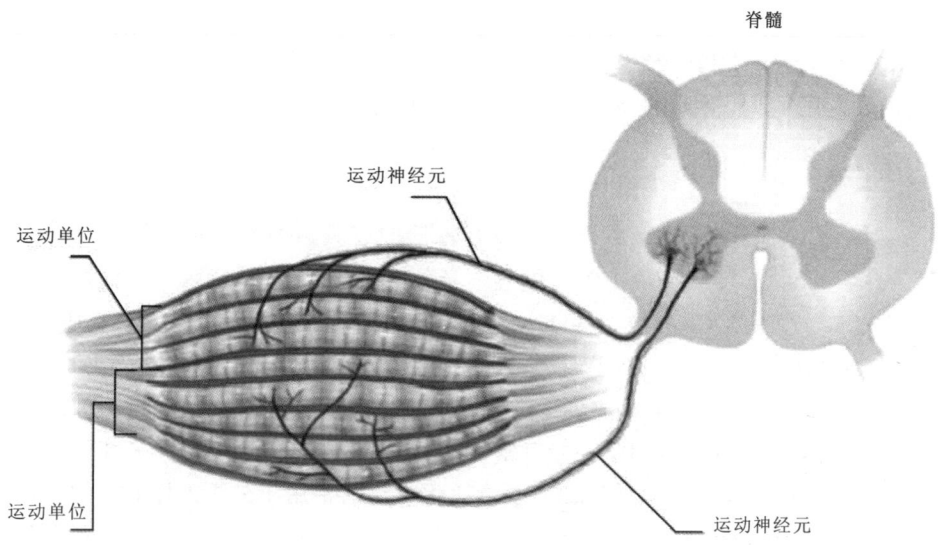

图2-7 运动单位图(据Powers et al.,2017)

二、不同类型肌纤维的分布差异

身体中所有的肌肉Ⅰ型肌纤维和Ⅱ型肌纤维组成均不相同。有些肌肉,如小腿的比目鱼肌中有较多的Ⅰ型肌纤维。一般来说,人类手臂肌肉肌纤维的组成与腿部类似,但其组成的个体差异较大,慢肌纤维数至少占总肌纤维数的24%,最高的达74.2%,说明在不同人体中不同肌纤维类型占比变化较大。运动员的肌纤维组成与运动项目有关。参加时间短、强度大项目的运动员,骨骼肌中快肌纤维占比较从事耐力项目运动员和一般人要高;相反,从事耐力项目运动员的慢肌纤维占比要高于非耐力项目运动员和一般人。既需要耐力又需要速度的项目运动员(如中跑、自行车等),其肌肉中快肌纤维和慢肌纤维占比相当。

三、不同类型肌纤维的运动特征

因各类型肌纤维的生理特性不同,因此其收缩能力不相同,在运动中发挥的作用也不相同。

(一)Ⅰ型肌纤维

与Ⅱ型肌纤维相比,通常Ⅰ型肌纤维具有较高的有氧耐力能力,它是氧化糖和脂有效率产生ATP的肌纤维。在低强度的耐力型运动(如马拉松长跑)或肌力需求较低的日常活动中,如走路过程中,Ⅰ型肌纤维是首先被募集的一种。

(二)Ⅱ型肌纤维

对于Ⅰ型肌纤维,Ⅱ型肌纤维相具有较低的有氧耐力能力。它较适合在无氧条件下的活化,即当环境中氧气供应不充分时,Ⅱ型肌纤维将以无氧代谢的方式生成ATP。快运动单位产生的力量比慢运动单位大,但较易疲劳。因此,Ⅱa型肌纤维常是参与短时间、高强度运动(如100m赛跑、400m短泳等项目)的主要肌纤维。目前对于Ⅱx型肌纤维的研究不多,但明显的是它不易被神经系统活化,此类肌纤维不常用于一般日常活动和低强度运动中,但却在极高强度的运动(如100m冲刺或50m短泳等)中被活化。目前常用于分析人体肌纤维的研究方法是分离肌肉探针取下的检体,剥离单条肌纤维,并测量产生的力量及单条纤维收缩速度。

四、决定肌纤维类型的因素

以同卵双胞胎为研究对象的实验显示,双胞胎的肌纤维组成都非常相似。肌纤维的类型主要是由基因决定的。孩童时期到中年时期,肌纤维类型的改变极少,遗传会决定α-运动神经元如何支配肌纤维,而神经支配一旦建立起来,肌纤维便会开始特定地分化成一种类型。然而,证据显示耐力训练、肌力训练会造成肌纤维类型的改变。也就是说,运动训练能改变Ⅰ型肌纤维与Ⅱ型肌纤维的组成比例,但影响的占比可能小于10%。另外,研究发现肌肉衰老也会改变Ⅰ型肌纤维与Ⅱ型肌纤维的组成。当我们年老时,肌肉会渐渐减少Ⅱ型肌纤维在整个肌纤维数中的比例,而增加Ⅰ型肌纤维比例。

第四节 骨骼肌与运动

一、肌纤维的募集

　　肌肉收缩时产生张力的大小与兴奋的肌纤维数目有关。肌肉收缩时参与的肌纤维数目越多,产生的张力就越大。由于肌肉中的肌纤维都属于不同的运动单位,因此,同时兴奋的运动单位数目决定了肌肉张力的大小。而运动单位数目与运动神经元传到肌纤维的冲动频率有关。参与活动的运动单位数目与兴奋频率相结合,则被称为运动单位动员或者运动单位募集。

　　当α-运动神经元被活化后,动作电位会传递到该运动单位内所有的肌纤维,它们会一起收缩产生力量。活化越多的运动单位,产生肌力越大;当需要的力量较少时,则只需要活化数个运动单位即可。Ⅱ型运动单位比Ⅰ型运动单位包含更多的肌纤维数目。肌纤维募集数目通常依据该活动需要多大肌力而定。随着活动强度的增加,一般遵循以下活化顺序:Ⅰ型肌纤维→Ⅱa型肌纤维→Ⅱx型肌纤维。

　　大部分研究者认为运动单位的活化是遵循固定的肌纤维募集顺序的,称为募集顺序原则。以肱二头肌为例,假设总共有200个运动单位,便已排定了1~200号的募集顺序,若要执行一个极度精细而力量较小的动作时,1号运动单位便会被募集而活化。当需要的力量渐增时,如2号到4号,甚至更多肌纤维会被募集而一同工作,当达到最大收缩状态时,几乎所有的运动单位会同时被募集而活化起来。总之,力量的产生依顺序活化运动单位而定,在渐增强度的运动中,募集的顺序都相同。

　　运动单位被募集的顺序,可以用大小原则来解释。此机制是指运动单位的募集顺序与其运动神经元的大小有关,越小的运动神经元,该运动单位越早被募集。由于Ⅰ型的运动单位,其运动神经元较小,因此在渐增强度运动中,都是首先被募集活化的。当运动所需的力量渐增时,Ⅱ型运动单位才会逐渐被募集。

　　非最大负荷运动数小时后,肌肉的张力表现相对较低,神经系统此时会倾向募集抗疲劳性较好的肌纤维,即Ⅰ型肌纤维和Ⅱa型肌纤维。当运动强度增大时,神经系统需募集更多Ⅱa型肌纤维以维持肌肉张力。最后,当Ⅰ型肌纤维与Ⅱa型肌纤维能量接近耗尽时,Ⅱx型肌纤维将被募集活化,以使活动继续进行,见图2-8。

这可以解释马拉松比赛时,为什么疲劳会一阵一阵地袭来,也可以解释为什么快抵达终点时,意志力可明显左右跑步者速度,即意志可以唤起并募集许多平时不易活化的肌纤维参与运动。

二、肌纤维类型与运动成就

Ⅰ型肌纤维较多的运动员,在耐力型竞赛中会占优势,而Ⅱ型肌纤维较多的运动员,则适合从事短时间、高强度、爆发式的运动项目。

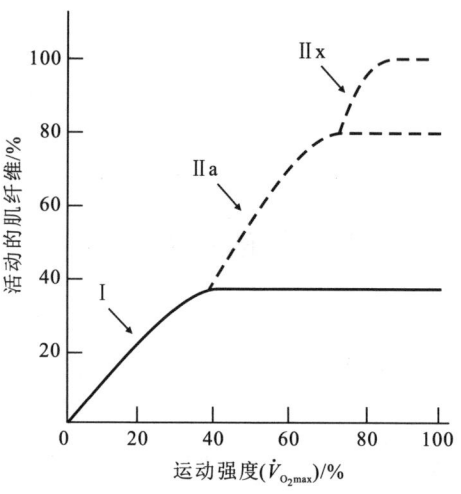

图2-8 渐增强度运动中募集肌纤维类型活化的顺序(据Powers et al.,2017)

表2-3中显示不同性别运动员特定肌肉中Ⅰ型与Ⅱ型肌纤维的占比和截面积。表中可见,长跑运动员腿部肌肉明显以Ⅰ型肌纤维为主,小腿腓肠肌有69%以上为Ⅰ型肌纤维。世界马拉松冠军选手的腓肠肌中,Ⅰ型肌纤维的占比为93%~99%,而世界短跑冠军选手的腓肠肌中,Ⅰ型肌纤维的比例仅占24%~27%。相反地,在需要速度与肌力的短跑选手身上,腓肠肌主要以Ⅱ型肌纤维为主。游泳选手手臂肌肉中有较高比例的Ⅰ型肌纤维(占60%~67%),而未训练的一般人则只有45%~55%。然而,有研究表明,一位好的游泳选手与一位顶尖的游泳选手,其肌纤维类型占比并无不同,而耐力型运动员与短距离冲刺型运动员的肌纤维组成会显著不同。只靠优势肌纤维组成比例挑选运动员来进行适合项目训练,可能存在不确定性,因为每个运动项目中所需的耐力、速度及肌力,还与其他控制因子有关,如心血管功能、动机水平、训练强度、肌肉大小等。

表2-3 不同性别运动员特定肌肉中Ⅰ型与Ⅱ型肌纤维的占比和截面积对比表
(据Wilmore et al.,2012)

运动员	性别	肌肉	肌纤维比例/%		截面积/μm²	
			Ⅰ型	Ⅱ型	Ⅰ型	Ⅱ型
短跑	男	腓肠肌	24	76	5878	6034
	女	腓肠肌	27	73	3752	3930

续表 2-3

运动员	性别	肌肉	肌纤维比例/%		截面积/μm²	
			Ⅰ型	Ⅱ型	Ⅰ型	Ⅱ型
长跑	男	腓肠肌	79	21	8342	6485
	女	腓肠肌	69	31	4441	4128
自行车	男	股外侧肌	57	43	6333	6116
	女	股外侧肌	51	49	5487	5216
游泳	男	后三角肌	67	33	—	—
举重	男	腓肠肌	44	56	5060	8910
	男	三角肌	53	47	5010	8450
铁人三项	男	后三角肌	60	40	—	—
	男	股外侧肌	63	37	—	—
	男	腓肠肌	59	41	—	—
独木舟	男	后三角肌	71	29	4920	7040
铅球	男	腓肠肌	38	62	6367	6441
非运动员	男	股外侧肌	47	53	4722	4709
	女	腓肠肌	52	48	3501	3141

三、肌肉收缩

肌肉收缩可表现为整块肌肉的长度发生变化，特殊情况下也可能不发生变化。

(一)肌肉收缩的形式

肌肉的收缩形式可分为 3 种：向心收缩、等长收缩和离心收缩。在许多动作中，诸如跳跃、跑步等，此 3 种收缩形式都会存在。

1. 向心收缩

肌肉收缩时，肌肉长度缩短，起止点相互靠近收缩，引起关节运动称为缩短收缩，又称为向心收缩。在向心收缩中，细肌丝会向肌小节中央滑行，此收缩形式会造成关节运动,故向心收缩又称为动态收缩。向心收缩时,肌肉张力增加出现在前,长度缩短发生在后。向心收缩是骨骼肌主动用力的收缩形式。肌肉向心收缩时是做功的。

2. 等长收缩

等长收缩是指肌肉长度保持恒定而张力发生变化的收缩,又称为静态收缩,此时关节角度没有变化。如试图提起一个重量远大于手臂能够负荷的物体,或手捧着一物体维持不动的姿势,施力者可以明显感觉到肌肉用力,但却无关节动作。此时肌球蛋白上的横桥周期形成而不断地重复此循环,以产生肌力,但因外力太大而导致细肌丝无法滑动,故肌肉无法缩短。假设有更多的运动单位被募集活化,产生足够肌力对抗外力,静态收缩便会变成动态收缩。

肌肉等长收缩时由于长度不变,故对外做机械功。等长收缩有两种情况:①肌肉收缩时对抗不能克服的负荷,如试图拉起根本不可能拉起的杠铃时,肱二头肌所进行的收缩就是等长收缩;②当其他关节由于肌肉离心收缩或向心收缩发生运动时,等长收缩可使某些关节保持一定的位置,为其他关节的运动创造适宜的条件。要保持一定的体位,某些肌肉就必须进行等长收缩。如做蹲起动作时,肩带和躯干的某些肌肉等长收缩以保证躯干的垂直姿势,同时腿部和臀部的伸肌做向心收缩;蹲下时,肩带和躯干的某些肌肉同样做等长收缩以保证躯干的垂直姿势,但腿部和臀部的伸肌做离心收缩。在复杂的运动中,身体姿势不断发生变化,因此肌肉的收缩形式也会不断发生变化。

3. 离心收缩

肌肉收缩产生张力同时被拉长的收缩称为离心收缩。此时关节角度有改变,能产生动作,故也属于动态收缩。如下蹲时,股四头肌在收缩的同时被拉长,以控制重力对人体的作用,使身体缓慢下蹲,起缓冲作用,这时细肌丝渐渐远离肌小节中央,而伸长肌纤维,因此肌肉做离心工作(也称为退让工作)。再如搬运重物时,将重物放下,以及下坡跑和下楼梯等也需要肌肉进行离心收缩。肌肉离心收缩可防止运动损伤的发生。如从高处跳下时,脚先着地,通过反射活动使股四头肌和臀大肌产生离心收缩。由于肌肉离心收缩的制动作用,缓冲了身体的下落速度,不至于造成身体损伤。离心收缩时,肌肉做负功。

(二)力量的产生

肌肉不论使用哪种收缩形式,产生的肌力会逐渐符合该动作的要求。例如打高尔夫球,推杆1m所需肌力必远小于将球打到250m处的肌力。肌力的大小,依活化的运动单位类型和数量、肌肉大小、活化运动单位的频率(速率编码)、肌纤维与肌小节初长度以及肌肉收缩速度而定。

1. 活化的运动单位类型和数量以及肌肉大小

运动单位活化数量越多,产生肌力就越大。Ⅱ型运动单位含有较多的肌纤维数,产生的肌力比Ⅰ型运动单位大。同样地,较大肌肉拥有较多的肌纤维,产生的肌力比小肌肉大。

2. 活化运动单位的频率:速率编码

单一运动单位产生肌力的大小,与刺激的频率有关。一个运动单位或一条肌纤维对单一电刺激的最小收缩反应称为单收缩。短时间内连续给予3次刺激,即在第一次刺激后不等完全放松,迅速再给予1次刺激,可产生比前一次更大的肌力,称为加成收缩。若以更高频率给予肌纤维连续的刺激,可造成强直收缩,此时可获得肌纤维或运动单位的肌力或张力峰值。速率编码是指从单收缩到强直收缩,运动单位接收刺激频率逐渐增加的过程,如图2-9所示。

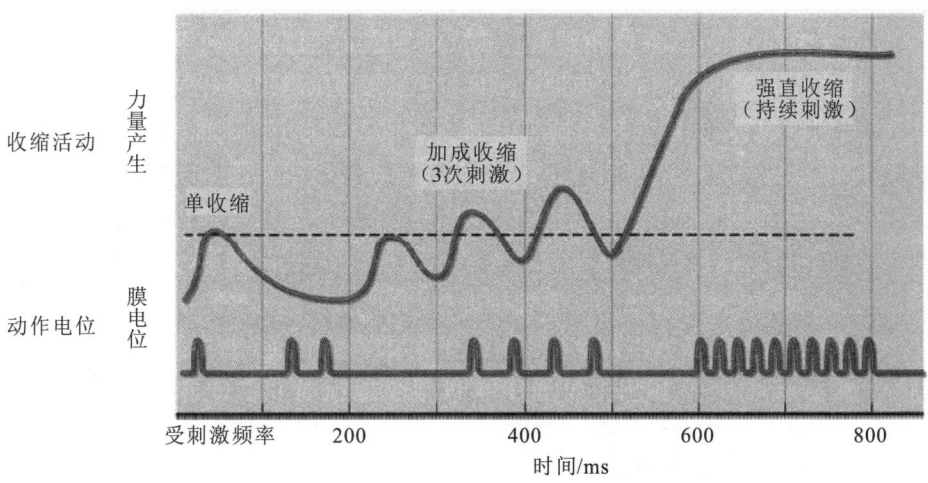

图2-9　刺激频率与肌肉收缩力量的大小关系图(据 Wilmore et al.,2012)

3. 肌纤维与肌小节初长度

每条肌纤维都有产生最大力量的最适初长度。最适初长度是指粗肌丝和细肌丝达到最佳互相重叠程度的位置,也就是能产生最大横桥作用的位置。当肌小节被完全拉长或缩短时,此时横桥几乎无法发挥作用,产生的力量最小,如图2-10所示。

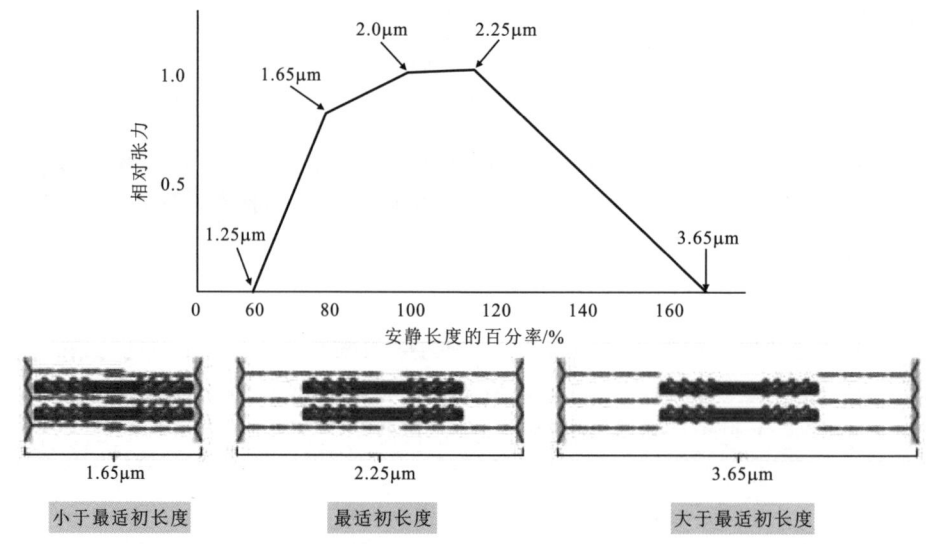

图 2-10 肌小节长度与产生肌力大小的关系图(据 Powers et al.,2017)

4. 收缩速度

影响肌力大小的因素还包括肌肉收缩速度。向心收缩时,随着收缩速度加快,产生的肌力就越小。因此若要提起非常重的物体,速度越慢越好,这样才能产生最大肌力。如果试图迅速提起该物,不是容易掉落,就是会容易受伤。然而,离心收缩时则相反,越快速地做离心收缩,产生的肌力则越大,如图 2-11 所示。

四、急性运动对骨骼肌的影响

(一)延迟性肌肉酸痛

无论是普通人还是优秀运动员,从事不适应负荷的运动或大负荷运动,运动停止 24~72h 以后,运动肌会产生不同程度的酸痛,并伴随僵硬、肿胀和肌力下降等症状。肌肉酸痛不发生在运动期间或运动后即刻,而是在运动结束 24h 以后逐渐加剧,因而将其称为延迟性肌肉酸痛。延迟性肌肉酸痛一般持续几天。现在普遍认为:延迟性肌肉酸痛是不适应的运动方式尤其是离心运动诱发的一种亚临床疼痛症状,一般无需临床治疗,可自行恢复。在运动后如果给予参与工作的肌肉针刺、静力牵张、按摩、理疗等手段进行处理,延迟性肌肉酸痛的症状会

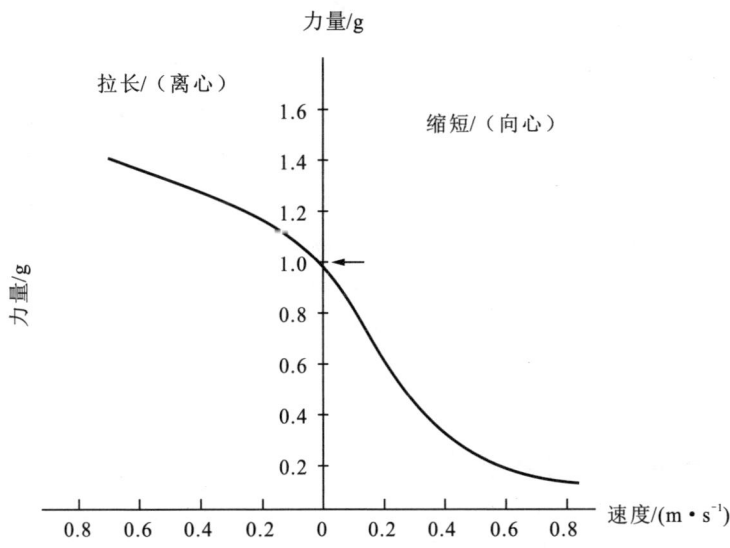

图 2-11　肌肉收缩速度与产生力量大小的关系(据 Wilmore et al.,2012)

减轻,持续时间会缩短。肌肉酸痛可直接影响运动员的运动表现,还可能诱发运动损伤,有关激烈肌肉训练造成延迟性肌肉酸痛的假说,如图 2-12 所示。

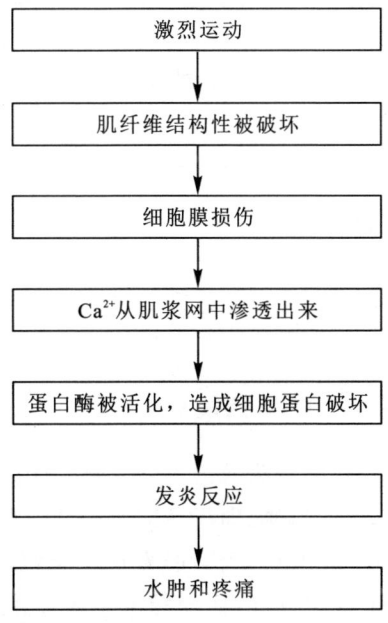

图 2-12　激烈肌肉训练造成延迟性肌肉酸痛的假说(据 Powers et al.,2017)

(二)骨骼肌超微结构改变

骨骼肌在发生延迟性肌肉酸疼的同时,会伴随着超微结构的变化,这种变化在离心运动后会更加明显。研究表明,运动导致的骨骼肌纤维超微结构改变主要表现为肌节缩短、Z带扭曲、增宽、部分或全部消失、M线模糊、扭曲或消失,肌丝排列改变,粗细肌丝位置紊乱,部分肌丝断裂或消失等。与延迟性肌肉酸痛一样,运动性骨骼肌纤维超微结构变化也具有延迟性特点,因此将其称为延迟性骨骼肌纤维超微结构改变。它的特点是:运动后即刻结构变化程度较小,运动24~72h以后变化程度逐渐加剧,5~7d恢复正常。

五、长期运动对骨骼肌的影响

关于运动训练能否导致肌纤维类型转变目前还有争论。一种观点认为,每个人生来肌纤维类型的分布比例就已经确定,而且这种比例是不能通过训练和其他方法而改变的。持这种观点的人认为,优秀运动员某种肌纤维占优势的现象是"自然选择"的结果,也就是说人的肌纤维类型组成是先天决定的。只有那些肌纤维组成占优势的运动员才能取得好成绩。另一种观点则认为、运动员长时间系统地从事某一专项运动训练,可使肌肉结构和机能产生适应性变化,通过训练可导致运动员肌纤维组成发生适应性改变,即"训练适应"的观点。上述两种观点各有一些实验支持,但都缺乏足够的证据。不论运动训练能否改变肌纤维类型,但运动训练能使肌纤维形态和代谢特征发生较大的变化,这一观点是毋庸置疑的,运动训练至少可以从以下两个方面对肌纤维类型产生较大的影响。

(一)肌纤维选择性肥大

萨尔庭发现耐力训练可引起慢肌纤维选择性肥大,速度、爆发力训练可引起快肌纤维选择性肥大。

(二)肌纤维中酶活性选择性改变

肌纤维对训练的适应可表现为肌肉中有关酶活性的有选择性增强。考斯特尔研究了不同项目赛跑运动员和无训练者腿肌中琥珀酸脱氢酶(SDH)、乳酸脱氢酶(LDH)及磷酸化酶(PHOSP)的活性,发现在长跑运动员的肌肉中,与氧化供能有密切关系的SDH活性较高,而与糖酵解及磷酸化供能有关的LDH及PHOSP则活性较低。短跑运动员则相反,LDH和PHOSP活性较高,而SDH

活性较低。中跑运动员居短跑运动员和长跑运动员之间。

(三)运动诱导的骨骼肌纤维转换

骨骼肌可通过转换肌纤维类型来适应运动刺激。在对运动训练的适应过程中,骨骼肌纤维通常转向它们"最近的毗邻类型",遵循下列路径是:MHC-Ⅰ↔MHC-Ⅰ/MHC-Ⅱa↔MHC-Ⅱa↔MHC-Ⅱa/MHC-Ⅱx↔MHC-Ⅱx↔MHC-Ⅱx/MHC-Ⅱb↔MHC-Ⅱb。动物实验证实,通过交叉运动神经元支配或不同的电刺激均可诱导成年动物骨骼肌纤维类型的改变。将支配快肌神经元用来支配慢肌,或高频电刺激慢肌可诱导骨骼肌纤维由慢肌向快肌转变;将支配慢肌的神经元用来支配快肌,或用低频电刺激快肌则可诱导骨骼肌纤维由快向慢转变。

1. 耐力训练对骨骼肌纤维类型的影响

多数研究显示,进行耐力训练一般不能引起肌纤维类型转变。但是在研究耐力运动对骨骼肌 MHC 异构体的影响时发现,一定强度和持续时间的耐力运动可引起骨骼肌纤维 MHC 异构体改变,通常改变的方向是:MHC-Ⅱb→MHC-Ⅱx→MHC-Ⅱa→MHC-Ⅰ。

2. 力量训练对骨骼肌纤维类型的影响

多数研究显示,力量训练会造成类似于耐力运动的 MHC 异构体沿 MHC-Ⅱb→MHC-Ⅱd/MHC-Ⅱx→MHC-Ⅱa 的转变,但通常不会影响 MCH-Ⅰ型肌纤维比例。也有研究显示抗阻力训练不引起骨骼肌纤维比例改变,却能导致骨骼肌 MCH 异构体表达呈双向转换,即 MCH-Ⅰ→MCH-Ⅱa/MCH-Ⅱx→MCH-Ⅱb。研究结果可能与 MHC 分析技术、受试对象以及负荷强度和持续时间等因素有关。

3. 骨骼肌废用和失重对肌纤维类型的影响

骨骼肌废用和失重可导致肌纤维类型由慢肌向快肌转换。处于失重环境下的啮齿动物模拟太空飞行 4~16 天,引起肌萎缩和 MHC 类型的明显转变,即 MHC-Ⅰ下降而 MHC-Ⅱx 升高。这些转变在发挥克服重力功能的慢肌中尤为明显,在这种情况下会导致更多的混合型肌纤维形成。

4. 运动致骨骼肌类型转换的信号机制

目前研究表明有多个信号通路涉及运动致骨骼肌纤维类型转换。一是在骨骼肌收缩过程中,细胞内 Ca^{2+} 浓度上升,会激活下游 Ca^{2+} 敏感信号分子通路,进而导致兴奋转录耦联。二是在运动过程伴随骨骼肌收缩时能量代谢变化如

ADP、AMP 代谢产物增加,可活能量感受信号分子。三是机械刺激以及其他代谢产物如游离脂肪酸(FFA)、活性氧自由基(ROS)等增多,也可激活相关信号。上述信号最后由一系列的转录因子调节相关基因表达,最终致骨骼肌纤维的类型发生适应性变化。

第三章　运动肌肉的能量代谢

人体就像是一台汽车，需要"加油"才能产生能量，而人体所需的燃料就是每天吃的食物，包括糖类、脂肪及蛋白质。这3种基本燃料称为能量底物，由胃肠道消化吸收后，经过血液循环运送至全身的组织细胞，再由细胞将这些营养物经过一系列的新陈代谢过程转变成三磷酸腺苷（ATP）。每个细胞均具有转化这些底物以产生能量的途径。激烈运动时，人体对ATP的需求量较安静时增加，总能量消耗也相应增加，这意味着人体运动时，面临着能量代谢方面巨大的挑战，身体必需快速地反应以提供足够的能量，才能让运动持续进行。当能量供给不足时，肌肉无法收缩，则必须降低运动强度，以减少能量的需求，甚至必须停止运动。本章要介绍的就是如何将饮食摄取所获得的糖类、脂肪及蛋白质等营养物，转换为人体运动时使用的生物能量以及从能量代谢的角度定义有氧运动及无氧运动，同时介绍如何评估运动时的能量消耗。

第一节　能量代谢的底物

人体为了维持生命活动的需要，必须不断地消耗从外界获取的能量。太阳能是地球上最主要的能量来源，植物通过光合作用将二氧化碳及水转变为有机物，也就是将光能转变成化学能，然后人类通过膳食而获得糖类、蛋白质与脂肪等维持生命所需的能量物质。在糖类、蛋白质及脂肪三大营养物中，糖类和脂肪是人体活动时最主要的能量供应来源，除非在极端饥饿或病理的情况下，否则蛋白质作为身体活动能量底物的比例只占极小一部分。身体储存的燃料与可利用的能量见表3-1。

当化学键断裂时便会释放出能量，化学键是化合物分子或晶体内相邻两个或多个原子（或离子）之间强烈的相互作用力的统称。食物的主要组成包括C、H、O、N等元素，将这些元素聚合在一起的分子键非常微弱，一旦这些化学键断裂，会释放出少量的能量。由于食物不能直接被细胞使用，存在食物分子键中的能量，经化学反应而释放，再以高能磷酸化合物的形式（即ATP）储存。

表 3-1 身体储存的燃料与可利用的能量统计表(据 Wilmore et al.,2012)

指标	质量/g	储能/kCal
糖类		
肝糖原	110	451
肌糖原	500	2050
血糖	15	62
脂肪		
皮下及脏壁	7800	73 320
肌肉	161	1513
总和	7961	47 833

注:①以 65kg、体脂肪率 12%的受试者进行估算。
②1cal≈4.19J。

在休息状态时,身体优先分解糖类物质及脂肪获取能量,蛋白质极少分解产生能量用于新陈代谢,主要是执行其他重要的功能,如酶协助化学反应进行细胞构建等。在进行运动强度大且时间短的肌肉工作时,身体会大量分解糖,反而较少利用脂肪来产生能量。对于时间长且强度低的运动,身体则倾向使用糖类和脂肪产生能量。

一、糖类

运动中糖类的消耗量取决于可利用率与糖类代谢系统发达的程度。糖类是由 C、H 和 O 等 3 种元素组成,H 和 O 的原子比例为 2∶1,而 C 和 O 原子的数目则几乎相同,如葡萄糖($C_6H_{12}O_6$)。根据分子结构的大小,糖类可分为单糖、双糖和多糖 3 种。1g 糖分解可产生约 4.1kCal 的热量。

单糖是构成糖类的基本单位,如葡萄糖和果糖,较复杂的糖(双糖与多糖)会经过水解反应生成单糖,葡萄糖经过血液循环而运输到身体各组织中来供应身体代谢所需要。双糖是由两个单糖分子聚合而成,例如蔗糖是由葡萄糖与果糖组成的,麦芽糖则是由两个葡萄糖分子组成的,其他自然存在的双糖,如甜菜、蜂蜜和枫糖。多糖可以由 3~10 个单糖组合而成,如寡糖,也可以由含数 10 个或数百个单糖分子组成,如糖原、纤维素和淀粉。

人体通过食物(如谷物、豆类及马铃薯等)摄取而获得糖分,淀粉被分解成葡萄糖,会以多糖的形式储存在肌肉或肝脏中,进而为身体活动提供能量,不过肌糖原主要为骨骼肌收缩供能,而肝糖原则可以转换成葡萄糖释放至血液中,以提供给全身的组织细胞使用,同时在维持血糖的稳定中扮演着重要的角色。

除非饮食中含有大量的糖分,否则肌肉与肝脏中储存的糖原量并不多,在高强度且时间长的运动中极易耗尽。我们依赖饮食中的糖,以维持身体内糖类储存量的稳定。若摄取的糖分不足,肌细胞就会失去主要的能量来源。

二、脂肪

脂肪是耗时长、低强度运动的主要能量来源。脂肪包括C、H和O等3种元素,但H和O的比例不是2∶1,且O的占比通常比糖类小,脂肪具有疏水的特性(即不溶于水)。脂肪可分为四大类:脂肪酸、甘油三酯、磷脂和类固醇。

脂肪酸在人体是以3分子的脂肪酸和1分子的甘油组成甘油三酯的方式储存,体内甘油三酯大部分储存于脂肪细胞中,肌肉和肝脏可储存甘油三酯。细胞利用脂肪来进行新陈代谢的效率不高,因为脂肪必需先转化为甘油三酯,它的利用需通过脂肪分解作用形成游离脂肪酸与甘油三酯,其中只有前者作为肌肉收缩或其他组织细胞的能量来源才能合成ATP,而甘油三酯较少作为运动肌肉收缩的能量来源,但在肝脏合成葡萄糖,以减少糖的消耗。

磷脂不用作运动能量来源,其主要作用是参与构成细胞膜以及作为包裹神经纤维的绝缘鞘组分。人体较普遍存在的类固醇是胆固醇,它是构成细胞膜的一种成分,它过度地堆积将导致血管阻塞,它会引起冠状动脉疾病的发生。其他的类固醇包括睾酮、可的松和胆盐等。饮食中过多的糖类、脂肪及蛋白质的摄取都会以甘油三酯的方式堆积在脂肪组织内,它是构建激素如雌激素与睾酮的主要成分。1g的脂肪分解产生的能量(9.4kCal),大于1g糖分解产生的能量(4.1kCal)。然而,在高强度的肌肉活动下,由脂肪分解获得能量的速率低,无法满足运动能量的需求。

三、蛋白质

正常情况下,蛋白质可作为少量能量的来源,蛋白质为含有C、H、O和N的大分子,它由许多氨基酸小单位组成。人体内的蛋白质主要由20种氨基酸构成,其中有9种为人体无法自身合成或是合成量不足而必需经过食物摄取来补充的称为必需氨基酸,另外的11种不一定非得从食物中摄取,将其称为非必需氨基酸。蛋白质的构造比糖和脂肪要复杂，它在体内扮演着重要的角色，起着不同的作用，如构成不同组织结构、催化特定生化反应、对抗入侵身体的微生物、维持血液的渗透压稳定、交流信息等。

在严重能量短缺或病理状态下，蛋白质作为身体活动的能量来源必需先分解成氨基酸。氨基酸可以用来产生能量。丙氨酸经由血液运输至肝脏以糖异生的方式生成葡萄糖或合成糖原；肌细胞中具有支链氨基酸转氨酶，可以对支链氨基酸进行脱氨基作用，因此支链氨基酸（异白氨酸、缬氨酸、白氨酸）可在肌细胞中被转换成代谢中间产物，进而作为能量的来源。蛋白质在活动时间较长的运动中，可供应5%～10%的能量。

上述这三大营养物经过新陈代谢，其能量通过ATP进行负载。体内的ATP通常是由二磷酸腺苷（ADP）和1个无机磷酸（P_i）经由高能键聚合而成。当此键被ATP酶打断，即可将ATP分解成ADP和P_i，同时释放出能量，这是骨骼肌收缩做功的直接能量来源。

第二节　能量产生速率的控制

化合物释放自由能的速率应受到控制，控制自由能释放速率的特殊蛋白质分子称为酶。大部分酶会诱发化合物的分解。酶不会引起生化反应的发生，也不会导致不稳定的能量产生，见图3-1。酶通过降低活化能来加速生产，对于化学反应的开始是相当重要的，见图3-2。

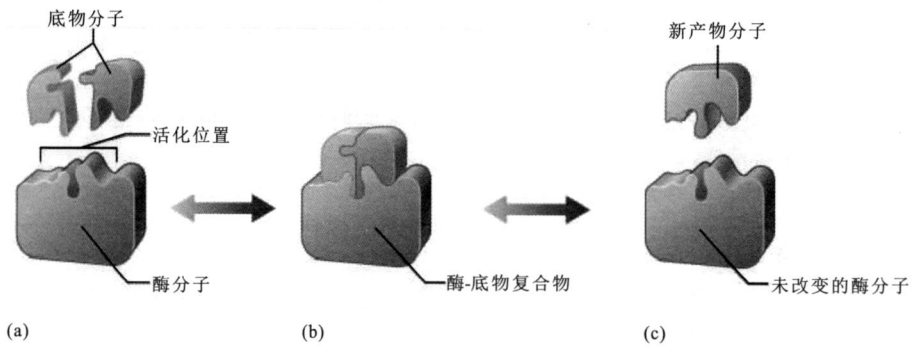

图3-1　酶催化的反应（据Powers et al., 2017）

注：(a)两种底物适于酶的活化位置；(b)形成了酶-底物复合物；(c)酶催化化学反应，从而导致新产物分子的形成，最终结果包括产物分子和未改变的酶分子。"双箭头"表示酶催化反应是可逆的。

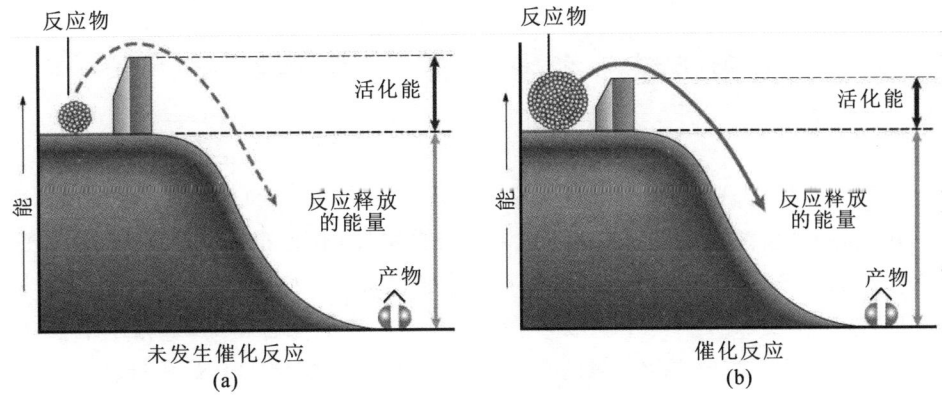

图 3-2 酶的催化反应(据 Powers et al.,2017)

注:酶的催化反应可降低所需的活化能。首先注意图(a)未发生催化反应(没有酶存在)时,活化能较高,降低了发生反应的机会,再看图(b),当酶参与反应时,活化能降低了,于是反应发生。

需要经过多个生化反应步骤才能将底物转化成产物,每一个步骤都是通过特定的酶来催化的。因此,增加酶的数量或是活性(例如改变温度或酸碱度,见图 3-3),可增加代谢产物形成的速率。另外,许多酶的催化反应需要其他分子的作用,这一类分子被称为辅因子。辅因子可以影响酶的功能,改变代谢反应的速率。典型的代谢途径通常有一个酶参与并控制反应的整体速率。在一系列代谢反应过程中,如果其中一个反应进行得很慢,它便成为整个过程的限速步骤,催化此限速步骤的酶称为限速酶。

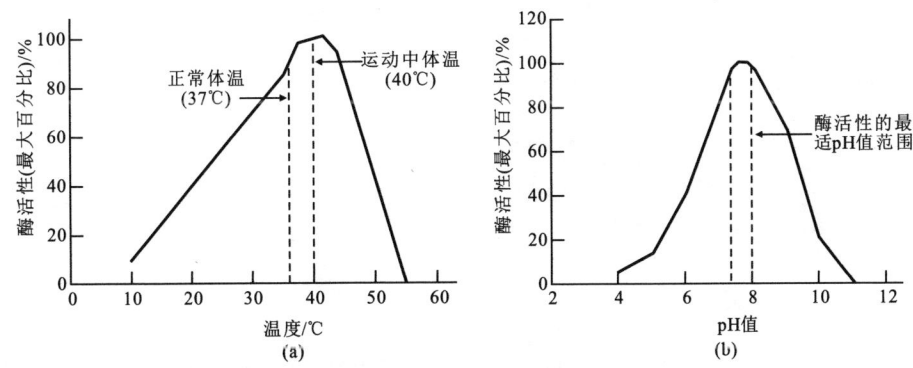

图 3-3 体温和 pH 值对酶活性的影响(据 Powers et al.,2017)

注:注意酶活性的最佳温度或 pH 值范围,当超过这一范围时,酶活性将降低。

第三节　能量储存:高能磷酸化

肌肉收缩的直接能量来源是 ATP。当 ATP 与水结合(水解),通过 ATP 酶的作用,一个磷酸根离开,快速释放大量的自由能(在标准状况下,1 分子 ATP 大概释放 7.3cal 的能量,但在细胞中 1 分子 ATP 可产生 10cal 以上的能量),ATP 被还原成 ADP。一个磷酸分子与一个低能量的化合物 ADP 分子结合,生成 1 分子 ATP,需要提供大量的能量,此过程称为磷酸化。无需氧的参与,只需代谢物脱氢(氧化)及其内部能量的重新分布,即可形成高能磷酸键。底物由于脱氢、脱水等作用,使分子重排,分子内部能量重新分布而形成的高能磷酸键(或高能硫脂键)直接将能量转移给 ADP(或 GDP)形成 ATP(或 GTP)。如图 3-4 所示,ATP 的分子结构和 ATP 被 ATP 酶催化释放能量的过程。

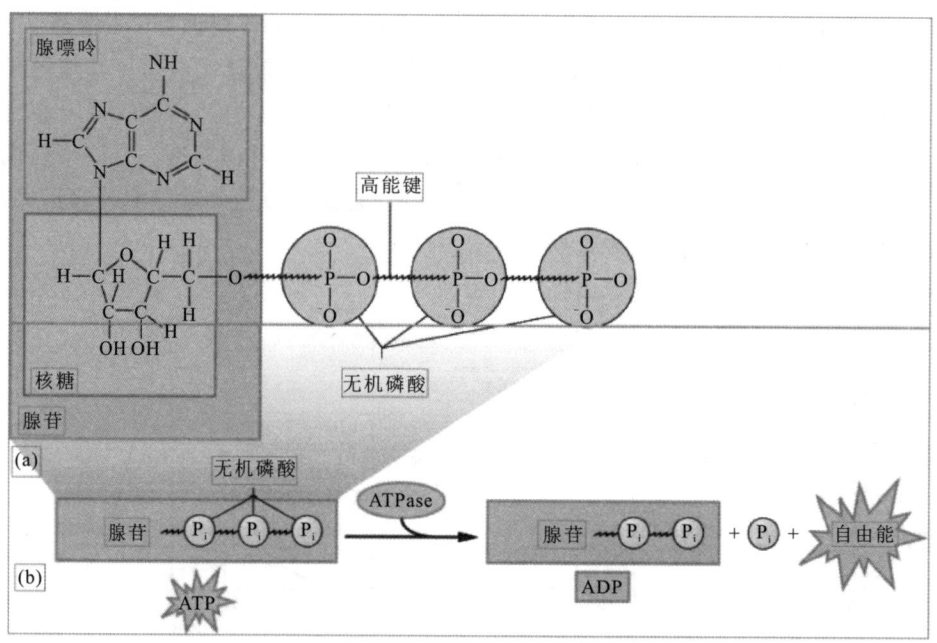

图 3-4　ATP 的分子结构和 ATP 被 ATP 酶催化释放能量的过程(据 Wilmore et al.,2012)
(a)ATP 分子结构;(b)当 ATP 被 ATP 酶(ATPase)催化反应,释放能量的过程

第四节 人体运动时的能量转换

虽然ATP是骨骼肌收缩的直接能量来源,但是储存在肌细胞中的ATP数量却非常有限,2～3s就会被耗尽,因此为了让运动能持续下去,机体必需通过其他的代谢途径不断地生成ATP供给肌细胞使用,这些途径包括:①经由磷酸肌酸(phosphocreatine,PCr)的分解以合成ATP,称为磷酸原系统;②经糖酵解作用产生ATP,终产物为乳酸,称为乳酸系统或糖酵解系统;③利用糖、脂肪及蛋白质氧化代谢生成ATP,称为有氧系统。相对于有氧系统而言,磷酸原系统和乳酸系统的代谢过程都不需要氧气的参与,因此常被合称为无氧系统。

一、磷酸原系统

磷酸原系统(ATP-PCr系统),是人体内ATP最快速供能的方式。机体内储存非常少量的ATP,同时存在另一种高能磷酸分子,即磷酸肌酸。当肌细胞内的ATP被分解时,原本储存在肌细胞内的PCr会通过肌酸激酶的催化作用,将无机磷分子从肌酸上移除,此过程释放出来的能量将无机磷分子加到ADP分子上而形成ATP。细胞通过分解磷酸肌酸来提供能量与无机磷分子,将ADP转变成ATP储存。不同于ATP分解释放出的能量可用来做功,PCr分解释放出的能量则主要用于ATP的合成。

在负反馈调节机制和限速酶的作用下,当ADP或P_i的浓度增加时,磷酸肌酸的活性会增加;当ATP浓度增加时,磷酸肌酸的活性则会被抑制。一旦开始运动,肌细胞中少量可用的ATP便开始分解,提供即时性的能量,产生ADP和P_i。ADP浓度的增加提高了磷酸肌酸的活性,同时PCr分解提供能量合成更多的ATP。当运动持续进行时,糖酵解和有氧系统产生更多的ATP,就会抑制磷酸肌酸的活性。

在短时间的冲刺时,ATP维持相对稳定的量,此时可见PCr含量持续地下降,目的是填补消耗的ATP。当精疲力竭时,ATP与PCr含量均已非常少而不能再提供给肌肉更多的能量,因此,PCr供能受到制约,通过此系统提供运动开始时或是3～15s内全力冲刺时能量来源。例如棒球的挥棒、掷标枪或短距离冲刺等。若超过这个时间,肌肉需依赖其他能量系统,如糖酵解系统和有氧系统供给能量。

二、糖酵解系统

糖类另一种合成 ATP 的方法是分解葡萄糖,此系统称为糖酵解系统,它需要一系列的糖酵解酶以分解葡萄糖。当肌细胞内的 ATP 和 PCr 即将耗尽且运动持续进行时,糖酵解系统则是可以快速被用来产生 ATP 的另一个途径。糖酵解系统指的是将 1 分子葡萄糖或糖原在细胞质经由糖酵解作用分解成 2 分子丙酮酸或乳酸,同时产生 ATP(若底物来源为葡萄糖时,因先转化为葡萄糖-6-磷酸而先行消耗 1 分子 ATP,最终可净产生 2 分子 ATP;若为肌糖原时,则产生 3 分子 ATP)的能量供应途径。糖酵解系统远比 ATP-PCr 系统复杂。该反应共涉及 10~12 种酶,以分解葡萄糖或糖原生成乳酸,其中的反应过程均发生在细胞质中。

血液循环中约有 99% 的糖分是葡萄糖。葡萄糖主要来自食物以及肝糖原的分解。糖原是由葡萄糖结合而成的多糖。它储存在肝脏和肌肉中,一旦需要能量时,糖原会分解成葡萄糖-1-磷酸而进入糖酵解途径,这就是糖原分解。

当以葡萄糖作为底物进行糖酵解作用时,葡萄糖先经由己糖激酶的催化,并消耗 1 分子 ATP,将磷酸根加至葡萄糖上,使其成为葡萄糖-6-磷酸(图 3-5 步骤①),这是一个磷酸化的过程;类似的过程还发生在步骤③,经由磷酸果糖激酶的催化,果糖-6-磷酸被磷酸化为果糖-1,6-磷酸,消耗 1 分子 ATP。至此糖酵解作用在尚未生成 ATP 前已消耗 2 分子 ATP,因此步骤①~③可被视为能量投资阶段。而在糖原分解过程中,糖原先转化成葡萄糖-1-磷酸再转化为葡萄糖-6-磷酸这一过程则不需消耗 ATP。

接下来的步骤④~⑩则进入能量产出阶段,主要在步骤⑦,先经由磷酸甘油酸激酶将 1,3-二磷酸甘油醛去磷酸化为 3-磷酸甘油醛,同时产生 1 分子 ATP,且在步骤⑩又经丙酮酸激酶使磷酸烯醇丙酮酸去磷酸化为丙酮酸,同样得到 1 分子 ATP;由于在步骤④时果糖-1,6-磷酸已被分解成 2 分子 3-磷酸甘油醛,因此在能量产出阶段一共可得到 4 分子 ATP,但扣除能量投资阶段消耗的 2 分子 ATP,葡萄糖经糖酵解作用实际上只净得 2 分子 ATP。

此外,在步骤⑥ 3-磷酸甘油醛会失去一对氢原子,而氧化态的烟酰胺腺嘌呤二核苷酸(NAD)则接收这对氢原子,并利用它提供的 2 个电子而形成还原态的 NADH。当运动强度较高,需要快速地产生大量的 ATP,糖酵解作用则必需不断地加速进行,因此越来越多的氢原子被释放出来,这就需要更多的 NAD 去接收,若 NAD 的数量不足时,还原态的 NADH 可以经由乳酸脱氢酶的催化,将

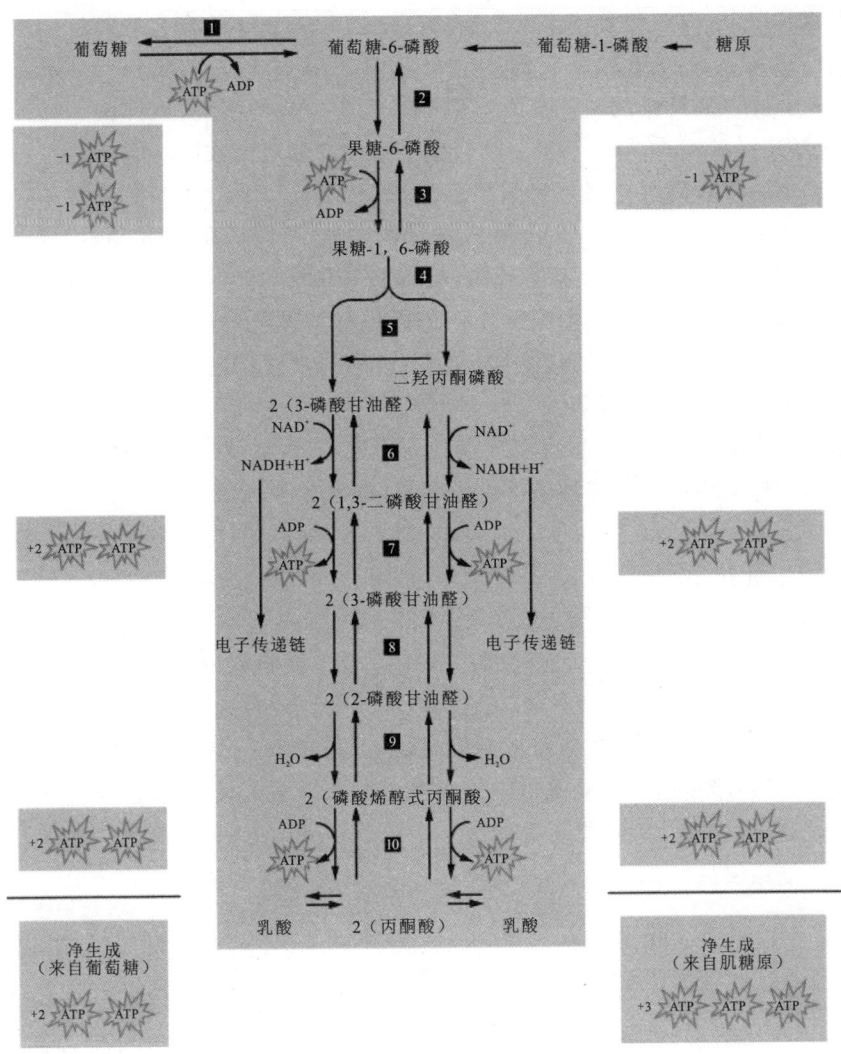

图 3-5 糖酵解作用的能量产生(据 Wilmore et al.,2012)

1 对氢原子转给丙酮酸而生成 NAD,丙酮酸则因此得到电子而还原成乳酸,乳酸系统因此而得名。此能量供给系统无法产生大量的 ATP,但在氧气供应有限制的时候,ATP-PCr 系统与糖酵解系统是肌肉收缩时的主要能量来源。这两种系统主要负责高强度运动开始前几分钟的供能。

另一个限制糖酵解系统的主要因素是蓄积在肌肉和体液中的乳酸。糖酵解反应会生成丙酮酸,此过程不需要耗氧,但氧的存在与否会决定丙酮酸的命运。

在无氧状况下,丙酮酸会转化成乳酸。在持续 1~2min 的全力冲刺运动中主要依赖糖酵解系统。此时在肌肉中乳酸浓度可从休息时的 1mmol/kg 上升到 25mmol/kg。肌纤维的酸化会影响糖酵解反应中酶的活性,而抑制了糖原的分解,乳酸还降低 Ca^{2+} 与肌钙蛋白结合的能力而抑制肌肉收缩功能。

糖酵解过程的限速酶是磷酸果糖激酶(PFK)。PFK 可以将果糖-6-磷酸转变成果糖-1,6-磷酸。ADP 和 P_i 浓度的增加,可以提高 PFK 活性,因此加速糖酵解作用,而当 ATP 浓度上升时,会通过抑制 PFK 活性而使糖酵解作用减速。此外,当有氧存在时,糖酵解作用进入柠檬酸循环,柠檬酸循环的产物是柠檬酸和氢离子,再由负反馈机制抑制 PFK。高强度运动时机体消耗能量速率是休息时的 200 倍,单靠 ATP-Pcr 系统与糖酵解系统是无法供应所需能量的。若是高强度运动,这两种系统供应的能量可能只够运动开始的前几分钟而已。长时间的运动则依赖第三种能量供应系统,即氧化系统。

三、氧化系统

氧化系统是 3 个能量系统中最复杂的一个。细胞利用氧气分解底物产生能量的过程称为细胞呼吸,氧化反应是在特殊的细胞器内进行的,这种细胞器称为线粒体。肌细胞的线粒体分布于肌原纤维附近,散布在肌浆中。肌肉在长时间运动中,需要稳定而持续的能量供给以产生力量。相比无氧代谢,氧化系统的启动较慢,但具有产生大量能量的能力。在耐力型运动中,有氧代谢系统成为最主要的供能系统。

(一)糖类的氧化

如图 3-6 所示,ATP 的有氧合成包含 3 个主要步骤:①葡萄糖经糖酵解途径分解成丙酮酸(a);②克氏循环,又称柠檬酸循环(b);③电子传递链(c)。

1. 有氧糖解

在糖类的代谢中,不论是在有氧还是无氧情况下合成 ATP,糖解过程均是共同的途径,其步骤均相同:氧气的存在与否只和末期产物——丙酮酸去向有关。如前所述,无氧糖解的末期产物为乳酸,当底物为葡萄糖时,每摩尔葡萄糖可生成 2mol ATP;若底物为糖原时,每摩尔糖原可生成 3mol ATP。若有氧气存在时,丙酮酸可再转化为乙酰辅酶 A。

2. 克氏循环

在运动强度较低且有氧气参与的情形下,细胞质中的丙酮酸可以进入线粒

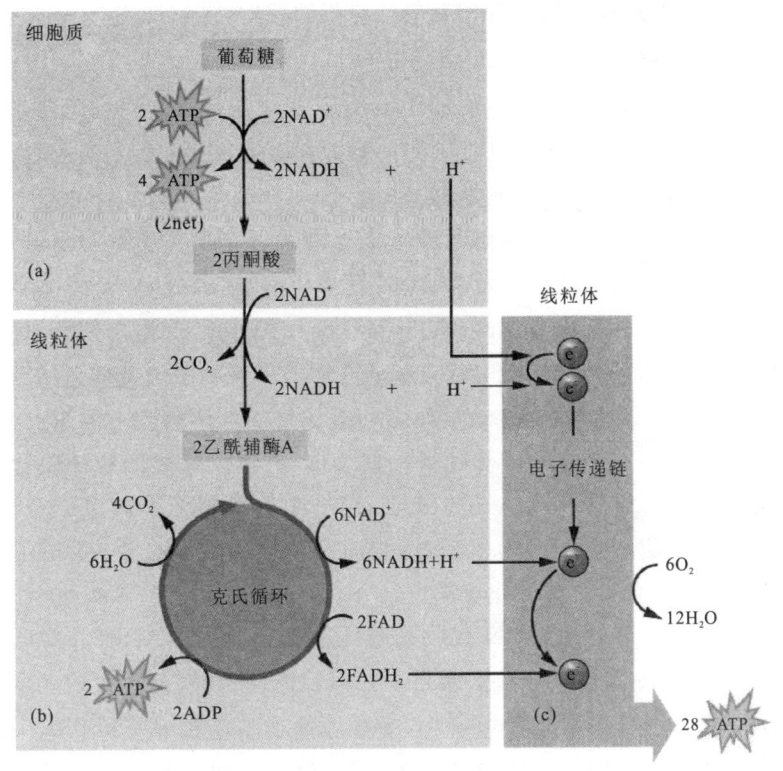

图3-6 糖类的有氧氧化过程(据 Wilmore et al., 2012)

体,并经由丙酮酸脱氢酶的催化而移除1分子CO_2,使三碳的丙酮酸形成二碳的乙酰辅酶A,同时产生1分子NADH。乙酰辅酶A接着会进入克氏循环的代谢过程,又因乙酰辅酶A在此循环中首先会由柠檬酸合成酶催化,而与草酰乙酸一起形成柠檬酸,所以此过程常被称为柠檬酸循环或三羧酸循环。在丙酮酸转变成乙酰辅酶A时,氢离子会被解离出来,它将结合两个辅酶:烟酰胺腺嘌呤二核苷酸(NAD)和黄素腺嘌呤二核苷酸(FAD),而转变成还原态的(NADH 和 $FADH_2$)。一分子乙酰辅酶A进入克氏循环,可以形成3分子的NADH、1分子的$FADH_2$、2分子的CO_2以及经由底物磷酸化作用产生1分子鸟苷三磷酸(GTP)。GTP是一种类似ATP的高能化合物,能提供P_i给ADP产生ATP。NADH和$FADH_2$会将其携带的成对电子送至位于线粒体内膜的电子传递链,并形成氧化态的NAD^+及FAD,这个过程可让1分子的NADH氧化磷酸化生成3分子ATP,而$FADH_2$则生成2分子ATP。另外GTP可将磷酸根转给ADP而生成1分子ATP,因此1分子乙酰辅酶A进入克氏循环后最终可产生

12 分子 ATP。克氏循环的限速酶是异柠檬酸脱氢酶。

3. 电子传递链

糖酵解反应进行时,葡萄糖转化为丙酮酸的过程,会释放氢离子,而在克氏循环过程中,会释放更多的氢离子。若这些氢离子一直处在细胞内,必然会造成一个强酸的环境,那么这些氢离子去了哪里呢?

电子传递链一般是指呼吸链。呼吸链是指由一系列的递氢和递电子反应,按一定的顺序排列组成的连续反应体系,它将代谢物脱下的成对氢原子交给氧成生水,同时有 ATP 的生成。呼吸链中的递氢体和递电子体就分别是能传递氢原子和电子的载体,它们实际上是酶、辅酶或辅因子。电子传递链包括黄素单核苷酸、辅酶 Q 及许多含铁的细胞色素,它们是位于线粒体内膜上的蛋白复合体。电子沿着呼吸链由一个复合体传到另一复合体,氢离子通过线粒体膜形成一个浓度梯度,会将 ADP 转变成 ATP。在此链的尾端,氢离子会与氧结合形成水,这样可以防止细胞酸化。因为整个过程都依靠氧气作为电子和氢离子的接收者,所以该过程称为氧化磷酸化反应。

电子传递链一开始由 FMN 接收来自线粒体基质的 NADH 成对电子而还原成 $FMNH_2$,而细胞色素 b 接收来自 $FMNH_2$ 的电子,使其包含的 2 个铁离子(Fe^{3+})被还原成 2 个亚铁离子(Fe^{2+}),被还原的细胞色素 b 会再将电子传给细胞色素 c_1,使细胞色素 c_1 的铁离子被还原,而原来的细胞色素 b 的铁离子则重新被氧化($Fe^{2+} \rightarrow Fe^{3+}$),这个氧化还原的过程最后是由细胞色素 a_3 将电子传递给氧,使之与氢结合生成水,氧为电子传递链最终的电子接受者,并由此使细胞色素 a_3 的铁离子被氧化。

在电子传递的过程中,H^+ 打至线粒体内外膜之间,结果会造成此空间的 H^+ 浓度远高于基质,然而大部分的 H^+ 无法通过被动扩散的方式回到基质,而必需经由特殊的 H^+ 通道穿过线粒体内膜。每当 2 个 H^+ 经过此通道时,经由 ATP 合成酶催化释放出来的能量可让 1 分子 ADP 磷酸化成 1 分子 ATP,由此进入基质的 H^+ 则与氧结合形成水而被移除。1 分子 NADH 进入电子传递链约可生成 3 分子 ATP,但 1 分子 $FADH_2$ 则产生 2 分子 ATP,主要的差异在于 $FADH_2$ 进入电子传递链的过程较晚,仅被产生 2 对 H^+,而 NADH 则被产生 3 对 H^+。

经过底物磷酸化作用,在糖解过程中净得 2 分子 ATP,因 1 分子葡萄糖可分解为 2 分子丙酮酸,进入克氏循环可获得 2 分子 ATP。此外,糖解作用形成的 2 分子 NADH,2 分子丙酮酸变成乙酰辅酶 A 也形成 2 分子 NADH,再加上克氏循环所形成的6分子NADH与2分子$FADH_2$,这10分子NADH及2分子$FADH_2$,依1分子NADH可产生3分子ATP,1分子$FADH_2$可产生2分子ATP计算,1分子葡萄糖经氧化磷酸化作用可产生34分子ATP,再加上底物磷酸化的4分子ATP,总计可产生38分子ATP。而ATP总数为36个或38个ATP分子,主要的差异在于糖解作用产生的NADH是位于细胞质,其H^+必须经由氢酸系统通过线粒体膜运送而进入基质,若以甘油-磷酸梭的方式(为骨骼肌的主要机制)运送,则在线粒体内会形成$FADH_2$,但若以苹果酸-天门冬氨酸梭的方式(为心肌的主要机制)运送,则会形成NADH,所以糖解作用形成的2分子NADH经氧化磷酸化作用,最终可能形成4个或6个ATP分子。另外,肌糖原在代谢开始时较葡萄糖少用1个ATP分子,若以肌糖原为底物时,最终可产生37个或39个ATP分子。

以上讨论的是关于糖类的代谢途径,而脂肪和蛋白质同样可以利用有氧代谢途径,脂肪先被分解成甘油和脂肪酸,其中甘油可以作为糖解作用的中间产物-磷酸甘油醛,而脂肪酸则经β-氧化作用分解成乙酰辅酶A进入克氏循环产生能量。至于蛋白质则是依不同氨基酸的种类,经脱氨基作用后进入不同的代谢途径,例如:丝氨酸可以转变成丙酮酸,色氨酸可以转变成乙酰辅酶A,精氨酸及异白氨酸则可以转变成克氏循环的中间产物。虽然蛋白质有许多可以进入能量代谢的途径,但是它作为运动时能量来源的比例通常介于2%~15%之间,因此运动是以糖类和脂肪作为主要的能量来源。

(二)脂肪的氧化

脂肪是肌肉活动重要的能量来源,肌肉与肝脏中储存的糖原约可提供2500kCal的能量,但肌肉组织与脂肪组织中的脂肪可提供70 000~75 000kCal的能量。这些脂质分子甘油三酯、磷脂、胆固醇等,只有甘油三酯为主要的脂质供能来源。甘油三酯主要储存在脂肪细胞中。若使用甘油三酯为燃料,1个甘油三酯分子需先降解为1个甘油分子与3个游离脂肪酸分子。此过程称为脂肪分解,并需要脂肪酶的催化。游离脂肪酸是主要的脂质供能来源,它可以通过血液循环而运输到身体各处,再通过扩散方式进入肌细胞,扩散的速率依浓度梯度而定,若血液中FFA的浓度高,则会增加FFA进入肌细胞的速率。

1. β-氧化作用

在FFA被动用前,它必需在线粒体中先转化成乙酰辅酶A,此反应称为β-氧化作用。

β-氧化反应过程中,1分子的FFA会断裂成具有2个碳原子的酰基单位。

反应步骤的多寡取决于 FFA 中碳原子的数量,此酰基单位可转变成乙酰辅酶A,随后进入克氏循环产生 ATP。如果最初的 FFA 有 16 个碳原子,β-氧化产生 8 个乙酰辅酶 A 分子。

2. 克氏循环与电子传递链

脂质氧化代谢与糖氧化代谢的途径相同,在 β-氧化作用过程中产生氢离子,这些氢离子会进入电子传递链。与葡萄糖代谢一样,FFA 氧化反应的终产物是 ATP、H_2O 及 CO_2。

FFA 含碳量大于葡萄糖的好处是在脂质代谢过程中能形成更多的乙酰辅酶 A,而较多的乙酰辅酶 A 进入克氏循环时会产生更多的电子进入电子传递链中,这是脂质代谢比糖类代谢产生更多能量的原因。脂质总的 ATP 合成量会因为不同类型脂质的氧化反应而有所不同。以有 16 个碳原子的脂肪酸——棕榈酸($C_{16}H_{32}O_2$)为例,经过复杂的氧化反应,克氏循环与电子传递链能将 1 分子的棕榈酸(表 3-2)合成 106 个 ATP 分子,这个数值远大于用 1 分子葡萄糖或 1 分子糖原合成 ATP 分子的数量。

表 3-2 氧化 1 分子棕榈酸产生的能量(据 Wilmore et al.,2012)

过程	底物氧化	氧化磷酸化
脂肪酸活化	0	−2ATP
β-氧化作用	0	28ATP
克氏循环	8ATP	72ATP
小计	8ATP	98ATP
总计	106ATP	

(三)蛋白质的氧化反应

糖类与脂肪为较常用的燃料,但有时也会用到蛋白质。某些氨基酸可通过糖类异生作用转化成葡萄糖,也有一些氨基酸通过转化为氧化代谢反应的中间产物(如丙酮酸或乙酰辅酶 A)而进入氧化反应中。蛋白质产生的能量不像糖类或脂肪易于估算,因为蛋白质中含有 N 元素。当氨基酸代谢时,一部分氮会被用来合成新的氨基酸,剩下未释放出来的 N 元素则无法被氧化,而会转化为尿素,再以尿液形式排泄出去,这个转化过程需要消耗 ATP,因此使用蛋白质产生能量,会有一部分能量被消耗掉。在实验室中完全燃烧 1g 蛋白质,可产生

5.65kCal 的能量。然而,人体中蛋白质的代谢,在 N 元素转化成尿素的过程中会消耗能量,故能源净产量为 4.1kCal。为了精确计算蛋白质代谢的速率,应先扣除身体的 N 元素量,此测量方法需收集 12～24h 的尿液。不过健康人很少利用蛋白质作为运动或日常生活的能量来源,估算人体总消耗能量时,常不纳入蛋白质代谢的能量。

四、乳酸作为运动能量来源

乳酸是在糖酵解过程中产生,并通过氧化作用将其从细胞中移除。乳酸用来作为运动燃料经过以下几种机制。

首先,肌细胞通过糖酵解作用产生乳酸,可以被同一肌细胞内的线粒体直接氧化。这主要发生在拥有高密度线粒体的 I 型肌纤维。

其次,肌纤维产生的乳酸可被转运到其他部位使用,这个过程称为乳酸穿梭。乳酸主要是在 II 型肌纤维产生的,但可通过被动扩散或主动运输而转移到邻近的 I 型纤维。大部分的肌乳酸不会离开该肌肉。它也可以通过循环到达其他组织,可直接被氧化。乳酸穿梭允许在同一个细胞内通过糖酵解作用提供燃料给其他细胞使用。使用乳酸作为运动燃料可移除占 70%～75% 的乳酸。

最后,一些在肌肉中产生的乳酸通过血液循环运输到肝脏,被转换为丙酮酸或生成葡萄糖(糖异生),并被运回肌肉,如果没有这种将乳酸变成葡萄糖的机制,长时间运动将受到严重限制。

五、底物代谢的交互作用

不但肌肉收缩需要能量供应,而且肌肉放松也需要能量供应,此能量是由饮食提供的,多余的能量将储存于身体内。糖类、脂肪和蛋白质是生物体内最重要的三大营养物质,它们在神经、激素的调控下,发挥其各自的生理作用。它们可以通过各自的途径进行代谢,但在各条代谢途径中,又可经共同的中间代谢产物互相交叉、互相转变,而三羧酸循环则是三大营养物质代谢的枢纽(图 3-7),如丙酮酸、乙酰辅酶 A 等均是糖类、脂肪、蛋白质相互转化的交叉点。糖类和脂肪均是人体的重要能源物质,蛋白质在特殊情况下,也可作为能源,氧化分解提供能量,而其氧化分解途径需经过三羧酸循环完成。当食物中糖类的供应超过机体储存的极限时,便大量转化成体脂储存于体内,同样脂肪也可转化为糖类,但不及糖类转化成脂肪的作用强,蛋白质也能转化为糖类和脂肪但其重要性很小,糖类和脂肪的中间产物又可氨基化而合成某些氨基酸,再由氨基酸合成为蛋白质。由糖类和脂肪转化为氨基酸,必需有氨基酸的供应,而且不能通过这种途径合成人体必需的 8 种氨基酸。因此,糖类和脂肪不能完全替代蛋白质。同样,蛋白质也不能完全代替糖类和脂肪。作为氧化供能的原料,糖类和脂肪之间也不能完全互相代替。食物中应有一定量的脂肪,才能保证人体对脂溶性维生素的吸收,同时某些必需的脂肪酸也不能在体内合成。

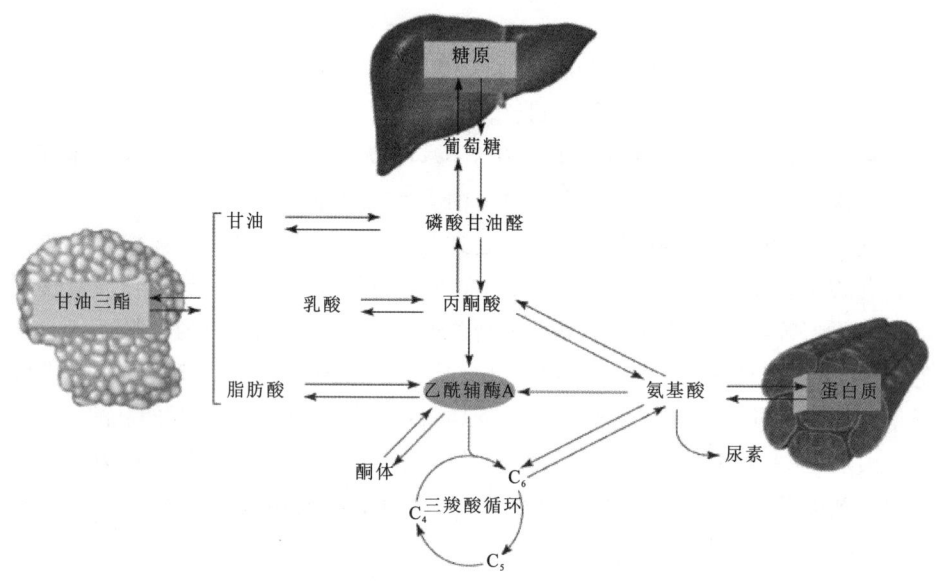

图 3-7 蛋白质、糖原和甘油三酯代谢之间的关系(据 Powers et al.,2017)

六、能量系统的相互影响

不同能量供应系统的特征,如表 3-3 所示。从短跑(<10s)到长跑(>30min),三大能量系统会共同工作来供给能量,如图 3-8 所示。通常有一种主要的供能系统。如 10s 以内百米冲刺比赛,ATP-PCr 系统为主要供能系统,但无氧糖酵解及有氧系统也供应少部分的能量;再如 30min 以内 10km 长跑比赛,氧化系统为主要供能系统,但 ATP-PCr 系统与无氧糖酵解系统也提供部分能量。ATP-PCr 系统能在短时间内提供大量的能量,但总产能量低,因此该系统主要应用于短时间高强度的运动中。相比之下,脂肪氧化产生能量较慢,但几乎能"无限"地产生能量。

表 3-3 不同能量供应系统的特征统计表(据 Wilmore et al.,2012)

能量系统		氧气需求	总体化学反应	ATP产生的相对速率	每分子底物产生ATP的数量/个	供能时间
ATP-PCr 系统		无	PCr 或 Cr	10	1	<15s
糖酵解系统		无	糖酵解生成乳酸	5	2~3	约1min
氧化系统	糖氧化作用	有	糖氧化成 CO_2 和 H_2O	2.5	36~39	约90min
	脂肪氧化作用	有	FFA氧化成 CO_2 和 H_2O	1.5	>100	1天

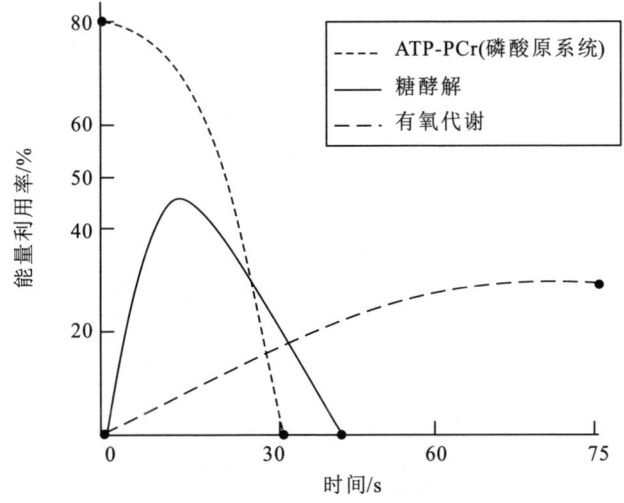

图 3-8 在不同时间段内进行最大强度运动时主要供能途径对比图
(据 Hackney et al.,2016)

第五节 人体静止及活动时的能量消耗

根据热力学第一定律,能量在转化过程中,既不增加,也不减少,总能量守恒。机体能量代谢便遵循这一规律,即在整个能量转化过程中,蕴藏在食物中的化学能与转化的热能及对外做功,按其能量折算是完全相等的。

一、能量消耗的测量与分析

在静止与活动时,人体都会存在能量消耗,这些能量是从食物中获取的。个人能量消耗的测量有一定的应用意义,比如想通过运动减重的人,依个人体能状况不同,需要进行能量摄入和消耗的测量与分析以选择适当能量消耗的运动模式。一般而言,测量人体能量消耗的方式有直接测热法和间接测热法。

(一)直接测热法

当身体对外做功时,会有热量释放,且热量产生的速率和新陈代谢的速率是成正比的。因此,直接测热法即是通过测量热量产生的方法以了解身体的代谢速率。这种方法要求受试者处于在一密闭的空间——量热仪,如图3-9所示。此空间与外环境隔绝(通常以水环绕),但允许空间内有空气的进出。受试者在里面可自由活动,其身体散发出的热量可经由一定量的水吸收,故通过测量单位时间内升高的水温,生成的热量即可被计算出来。直接测热法为较精确的测量方法,但建造设备昂贵、空间需求大、仪器操作繁杂且费时,并不适合某些运动项目或特殊活动的测量,且无法区别以何种营养素作为能量消耗的底物。

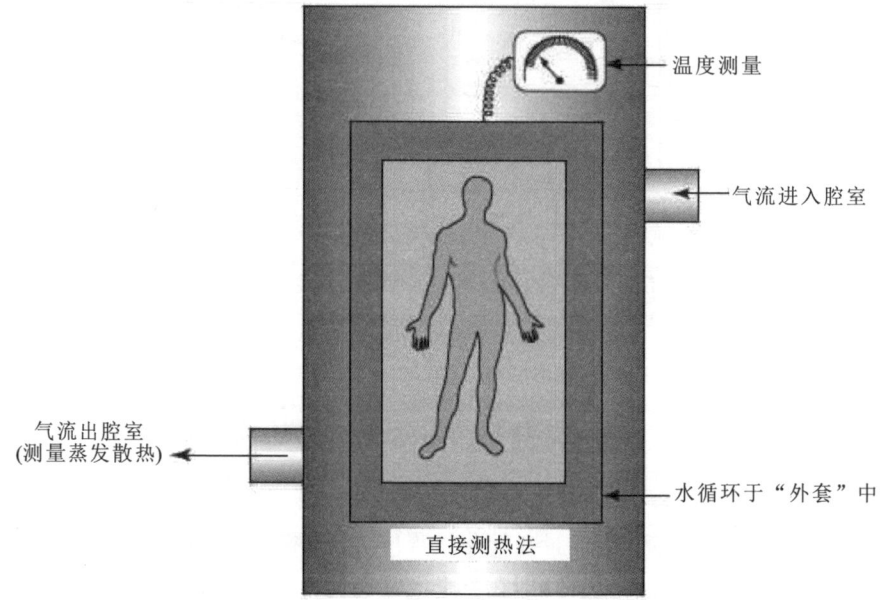

图3-9 一种简单的量热仪结构图(据 Powers et al.,2017)

(二)间接测热法

因为体内氧的消耗和热的产生相关,通过测量氧消耗可以评估代谢率,这是一种间接测热的方法,是目前较普遍采用的方法。机体每升氧耗相当于 5kCal 的热量产生。实验室常用的氧消耗测量方法为开放式呼吸测量法,利用电子式气体分析仪和电脑技术测量氧的消耗,其原理是通过检测及分析吸气与呼气的气体量、氧和二氧化碳成分,这些数值通过电脑装置转换为数字信号,再由电脑计算出每分钟氧消耗量和二氧化碳生成量。

呼吸商(respiratory quotient,RQ)为生物体在同一时间内,代谢呼出的 CO_2 量和消耗 O_2 量的比值($RQ = V_{CO_2}/V_{O_2}$)。一般都是以测量口鼻呼出的 CO_2 量和 O_2 消耗量比值来进行计算,称为呼吸交换率(respiratory exchange ratio, RER 或 R)。虽然 R 较 RQ 容易测得,不过必须在稳定状态下 R 值才会等于 RQ。在运动中,R 值可以用来判断当时以糖类还是脂肪作为主要能量代谢底物的比例,虽然蛋白质也可以作为运动时的能量来源,但是比例很少,几乎可以忽略不计,因此运动时的 R 值是属于无蛋白质的 R 值。R 值的范围为 0.7~1,当完全以脂肪作为底物时,以棕榈酸($C_{16}H_{32}O_2$)为例,其反应方程式为 $C_{16}H_{32}O_2 + 23O_2 \longrightarrow 16CO_2 + 16H_2O, R = 16/23 \approx 0.7$;如果完全以糖作为底物时,以葡萄糖为例,反应过程式为 $C_6H_{12}O_6 + 6O_2 \longrightarrow 6CO_2 + 6H_2O, R = 6/6 = 1$;当 $R = 0.85$ 时,以脂肪和糖类作为能量来源的比例各占 50%。

知道 R 值后,可以从表 3-4 中了解每消耗 1L 氧气需要消耗多少的能量,如 $R = 0.85$ 时,每消耗 1L 氧大约消耗 4.862kCal 的热量;当 $R = 1$ 时,每消耗 1L 氧约等于消耗 5.047kCal 的热量。因为这个差距并不大,为了实际应用上的方便,特别是在不知道 R 值的情况下,每 1L 氧的消耗通常被估计为消耗 5kCal 的能量。

表 3-4 R 值对应糖类、脂肪比例及每升氧消耗能量的对照表(据 Wilmore et al.,2012)

呼吸商	糖类占比/%	脂肪占比/%	每升氧消耗能量/(kCal·L^{-1})
0.70	0	100	4.686
0.75	16	84	4.739
0.80	33	67	4.801
0.85	50	50	4.862
0.90	67	33	4.924
0.95	84	16	4.985
1.00	100	0	5.047

二、安静时的能量消耗

(一)基础代谢率

基础代谢率(basal metabolic rate,BMR)是指人体在执行不自主活动时需消耗的热量,也就是人体维持生命现象的最低热量需求,主要用于呼吸、心跳、血液循环、腺体分泌,维持体温、肠胃蠕动,各器官、组织及细胞正常运作需要的基本热量。一般成年人的BMR以男性每小时每千克体重消耗1kCal热量,女性以0.9kCal热量来计算。因此,因为同样70kg的男性和女性,每日的BMR将分别为1680kCal和1512kCal。以上差异主要是因为女性在身体组成较高的体脂与较少的肌肉量造成的。这也意味着体重70kg左右的成年人若是整天休息且未进行任何身体活动,一天至少将消耗1500kCal。BMR占据了坐式生活族60%~75%日能耗量,其测量的条件:①空腹(禁食1~2h);②环境舒适(室温20~25℃);③体温正常;④静卧、清醒;⑤情绪平稳、全身放松,通常在早晨醒来但未下床时测量。不过因受限于上述严格的测量条件,而且完全没有身体活动是不可能的,通常以安静时总能量消耗(resting energy expenditure,REE)的测定来取代BMR。

(二)代谢当量

代谢当量(metabolic equivalent,MET)是一种简单估计能量消耗的方法,一个代谢当量(1MET)代表人体在安静状态下的能量代谢速率,约等于每分钟每千克体重消耗3.5mL的氧气[1MET=3.5mL/(kg·min)],同时还可以用来表示人体在活动期间消耗的氧气与安静时的比值,作为衡量运动强度的指标。

三、活动时的能量消耗

运动时的能量消耗特指因某项运动而引起的净能量消耗,即总能量消耗减去同一时间内安静状态下的能量消耗。在实际测量中,需要考虑到不同强度运动产生的能量消耗。具体步骤包括:①测定安静时、运动时、恢复期消耗的氧和产生的二氧化碳;②求出各阶段的呼吸商;③根据呼吸商,查氧热价对照表;④以该氧热价乘以计算时间段内机体的总耗氧量,再减去同一时间安静状态的能量消耗,即为该运动阶段的净能量消耗。

四、运动后过量氧耗

运动开始时,各组织器官会提高运动效能,耗氧量明显高于安静时的水平,以供给运动能量需求,然而即使在较低的运动强度下,耗氧量要达到稳定状态,通常需要 1~4min,这意味着运动开始时部分 ATP 的来源需经由无氧代谢路径来供给,而非全然依赖有氧系统。氧亏是指运动开始时的耗氧量低于稳定状态下耗氧量的差异,如图 3-10 所示。氧亏的面积越大,代表有氧产生 ATP 的速度越慢,需要较多的无氧路径供给 ATP。一旦运动结束,各组织器官会降低其运动效能至安静的水平,这段时间称为运动恢复期。运动恢复期会因为运动强度和运动持续时间的不同而影响恢复期时间的长短。当运动强度越大或是运动时间越久时,所需的恢复期相较于强度低或时间短的运动越长。

氧债是希尔于 1923 年提出来的概念,用来表示运动后恢复期高于安静时的耗氧量,他认为,运动后高于安静时的耗氧量是用来偿还运动开始时氧亏的部分,分为快速部分(2~3min)和慢速部分(30min 以上);快速部分多出来的摄氧量是为了 ATP 和磷酸肌酸(PCr)的再合成与肌肉组织中氧的储存,慢速部分则是乳酸在肝脏中转换成葡萄糖。后来的学者发现运动后高于安静状态下时的耗氧量,并非全部可以用氧债的概念来解释,因为氧债通常大于氧亏,故而提出了运动后过量氧耗(excess post exercise oxygen consumption,EPOC)以代替氧债一词。在中等强度与高强度力竭式运动中的氧亏与运动后过量氧耗如图 3-10 所示,影响 EPOC 的因素大致包括以下几个部分。

(一)肌肉中磷酸肌酸的合成

由于运动开始时,PCr 会被利用,因此运动后它必须重新合成。PCr 合成的速度很快,同时需要消耗氧气,运动中 PCr 消耗越多,在运动后恢复过程中需要的氧气量也越多。激烈运动后,PCr 在 20~30s 内恢复一半,而 2~3min 内完全恢复。

(二)肌肉和血液中氧的储存

肌肉中与肌红蛋白结合的氧气,在运动之初会优先释放给正在工作的肌细胞使用,因此运动结束后恢复期摄取氧气量高于安静状态所需的氧气量,也会先补充肌红蛋白在运动之初释放的氧气,而血液中的血红蛋白结合了血液中 99% 的氧气,也会和恢复期高于安静状态时的氧气结合。

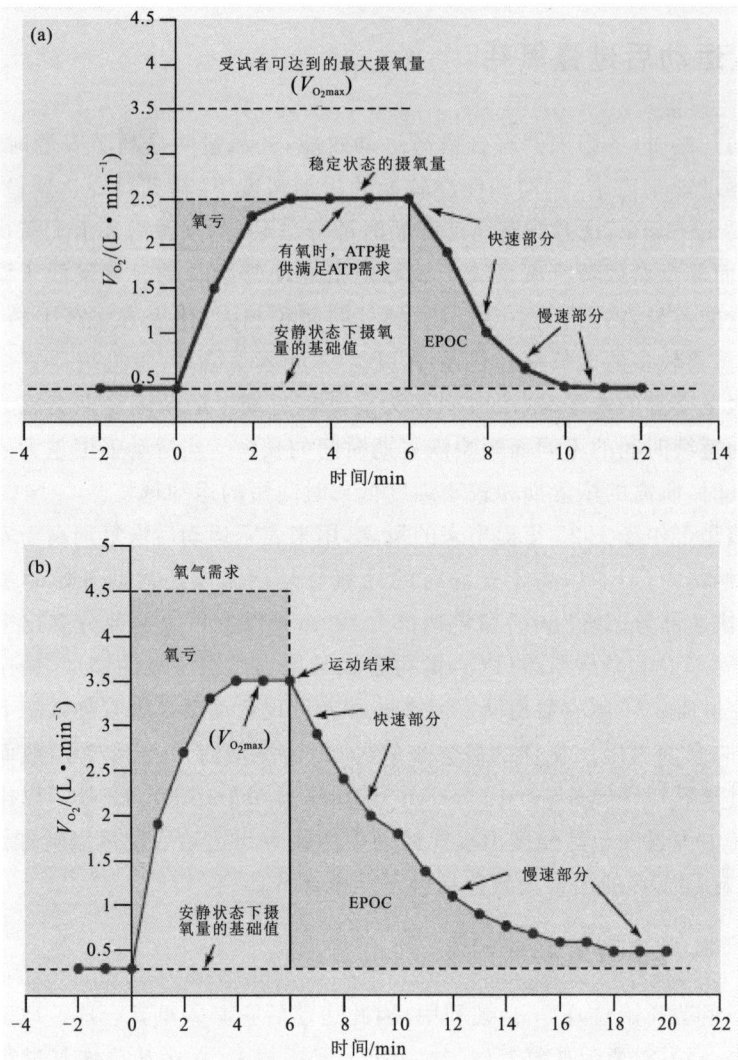

图 3-10 在中等强度(a)与高强度力竭式运动(b)中的氧亏和运动后过量氧耗(EPOC)
(据 Powers et al.,2017)

(三) 乳酸的移除

运动时肌肉产生的乳酸,在运动后的恢复期内有 70% 被氧化,而 20% 会通过血液循环运送至肝脏,并经糖异生作用转换成葡萄糖;剩下的 10% 则会转变成氨基酸。而运动后为了加速乳酸的移除,可以利用 30%～40% $V_{O_2 max}$ 的运动强度进行动态恢复,以获得较好的效果,而当采用更高的运动强度进行恢复时,就会导致乳酸的移除率降低。

(四)体温的增加

运动时体内各组织器官工作量的提升,会使体温升高而增加氧的需求,因为运动后体温无法立即下降到安静水平,而体内温度的增加也会增加氧气的消耗量。

(五)运动后心率及呼吸频率的提高

运动造成氧气需求量的增加,会使心率及呼吸频率加快,运动停止后不会马上恢复到安静时的水平,而这些活动也需要额外的氧气供应。

(六)体内应激激素浓度的上升

运动时会提高肾上腺素和去甲肾上腺素的浓度,而运动后这两种激素的浓度并不会立刻下降到安静时的浓度,此时也会导致耗氧量的增加。

第四章　运动肌肉的神经控制

人体是一个非常完美的有机体,而神经系统是人体最为精密和复杂的部分,其组成部分尚未被完全了解。机体的生理反应都是受到神经系统控制的,各器官、系统的功能各异,它们在神经系统调控下相互联系、互相制约。人脑如同电脑一般运作,整合所有的传入信息,选择适当的反应,然后引导身体相关部位产生合适的动作,共同完成整体的生理功能,同时神经系统还能对体内外各种环境变化做出适应性的调整,从而维持人体内各器官、系统的正常运行,让身体不同组织、器官和系统与外在环境进行联系、协调和互动。

如图4-1所示,完整的神经系统包括中枢神经系统和周围神经系统。中枢

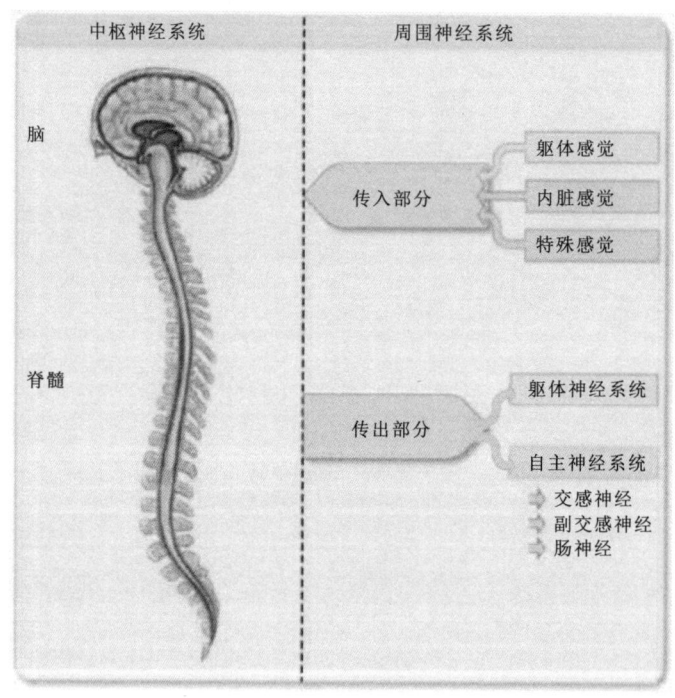

图4-1　神经系统分类(据 Powers et al.,2017)

神经系统包括脑和脊髓。周围神经系统则包含两个部分:其一为感觉神经或称传入部分;其二为运动神经或称传出部分。感觉神经负责将体内或是体外的信息传给中枢神经系统,传出神经负责将中枢神经系统的信息传到身体不同组织、器官和系统,以响应感觉神经接收的信息。运动神经元专指突触位于中枢神经外的神经元,通过直接或间接的方式控制肌肉运动的部分可再分为自主神经系统和躯体神经系统两个部分。

第一节 神经组织的构成

神经系统主要由神经组织构成,神经组织主要由神经元和神经胶质细胞组成。神经元又称神经细胞,是神经系统结构和功能的基本单位,具有感受刺激和传导神经冲动的功能。典型的神经元分为细胞体和突起两部分。细胞体由细胞核、细胞膜和细胞质组成。突起有树突和轴突两种,如图4-2所示。神经胶质细胞具有支持、营养、保护和隔离等作用。

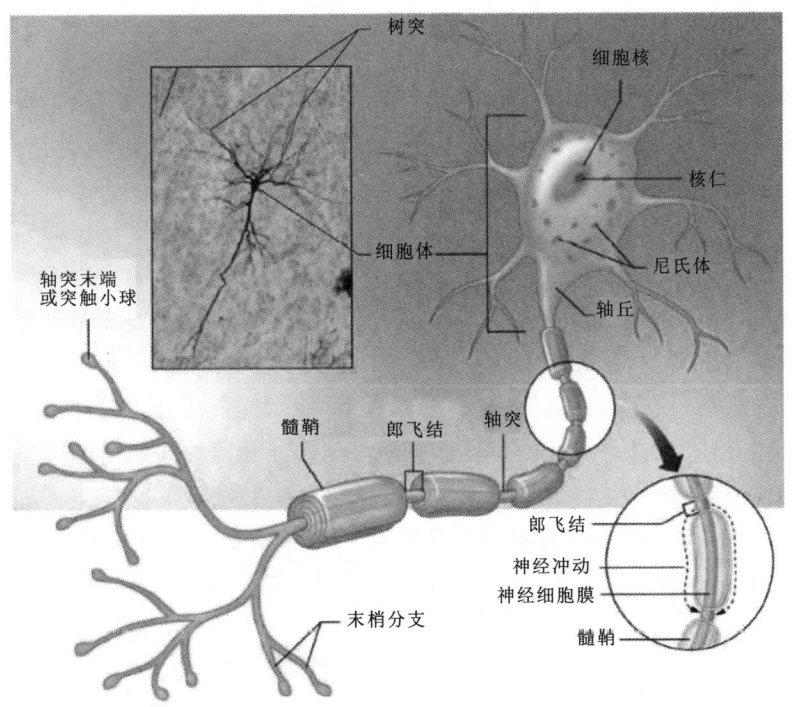

图4-2 神经元及其结构(据 Wilmore et al.,2012)

一、神经元

(一)细胞体

神经元的细胞体大小相差悬殊,细胞体为神经元的代谢中心,细胞体形态多样,细胞体的微细结构与其他细胞大致相似。细胞核呈球形,在苏木精与伊红染色标本上呈空泡状,核膜清晰,染色质呈细粒状,核仁大而明显。神经元的细胞质中除了一般的细胞器以外,还包括特有的神经原纤维和尼氏体。神经原纤维在细胞体内交织成网状,在突起中则呈平行排列的束状,它与支持和运输有关,可被银染成黑色,电子显微镜下可见由微丝和微管组成。尼氏体是一种嗜碱性物质,在一些大型运动神经元中,它在神经元胞体上呈现虎斑外观,又称虎斑小体,光学显微镜下呈斑块状,电子显微镜下它由呈板层状紧密排列的粗面内质网和游离核糖体组成,而胞体向外突出形成轴突和树突。

(二)细胞突起

细胞突起主要有树突与轴突两种类型。树突呈树枝状,数目很多,可将信息传至神经元细胞体。它是神经元接收化学信号物质(递质)的部位,将神经冲动传入细胞体。大部分的神经冲动是从感觉刺激或相邻的神经元经由树突传入神经元的。树突内含有尼氏体、神经原纤维、线粒体等。

轴突是从细胞体发出的细长突起,只有一条,轴突主要是将细胞体发生的冲动传至另一个神经元,或肌细胞、腺细胞等。轴突的尾端分叉形成许多树枝状的末端分支,每个分支的末端膨胀为小球构造,称为轴突末端或是突触小球。突触小球内有许多囊泡,称为突触小泡,囊泡中充满了神经递质,用于神经元和另一个细胞的联系。胞体向轴突逐渐缩小成为锥体状,这个部分称为轴丘。有些轴突表面附有区段式的复层白色磷脂质,称为髓鞘。髓鞘的功能是增加神经冲动传导的速率,维持轴突绝缘的特性。

神经元的构造让神经冲动自树突进入神经元,很快地到达细胞体,再穿过细胞体和轴丘,顺着轴突往下,经末梢分支最后到达轴突终端。

(三)神经纤维

神经元较长的突起常被绝缘的髓鞘和神经膜包裹,构成神经纤维。由轴突或长树突与包在其外面的许旺氏细胞共同组成。神经纤维可依有无髓鞘分成有髓鞘神经纤维和无髓鞘神经纤维。绝大多数动物的神经纤维属于有髓鞘神经纤维，它是由中央的轴突或长树突和外包的髓鞘与许旺氏鞘构成。髓鞘是直接包在轴突外面的鞘状结构，主要成分是脂蛋白。髓鞘每隔一定的距离出现间断，此处称为郎飞结，两个郎飞结之间的部分称结间段。许旺氏鞘是由扁平的许旺氏细胞构成，紧贴于髓鞘表面。髓鞘是呈同心圆缠绕在轴突外表的多层膜状结构，而许旺氏鞘是含有细胞质和细胞核的膜状结构。通常认为髓鞘是绝缘物质，能防止神经冲动从一个轴突扩散到邻近的细胞。有髓鞘神经纤维的神经冲动以跳跃式传导为主，动作电位就会从一个郎飞结跳跃到另一个郎飞结进行传递，称为跳跃式传导，因此传导速度比无髓鞘神经纤维快，且有髓鞘神经纤维越粗传导越快。由于周围运动神经元髓鞘是在出生后的数年内慢慢形成的，这就解释了为什么小孩子需要时间去发展他们的动作协调性。

无髓鞘神经纤维有许旺氏鞘而缺少髓鞘，不存在郎飞结，故纤维较细、表面光滑，电子显微镜下可见若干条轴突陷入许旺氏细胞内，缺少缠绕的过程。神经纤维的基本功能是传导兴奋，其特征主要有以下几个方面：①完整性，兴奋在同一神经纤维上传导，首先要求神经纤维在结构和功能的完整性，假如神经纤维发生损伤，或被切断，或被局部麻醉，均可导致兴奋传导受阻；②双向性，在人为的刺激下，刺激神经纤维上的任何一点产生兴奋，兴奋可向两端同时传导，而人体内的兴奋传导一般是单向性传导的；③绝缘性，一条神经干包含许许多多神经纤维，每一条神经纤维传导兴奋时基本上互不干扰，彼此隔绝；④相对不疲劳性，实验条件下，连续地进行数小时电刺激，神经纤维始终保持传导兴奋的能力。

神经纤维对支配的组织能发挥两个方面的作用：一方面，当神经冲动传导至末梢时，促使突触前膜释放特殊的神经递质，而后作用于突触后膜，从而改变支配组织的功能活动，这一作用被称为功能作用；另一方面，神经通过末梢释放某些物质，持续地调整被支配组织的代谢活动，影响其结构和功能活动，这一作用与神经冲动传承无关，被称为营养作用。有关神经营养性作用的研究主要是在运动神经上进行的。实验证明，切断运动神经，肌肉内的糖原合成减慢，蛋白质分解加速，肌肉逐渐出现萎缩，如神经缝合再生，则肌肉可恢复至切断前的正常状态。目前研究认为，营养性作用是由于末梢释放某些营养性物质作用于支配的组织。这种营养性物质是由神经元胞体合成的，合成后借助于轴浆流动运输至神经末梢加以释放。轴浆经常处于双向性流动状态，即部分轴浆由细胞体流向轴突末梢时，轴浆还会由末梢反向地流向细胞体。

神经系统具有独特功能，如意识、思考、记忆、控制肌肉的活动和腺体的分泌等。从功能上，神经元的结构可划分为 4 个重要部位：①具有特异受体的部位——细胞体或树突膜;②产生动作电位的部位——轴突的始段;③传导神经冲动的部位——轴突;④释放神经递质的部位——神经末梢。

二、神经胶质细胞

中枢神经系统中还有一类细胞,即神经胶质细胞,简称胶质细胞。胶质细胞比神经元多,其数量为神经元的10~50倍,而总体积与神经元的相差不多(神经元约占神经系统总体积的45%,神经胶质细胞约占总体积的50%)。胶质细胞没有传导兴奋的能力,但对神经元的正常活动与物质代谢都有重要的作用。神经胶质细胞广泛分布于中枢和周围神经系统中,神经胶质细胞和细胞外液共同构成实现神经元功能的微环境。有关神经胶质细胞具有促进神经元的突触联系的报道使人们对神经胶质细胞的作用有了新的认识。它具有下列功能:①支持作用;②修复和再生作用;③参与物质代谢和营养作用;④绝缘和屏障作用;⑤神经细胞外液中合适的离子浓度的维持作用;⑥分泌和摄取神经递质的作用。

第二节　神经电生理

神经元可以对不同形式的刺激产生反应,并且将这些信息编码,通过神经纤维传递信息,因此神经元被视为可兴奋细胞。神经细胞和其他细胞一样,细胞膜是由磷脂组成的双分子层结构构成,磷脂有亲水端和疏水端。亲水端朝外,疏水端朝内,组成细胞膜。在细胞膜上面有一些离子通道或受体,可以让一些化学物质直接或间接地通过。神经细胞膜内外离子分布不均。一般而言,内部(带负电荷)有较多的K^+、Cl^-与带负电荷的蛋白质,外部(带正电荷)有较多Na^+。

一、静息膜电位

神经元静息时其细胞膜电位差大约是$-70mV$,这表示如果将一个可以测量电位差异的电极插入细胞中,电压计会显示细胞内外电位差为$-70mV$,且细胞膜外为正,膜内为负,此电位差一般被称为静息膜电位(resting membrane potential,RMP),它存在的原因是细胞内外离子分布得不均匀。细胞内电位较低,细胞外电位较高,呈现"外正内负"的现象,称为极化。神经细胞内K^+浓度较高,细胞外Na^+浓度较高。这两种离子在细胞内外分布的不均匀状况是造成上述电位差或是极化的主要原因。造成细胞内外离子不均衡的情况如下：①细胞外的 Na^+ 较细胞内多,而细胞内的 K^+ 较细胞外多,这种离子分布不均匀的现象,是因为细胞中除了带电的小分子、离子外,还有许多带负电的大分子,如蛋白质或核酸。细胞膜的半透膜特性,使得这些大分子无法自由进出细胞来维持电荷平衡,只能由小分子、离子通过特殊的通道,来保持电荷平衡,因此造成细胞内外离子不均等地分布。细胞膜对于 K^+ 的通透性大于 Na^+,K^+ 在细胞膜内外的移动较 Na^+ 自由。由于离子自由移动是从高浓度往低浓度方向移动的,直到细胞膜内外平衡时停止。K^+ 会从细胞内流向细胞外,而 Na^+ 在细胞内外之间的移动通常受到一定的限制。②神经细胞膜上存在 Na^+-K^+ 泵机制,它含有 Na^+-K^+ ATP 水解酶,可以在水解 ATP 的同时将 3 个 Na^+ 泵到细胞外,2 个 K^+ 泵入细胞内,以主动运输方式维持细胞内外 Na^+、K^+ 的不均衡状态,运作的结果便是细胞外带正电的离子较细胞内多,因此细胞膜内、外产生电位差。神经元静息时 $-70mV$ 的电位差是由 Na^+-K^+ 泵作用造成的。

通常神经元在接收、传递或整合信息的过程中,细胞膜电位是随时在变动的。一般电位变化有渐变电位和动作电位两种形式,产生的原因都是由于离子的膜内外移动。

二、渐变电位

渐变电位只发生在细胞膜局部,它可能使细胞膜发生去极化或是超极化。细胞膜上具有不同的离子通道,这些通道通过开关的形式允许不同的离子进出。大部分的时候,这些通道是关闭的,以限制离子移动,但是受到刺激时,通道打开使离子由外进入细胞内或是由细胞内流至细胞外,这些离子的移动会改变细胞内外离子的不平衡和极化的程度。渐变电位通常是神经元局部刺激引发的。离子通道可响应另一神经元传来的冲动,或化学物质浓度、温度或压力改变等刺激而开启。

大部分神经元接收信息的位置在树突(少数是在细胞体),而神经冲动通过轴突传至神经元的轴突终端。因此,神经冲动在一个神经元中的传导必然是通过整个细胞的。虽然渐变电位可以引起细胞一定的去极化,但是这种去极化通常只发生在细胞局部。神经元要将冲动传至末端需要更强的电位改变,也就是动作电位。

三、动作电位

动作电位是指用兴奋细胞受到刺激时在静息电位的基础上产生的可扩布的电位。动作电位产生时,细胞膜发生去极化,速度相当快,通常只持续 1ms 左右。基本上,细胞膜电位先是从 $-70mV$ 上升至 $+30mV$,然后快速地回到静息的状态。动作电位起源于渐变电位,初始时,细胞膜电位为静息膜电位,如图 4-3 所示。静息时,Na^+ 通道关闭,部分 K^+ 通道开放。当细胞接受到刺激时,细胞膜上的 Na^+ 通道会打开,Na^+ 流入,引起去极化,也就是细胞内的正电荷增加,电位上升。这样的电位变化可以使更多离子通道打开,让更多 Na^+ 流入,当电位增加超过阈值 $15mV$ 以上时,或者细胞膜静息电位从 $-70mV$ 升至 $-50mV$ 时,便引发动作电位。从渐变电位转变为动作电位的细胞膜电位称为动作电位阈值。细胞膜去极化的幅度未达到阈值时是不会引发动作电位的,假如去极化达到阈值时,动作电位就会产生。

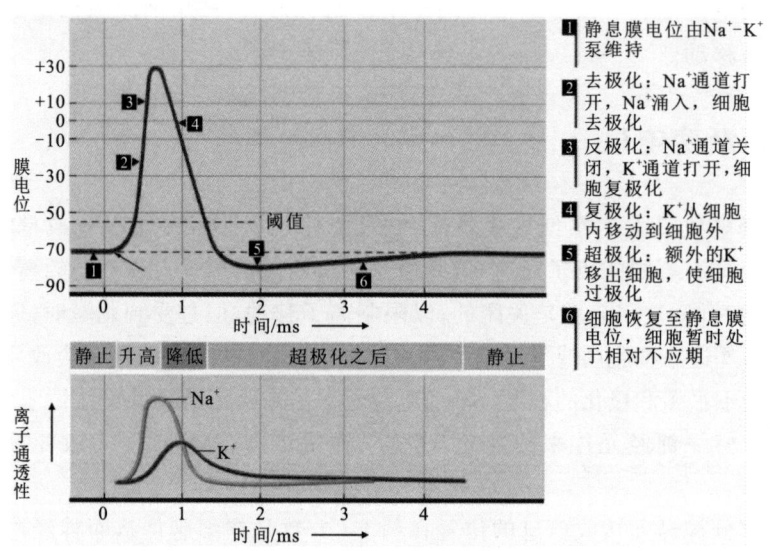

图 4-3 动作电位发生过程中电位与离子通透性变化(据 Wilmore et al.,2012)

神经元一旦产生了动作电位,Na^+ 通道被打开,这个时候它无法对另一个刺激产生反应,这段时间称为绝对不应期。Na^+ 通道关闭之后,K^+ 通道打开,此时复极化开始,神经元可以对另一刺激产生反应,但是刺激的强度要比平常大才能引发下一个动作电位,这段时间称为相对不应期。神经冲动是一种电位形式的信号,可将信息从一个神经元传至另一个神经元,最后到达靶细胞。一个完整的动作电位分成3个时期。

(一)去极化时期

如果细胞膜内负电荷减少,那么细胞膜内外的电位差就会降低,或者说细胞膜极化的情形减弱,这就是细胞膜去极化。造成去极化的原因通常是由于细胞膜允许 Na^+ 通过的数目增加引起的。当兴奋性刺激达到阈值(约 $-55mV$)时,会引发神经细胞膜上电压门控 Na^+ 通道大量地开放,膜外 Na^+ 受浓度梯度及膜内负电荷的影响,大量涌入细胞内,造成细胞内电位上升。当膜电位超过阈值时,促使大量的电压门控 Na^+ 通道开放,这一过程被称为去极化。

(二)复极化时期

由于 Na^+ 通道和 K^+ 通道对于电位的敏感性不同,当膜电位上升至 $+50mV$ 时,Na^+ 通道关闭,电压门控 K^+ 通道开放,造成 K^+ 大量流至细胞外,细胞膜电位开始下降,这一过程被称为复极化。

(三)超极化时期

当大量的 K^+ 通道被打开时,会使细胞膜电位降至 K^+ 平衡膜电位水平(约 $-85mV$),且低于静息膜电位($-70mV$),这样细胞膜处于更为极化的状态,称为超极化。此时 K^+ 通道关闭。由于细胞膜上 Na^+—K^+ 泵蛋白持续作用,逐渐将膜电位恢复至兴奋前的状态,也就是静息膜电位状态。

四、动作电位的传递

影响电位传递的快慢与神经纤维是否包裹髓鞘和神经元直径大小两个因素有关。神经纤维越粗,电阻越小,传导速度越快。相反,神经纤维越细,电阻越大,传导速度越慢。当神经元胞体收到刺激信号时,此时神经元在传导兴奋时具有两个特性:①信号传导具有方向性,即从胞体传至轴突;②信号传导的过程为物理性改变。

(一)突触

神经元与神经元的信息交流,需要动作电位的传递。一个神经元的兴奋是如何引发另一个神经元产生动作电位呢?神经元是通过突触将冲动传至另一个神经元的,如图 4-4 所示。突触是神经细胞之间相接触的区域,是冲动传递的部位,它分为电突触和化学突触两种形式。其中化学突触较为普遍,包括有突触前神经元的轴突终端、突触间隙和突触后受体 3 个部分。

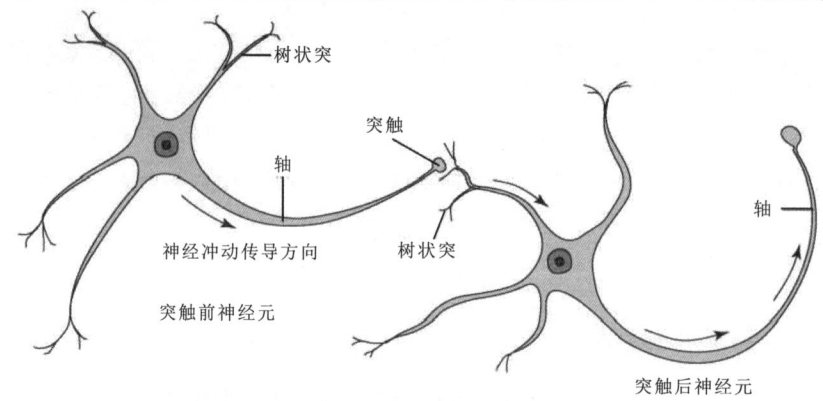

图 4-4　突触传递示意图(据 Powers et al.,2017)

在突触之前的神经细胞称为突触前神经元,突触末梢称为突触前终端;后一个神经细胞称为突触后神经元,其前端具有突触后神经元的受体。突触前神经末梢和突触后神经元的受体未直接接触,它们之间有一窄小的空隙,称为突触间隙,如图 4-5 所示。动作电位经过突触为单向传递,从突触前神经元轴突终端到突触后神经元的受体。这些受体通常是在突触后神经元的树突上,80%～95% 的受体位于突触后神经元的树突上(其余 5%～20% 的受体则位于接近胞体的区域,而不是在树突上)。

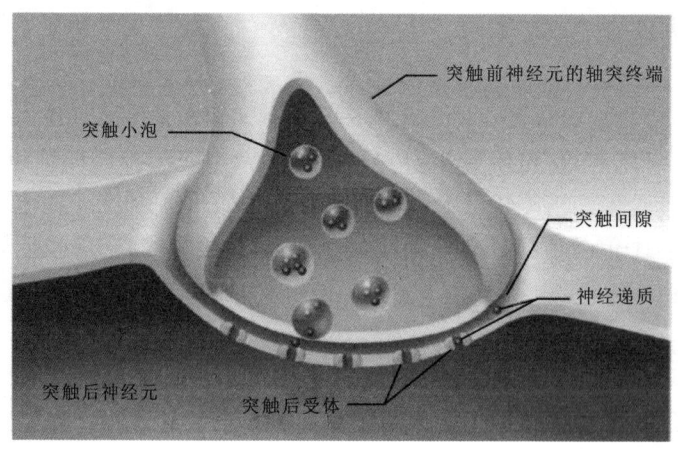

图 4-5　化学性突触的结构(据 Wilmore et al.,2012)

突触前轴突终端中含有许多囊泡结构,称为突触小泡。囊泡装有神经递质,因为它们的功能是将信息从一个神经元传到下一个神经元。当动作电位传至突触前轴突终端时,此时电位的变化会使突触前神经元细胞膜上的 Ca^{2+} 通道打开,Ca^{2+} 流入,细胞内 Ca^{2+} 浓度的改变会促使突触小泡与突触前膜融质,引起突触小泡破裂,将神经递质释放到突触间隙中,神经递质会与突触后神经元相应的受体结合,而打开一些离子通道或是刺激细胞内信使传递信息,来改变突触后神经细胞活动(电位变化、基因调节或突触改变等)。当突触后神经元接收到神经递质时,会打开特定的离子通道,如 Na^+ 通道。Na^+ 通道被打开后,Na^+ 进入细胞内会使细胞去极化,当递质与受体产生足够数量的结合时,形成一连串的渐变电位,如果去极化达到阈值时,则引发动作电位,神经冲动便成功地传递到下一个神经元。

神经递质释放的量以及突触后神经元可用的受体数目,是决定下一个神经元是否产生去极化的关键。神经元动作电位持续 $1\sim2ms$。神经元要么去极化没有达阈值而不引发动作电位,要么产生一个大小固定的动作电位,这就是所谓的"全或无"定律。

(二)神经肌肉接头

α-运动神经元是以神经肌肉接头与肌纤维联系。神经肌肉接头与突触类似,运动神经元的轴突终端在动作电位抵达时,释放神经递质至接头空隙。不过,在神经肌肉接头处,末梢形成数个分叉并延伸至肌纤维的运动终板,这里有许多褶皱(往内凹陷形成空腔)。

在神经肌肉接头处,将神经信号传至肌纤维的重要传递物是乙酰胆碱(acetylcholine,Ach),Ach 是一种神经递质,它以扩散方式到达肌纤维膜上的受体,可与相应的受体结合,之后将乙酰胆碱门控型 Na^+ 通道打开,Na^+ 便会进入肌细胞内,细胞内负电位从 $-70mV$ 开始上升,这一电位变化便会使膜上的电压门控 Na^+ 通道打开,造成 Na^+ 大量往内流,使肌细胞膜产生去极化和动作电位,并在肌膜上传导至 T 小管,引起肌纤维的收缩。与神经元一样,肌细胞去极化接着复极化,复极时,Na^+ 通道关闭,K^+ 通道打开。当细胞内外的电位差恢复到安静值时,肌纤维就可以接受另一刺激。在神经冲动传至肌细胞时,乙酰胆碱酯酶会将 Ach 分解,并回收到神经元储存,此时细胞膜的电位差又恢复到原来的状态。

(三)神经递质

从上述过程可以看出,突触传递的实现,必须有神经递质的参与。神经递质是在神经元之间或神经元与效应细胞之间起信息传递作用的化学物质。它作用于突触后神经元或效应细胞膜上的受体,从而实现信息传递功能。神经递质的种类有很多,根据其释放的部位不同,一般可分为外周神经递质和中枢神经递质两大类。外周神经递质是指自主神经系统和躯体运动神经元末梢释放的神经递质。中枢神经递质的种类要多于外周神经递质。中枢神经递质主要有4类:胆碱类、单胺类、氨基酸类和肽类。现已确定或者推测的神经递质超过50种,它们可以分为两大类:一类是分子量较小但作用速度较快的递质;另一类是作用速度较慢的神经肽。以下主要探讨的是第一类分子。

乙酰胆碱是由副交感神经元释放的递质,它可以刺激肌纤维收缩。大部分乙酰胆碱引起的是兴奋性反应,如肌纤维收缩,但有例外,如副交感神经抑制心脏的活动。去甲肾上腺素则是大部分交感神经元释放的递质,它引发的反应有兴奋性的,也有抑制性的,视相应的受体而定。释放的神经递质以去甲肾上腺素为主的神经称为肾上腺素能神经,以乙酰胆碱为主的称为胆碱能神经。乙酰胆碱受体主要有肌肉型和尼古丁型两种形态。当神经递质结合突触后神经元受体时,神经冲动便成功地传到突触后神经元,接着神经递质由酶分解,或主动运送至前突触末梢再利用,或在突触内扩散消失。

(四)神经递质作用的受体

神经递质必须与相应的受体结合才能发挥作用。受体是指存在于细胞膜或细胞内,能与某些化学物质(如激素和神经递质等)发生特异性地结合,并诱发产生细胞生物效应的特殊蛋白质。某些药物能与受体结合并产生与递质类似的生理效应,称为受体激动剂或递质拟似剂。某些药物的化学结构与神经递质相似,也能与受体结合但不能产生递质的效应,而是占据受体或改变受体的空间构型,从而使递质不能发挥作用,这样的药物称为受体阻断剂或递质拮抗剂。

(五)突触后的反应

突触前神经元释放的神经递质,经扩散抵达突触后膜,作用后膜上的特异性受体,引起后膜某些离子通透性的改变,使某些离子进出后膜,即突触后膜发生一定程度的去极化或超极化反应,从而形成突触后电位。根据突触后电位去极化和超极化的反应,可将突触后电位分为兴奋性突触后电位和抑制性突触后电位。

1. 兴奋性突触后电位

突触前膜释放的是兴奋性递质,递质经突触间隙扩散,同突触后膜上的特异性受体结合,后膜对 Na^+、K^+ 和 Cl^- 的通透性发生改变,但以 Na^+ 内流为主,后膜产生去极化。这种去极化电位变化称为兴奋性突触后电位(excitatory postsynaptic potential,EPSP)。EPSP 是局部电位,电位大小取决于突触前膜释放递质的量。当突触前神经元活动增强或参与活动的突触数目增多以及 Ca^{2+} 内流增多时,递质释放量增多,EPSP 增大;通过时间和空间的总和,当去极化电位达阈电位时,即在突触后神经元产生动作电位。EPSP 总和未达阈电位时,虽不能产生动作电位,但局部的去极化电位能提高突触后神经元的兴奋性,这种现象称为易化。

2. 抑制性突触后电位

突触前膜释放抑制性递质,递质经突触间隙扩散,同突触后膜上的特异性受体结合,后膜对 Cl^- 和 K^+ 通透性发生改变,Cl^- 内流和 K^+ 外流(以 Cl^- 内流为主),使突触后膜产生超极化。这种超极化电位变化被称之抑制性突触后电位(inhibitory postsynaptic potential,IPSP)。有人认为 IPSP 的产生同 Na^+ 或 Ca^{2+} 通道关闭有关。IPSP 可以发生总和使突触后神经元的兴奋性降低。

在中枢神经系统里,一个神经元常与其他多个神经末梢构成突触。在这些突触中,有的是兴奋性的,有的是抑制性的,产生的 EPSP 和 IPSP 可在突触后神经元的胞体进行整合。能否促使突触后神经元产生动作电位,要看所有的突触前神经元共同作用的结果。所有刺激的总和必需等于或大于兴奋阈值,才能引发足够的去极化以产生动作电位,这种总和的效应称为加乘。

单一突触促使突触后神经元产生的电位变化通常少于 1mV,这当然不足以引发动作电位,因为引发动作电位的阈电位是 15~20mV。但是,当一个神经元传导冲动时,通常会有数个突触前终端被刺激而释放神经递质,并作用于突触后神经元的受体,而且能够影响突触后神经元的突触前神经元通常也有很多个。当数个突触前神经元同时给予突触后神经元刺激,或短时间内的连续刺激,可以使更多的神经递质释放。如果这些神经递质是兴奋性的,那么释放得越多,则引起的突触后兴奋电位就越强。

突触后神经元的状态实际上取决于同时产生的 EPSP 与 IPSP 的总和。若 EPSP 占优势且总和达阈电位时,突触后神经元产生兴奋;反之,若 IPSP 占优势,突触后神经元则呈抑制状态。在神经系统调节某一生理活动过程中,EPSP 和 IPSP 往往是同时出现的。如伸肌受到牵拉刺激时,支配伸肌的运动神经元产生 EPSP,支配屈肌的运动神经元则产生 IPSP;如屈肌收缩时,支配伸肌的运动神经元产生 IPSP,支配屈肌的动神经元产生 EPSP。在任一反射活动中,中枢神经既有兴奋性的又有抑制性的,二者是相互作用的结果,维持了反射活动的协调性。中枢神经系统对各种感觉传入信息的加工整合和对传出冲动的精确控制,正是通过一些神经元产生 EPSP,又使另一些神经元产生 IPSP 来实现的。

第三节　中枢神经系统

要了解刺激如何引起肌肉收缩的,一定要从复杂的中枢神经系统着手。中枢神经系统包括脑和脊髓,它可以协调体内各器官的机能,将来自体内外环境变化的信息综合起来,加以分析和整合,发布命令以应对内外环境的变化。中枢神经系统是神经系统中主要的功能部分。

一、脑

脑部结构通常分为 4 个部分,即大脑、间脑、小脑和脑干,如图 4-6 所示。

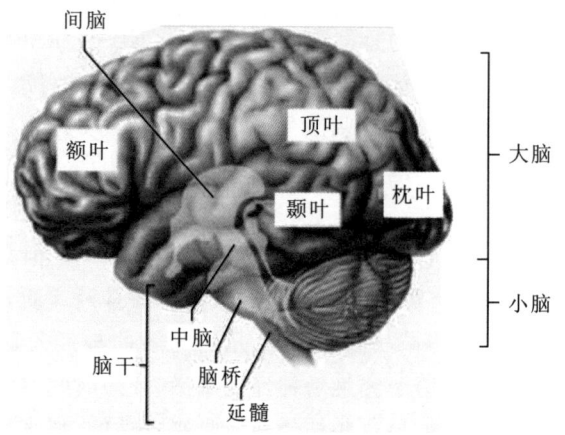

图 4-6　脑的主要区域和外层分叶(据 Wilmore et al.,2012)

(一)大脑

大脑包括左、右两个半球,两个半球之间由神经路束相连结,此路束称为胼胝体,它可促使两个大脑半球互通信息。大脑半球外层的结构称为皮质,是心智形成的区域,也称为灰质,意识是在大脑皮质中形成的,它使人具备思考的能力,皮质可以感知传入的刺激并自主地控制动作。皮质经颜色差别可以轻易地区分出来,这是因为此区域细胞体缺乏髓鞘白质。大脑皮质是神经系统的最高级中枢,其不同区域具有不同的机能。大脑有非常复杂的结构,中间为髓质(白质),表面为灰质,其中神经细胞分为 6 层,深部有调节运动的基底核。在发育过程中,因为灰质的大量增加,灰质面积不断扩大,而大脑因为颅腔容积限制,半球表面出现许多凹陷的沟与凸起的回,而使大脑半球表面积得以大大增加。越高等动物其沟回越多。大脑上最大的裂为大脑纵裂,将大脑分为左、右两个半球。每一大脑半球的外侧有一条深长的横裂,称为外侧裂,后端有顶枕裂。此外,大脑半球顶端向外侧裂伸出的沟,称为中央沟。

大脑分为五叶,其中四叶在外层,另一叶为中央脑岛。中央沟前方与外侧裂上方的区域称为额叶,负责一般思考和动作控制。外侧裂下方区域称为颞叶,负责听觉信息的接收和处理。中央沟后方至顶枕裂之间区域称为顶叶,负责一般感觉信息的接收和处理。顶枕裂后方较小区域称为枕叶,负责视觉信息的接收和处理。中央脑岛深藏在大脑外侧裂里面,执行许多情绪和自我知觉相关的功能。每一脑叶内可分成许多脑回,如中央沟前方的长回为中央前回,即为躯体运动中枢所在部位;中央沟后方的长回为中央后回,即为躯体感觉中枢所在部位。大脑半球可按功能分区,可分为感觉区、运动区、听觉区、视觉区、嗅觉区和语言区等。成人大脑皮质的总面积约 $0.22m^2$,有 140 亿个以上的神经元,每立方毫米约含 10 亿个突触。各处大脑皮质厚度不一,运动区较厚,枕叶较薄。

大脑皮质有两条下行路径管理躯体运动,即锥体束与锥体外束。锥体束控制运动,锥体外束协调运动。大脑可以通过控制和影响其他器官的运作来快速协调应对环境的变化。在脊椎动物中,只要利用脊髓神经束便可以产生反射活动以及简单的运动型态,如游泳、散步。然而,复杂的行为及运动控制必须由大脑的信息整合来完成。

与运动功能有关的大脑运动皮质可分为初级运动皮质和次级运动皮质两个主要部分。初级运动皮质相当于布罗德曼分区的 4 区和 6 区,即躯体运动中枢,负责产生运动神经冲动控制和执行动作,是躯体运动的最高级中枢。脊髓和脑干有次级的躯体运动中枢,都受大脑皮质高级运动中枢的调节。大脑皮质运动区基本的结构单位是运动柱,细胞呈纵向柱状排列。运动区的细胞接受多方面的感觉传入,来自皮肤、肌肉和关节的冲动经丘脑到达皮质。运动柱内细胞之间的环路,使不同层次的神经元广泛联结,对传入信息发生综合反应。大脑皮质的运动机能,通过锥体束和锥体外束协同完成。大脑皮质运动区对躯体运动的调节呈交叉进行,一侧运动皮质支配另一侧躯体肌肉的活动;皮质一定区域支配一定部位的肌肉,具有精准的机能定位,呈倒立分布;身体不同部位在大脑皮质表面区域所占面积的大小与运动的精细复杂程度有关。如大拇指所占区域面积的大小,几乎是整个大腿所占区域的10倍,这是因为大拇指的功能比大腿更灵敏、复杂。

次级运动皮质包括:①后顶叶皮质,相当于布罗德曼分区5区和7区,负责将视觉信息转化成运动指令,这部分如果受损会造成动作失用症,无法精准抓握;②前运动皮质,相当于布罗德曼分区6区,负责感觉输入的控制运动和控制肌肉的功能;③补充运动区,属于运动感觉皮质的一部分,位于初级运动皮质的前面,接近布罗德曼分区6区的大脑半球内侧面,负责规划和协调复杂动作。

与运动相关的3个大脑结构分别是位于额叶的主要运动皮质区,位于白质中的基底核以及位于顶叶的初级感觉皮质。

1. 主要运动皮质

主要运动皮质的功能是控制精细的肌肉动作,它位于额叶中央沟前侧。这里的神经元,常被称为锥体细胞,可以让人有意识地控制骨骼肌的动作。以棒球为例,假如球员在打击区中等待投球时,挥不挥棒的决定就是通过主要运动皮质作出决策的。

锥体细胞的胞体集中在主要运动皮质,而它们的轴突形成锥体束,这也称为皮质脊髓束。神经细胞从大脑皮质往下投射到脊髓,这些路束提供给骨骼肌主要的随意控制。

除了主要运动皮质,还有一处前运动皮质,位于中央沟之前的额叶,此区域储存经反复学习或与生俱来的动作技能,这一区域可视为储存精湛动作技能的记忆库。

2. 基底核

肢体运动需要大脑各区域通过神经纤维相互联结,传递信息及相互协调才能正常进行。除运动皮质外,基底核在运动中也扮演着重要的角色。基底核(或基底神经节),存在每一大脑半球的白质深处,是由大脑深部一系列神经核团组成的功能整体,它们不是大脑皮质的一部分。它们与大脑皮质、丘脑和脑干相连。基底核功能复杂,功能尚不完全清楚,其主要功能是控制自主运动、调节骨骼肌张力及控制潜意识粗大的动作,如走路时手臂的摆动及计划性随意运动,这些姿势与肌肉张力的维持有关。基底核还参与记忆、情感和奖励学习等高级认知功能。基底核的病变可导致运动功能障碍,包括帕金森病、亨廷顿病等。基底核可分成前侧、后侧两部分。前侧有纹状体,包括尾状核、壳核、伏隔核、苍白球;后侧以丘脑下核和黑质为主。

（二）间脑

间脑位于中脑之上，两大脑半球之间的脑组织，介于端脑与中脑之间的脑部，左右各一，其间的腔室为每套一脑室。间脑分为上丘脑、背侧丘脑（丘脑）、后丘脑、底丘脑和下丘脑。背侧丘脑是感觉传入的中继站，除嗅觉以外的感觉均先传到丘脑，再投射到皮质不同的区域。由于丘脑负责感觉和大脑的连结，因此对于动作的控制非常重要。下丘脑位于丘脑正下方，与内环境稳态调节有关，背侧丘脑不仅是感觉的中继站，也是复杂的分析整合中枢；下丘脑是较高级的调节内脏及内分泌活动的中枢。

（三）小脑

小脑是脑的一部分，位于延髓及脑桥的背面，大脑枕叶的下方。小脑功能包括维持身体的平衡，协调肌肉的运动和姿势反射。小脑在控制快速且复杂的肌肉活动中非常关键，它协调肌肉收缩，随时接收脑部其他区域的动作指令，协助做出正确的微调，使连续的动作能够快速地执行。小脑镰将小脑分成左、右两半球，中央的区域称为蚓部。每一半球可分成前叶和后叶，前者与控制肌张力和协调动作有关，后者与运动的起始、计划、协调有关；而绒球小结叶则与调整肌紧张和维持身体平衡有关。

小脑皮质上有许多细长的平行的皱褶称为叶。在白质深部有4对神经核，即齿状核、栓状核、球状核及室顶核。小脑的3对小脑脚附着于脑干，分别是：①下小脑脚，为脊髓及延髓到小脑的主要通路（如脊髓小脑束、前庭小脑束及网状小脑束）；②中小脑脚，为脑桥到小脑的通路（即脑桥小脑束）；③上小脑脚，主要由小脑的齿状核到中脑的红核传导路束构成。

小脑协助大脑的主要运动皮质和基底神经节执行运动功能，使身体动作连贯顺畅，否则动作变得笨拙而不受控制。小脑以整合的系统来执行运动调节功能，它比较程序化动作或意志想要做的动作与身体实际产生动作之间的差异，然后经由动作控制系统进行调节。小脑接收来自于大脑、脑部其他区域、肌肉和关节的本体感受器提供的信息，以保持小脑随时感知身体各部分的功能状态。此外，小脑也接收视觉和平衡觉的传入信息，因此，小脑接收肌肉、关节与肌腱的张力和位置的传入信息，环境变化信息；进行动作的控制、执行运动计划。在初级运动皮质作出执行动作的决定后，指令会传到小脑。小脑会比较动作指令和实际肌肉关节反馈的感觉信息之间的差异。如果有差异，小脑会将此信息反馈给最高级中枢，以发动新的动作程序。

小脑除了可以保持肌肉的正常紧张状态外,还可以维持身体的平衡和协调随意运动,使运动的速率、幅度、力量和方向等方面达到准确、适度和及时的要求。小脑损伤的病人,动作的开始和终止迟缓、说话缓慢不清、步行不稳、做动作时抖动而把握不住动作方向且不能进行快速的动作转换等,称为随意运动的共济失调,小脑损伤的病人也会有辨距不良征(即运动性距离判断不良)、眼球震颤、意向性震颤(即做随意动作时出现震颤)、张力微弱、步伐困难等症状。

(四)脑干

脑干位于脑和脊髓之间,由中脑、脑桥、延髓3部分组成,上接间脑,下接脊髓,感觉神经和运动神经必须通过此处。脑干负责调节复杂的反射活动,也负责调控心脏、肺等内脏的自主神经活动,包括调节呼吸、心跳、血压等,对维持基本的生命活动有重要意义,有生命中枢之称。12对脑神经之中除了Ⅰ嗅神经和Ⅱ视神经外,脑干还含有Ⅲ动眼神经、Ⅳ滑车神经、Ⅴ三叉神经、Ⅵ外展神经、Ⅶ面神经、Ⅷ位听神经、Ⅸ舌咽神经、Ⅹ迷走神经、Ⅺ副神经及Ⅻ舌下神经,这10对处理脑神经信息的神经核。

延髓位于枕骨大孔的正上方,上接脑桥,下连脊髓。含有联络脊髓与脑各部分的上行束和下行束。其中锥体是一个与运动功能紧密相关的结构。锥体位于延髓的腹侧,是两个约呈三角形的结构,它是由皮质脊髓束组成的。在延髓与脊髓交接的正上方,外侧皮质脊髓束形成锥体交叉。位于延髓背侧的两对明显的神经核,即为左、右的薄束核和楔束核,这些神经核接受左、右的薄束及楔束的感觉纤维,将信息传到延髓的对侧后,再往上传,最后抵达大脑皮质的感觉区。网状结构是指存于脊髓、脑干和间脑,由白质与灰质交织而成的结构,其功能包括协调骨骼肌的功能、维持肌肉张力、控制心血管与呼吸系统的作用、决定意识状态(包括清醒与睡眠)。延髓外侧表面的有卵圆形突起,内含下橄榄核,是与本体感觉有关的神经核,这些神经核接收本体感觉信息,再将其传到小脑。

脑桥在延髓的上方。中脑是由脑桥往上延伸至间脑的下面部分,其腹面有一对大脑脚,大脑脚含有将冲动由大脑皮质传到脑桥、延髓及脊髓的神经纤维。背面部位称为顶,4个圆形的丘状结构,称为四叠体。上方的两个称为上丘,是视觉反射中枢;下方的两个称下丘,是听觉反射中枢。

大脑具有控制痛觉的功能,称为麻醉系统。此系统中有一些重要的类鸦片分子,如脑啡肽和β内啡肽等,可以作用在这个系统中的鸦片分子受体,以抑制痛觉的传导。研究显示:长时间运动会增加这些止痛分子的分泌,而这被认为是造成运动愉悦现象的机制。内生性鸦片分子与这些感觉是否存在关系,尚未被完全证实。

二、脊髓

连接延髓下方的结构为脊髓,脊髓是位于脊椎管内的圆柱形结构,由枕骨大孔延伸到第一腰椎。它由双向神经冲动传导的神经纤维组成。感觉(传入)神经纤维将皮肤、肌肉和关节感受器的信息传入大脑。运动(传出)神经纤维将大脑或脊髓的指令传到目标器官(肌肉和腺体)。

脊髓的外观上有两个明显的膨大部分:①颈膨大部,分布至上肢的神经由此开始;②腰膨大部,分布至下肢的神经由此发出。终丝为脊髓的非神经纤维组织,从脊髓圆锥(腰膨大部以下,即 L1、L2 的椎间,脊髓逐渐变细形成的圆锥形结构)起,往下延伸并附着在尾椎上;终丝大部分由软膜组成。脊髓受到椎管、脑脊髓膜(分成硬脑膜、蜘蛛膜和软脑膜)、脑脊髓液及脊椎韧带等结构的保护。

组成脊髓的神经组织包括:①白质,由有髓鞘的轴突聚集而成,髓鞘的脂质为白色,白质因此而得名;②灰质,含有神经元胞体、树突或成束的无髓鞘轴突、神经胶质细胞,此区因缺乏髓鞘,而呈灰色;③神经节,为中枢神经系统外的神经元胞体聚集而成,为灰质团块;④束,为中枢神经系统内功能相似的神经纤维束;⑤神经核,为中枢神经系统内一群功能相似的神经细胞聚集形成;⑥柱,在脊髓灰质形成的三维外观。

第四节 周围神经系统

周围神经系统主要是指由中枢神经系统分支出来的,并连接身体的其他部分。它还可再细分为躯体神经系统、自主神经系统和肠胃神经系统。周围神经系统总共包含 43 对神经,其中 12 对起始于脑部,称为脑神经,另外 31 对起始于脊髓,称为脊髓神经,这些神经直接连到骨骼肌。周围神经系统依功能可分为感觉(传入)神经和运动(传出)神经两个部分。

一、躯体神经系统

依脑神经的功能可分成感觉型、运动型及混合型脑神经。脊神经可分为 8

对颈神经、12对胸神经、5对腰神经、5对骶神经及1对尾神经。第一对颈神经位于环椎与枕骨之间,其余神经依序由相邻脊椎之间的椎间孔离开脊柱。

脊神经的后(背)根及前(腹)根在椎间孔处合并成脊神经,脊神经为混合型神经,因腹根含有运动性纤维,而背根含有感觉性纤维。脊神经背支主要分布到背部深层的肌肉及皮肤;腹支则分布到背部表层的肌肉、四肢、躯干外侧与腹侧。脊膜支经由椎间孔进入脊管,而后分布到脊椎、血管及脑脊髓膜。交通支为自主神经的成分。

由胸椎T2-T11发出的脊神经称为肋间(胸)神经。除了胸神经外,脊神经的腹支在身体两侧和邻近的神经合并形成网状构造,称为神经丛。全身的脊神经形成五大神经丛。①颈神经丛:由C1-C4四对颈神经形成。颈神经丛的感觉支到头背部、颈前部、肩上部及胸廓前上方,其运动支到颈部的肌肉。②臂神经丛:由C5-T1脊神经的腹支组成,即由后4对颈神经和第一对胸神经组成,能支配上肢肌肉的运动。③腰神经丛:由L1-L4脊神经的腹支组成。④骶神经丛。⑤尾神经丛:由第4、5骶神经及尾神经构成,是最小的神经丛,由此神经丛发出的神经支配尾部皮肤及骨盆底肌肉。

(一)感觉支

感觉支将感觉传到中枢,这些神经的起点分别位于血管、内脏、肌肉、肌腱、皮肤和感觉(包括味觉、触觉、嗅觉、听觉和视觉)器官。感觉神经的终点在脊髓或大脑,它们随时将体内外环境变动的信息传给中枢神经系统。通过这些信息的传递,大脑感知体内外环境的变化。在大脑中,感觉信息经处理与其他神经信息进行整合。

感觉神经接收5种信息,分别是:①机械感受器感知机械张力的变化,包括压力、触碰、震动和伸展等;②温度感受器感知温度变化;③痛觉感受器感知疼痛刺激;④视觉感受器感知光的电磁辐射;⑤化学感受器感知化学刺激,如食物味道,血液中化学分子,包括O_2、CO_2、葡萄糖及电解质浓度的变化。

许多感受器在运动竞技中相当重要,例如位于皮肤的游离神经末梢可以感知触碰、压力、疼痛及冷热变化,这些功能对于运动员在比赛时避免运动伤害尤为重要。位于肌肉关节中的游离神经末梢感知的信息包括:①游离神经末梢会感知接触碰、压力、疼痛、冷暖。②位于关节囊的游离神经末梢能够感知关节角度的变化。③肌梭感知肌肉长度的变化。④高尔基腱器官感知肌肉收缩施加于肌腱的张力,提供肌肉收缩时力量变化的信息。

（二）运动支

中枢神经系统通过周围神经系统中的运动支将信息传到身体各个部位。在脊髓灰质前角存在大量的运动神经元，即 α、β 和 γ 运动神经元。脊髓 α 运动神经元接受从脑干到大脑皮质各级高位中枢发出的信息，也接受来自躯干四肢和头面部皮肤、肌肉和关节等处的外周传入信息，产生一定的反射传出冲动，直达所支配的骨骼肌，因此它们是躯体运动反射的最后公路（final common path）。许多来自高位中枢和外周的各种神经冲动都在脊髓运动神经元整合，最终发出一定形式和频率的冲动到达效应器官。会聚到运动神经元的各种神经冲动可能起以下作用：①引发随意运动；②调节姿势，为运动提供一个合适而又稳定的背景和基础；③协调不同肌群的活动，使运动得以平稳和精确地进行。

二、自主神经系统

自主神经系统通常被视为运动神经的一部分，功能是控制体内非自主的活动，其中有一些功能与运动有关，例如心跳、血压、血流分配和肺功能。自主神经系统包含的纤维可将中枢神经系统和内脏器官相连，与非意识活动有关，自主神经系统包含交感神经系统和副交感神经系统，这些神经起源于脑部及脊髓的不同区段。交感神经和副交感神经的功能通常是互相拮抗的。它主要维持身体机能的平衡运作。自主神经系统控制心跳、消化、唾液分泌、排尿、呼吸、排汗等。交感神经与副交感神经对于控制器官产生拮抗作用，如表 4-1 所示。

表 4-1　交感神经和副交感神经的作用（据 Wilmore et al.，2012）

目标组织、器官或系统	交感神经作用	副交感神经作用
心脏	增加心率和增强心肌收缩力	减慢心率
冠状动脉	舒张血管	收缩血管
肺脏	扩张支气管，微缩血管	收缩支气管
血管	运动时，升高血压，收缩腹膜和胃肠的血管，将血液移转到所需的部位，舒张骨骼肌和心脏血管	作用小或是没有作用
肝脏	刺激葡萄糖释放	没有作用
能量系统	增加代谢率	没有作用

续表 4-1

目标组织、器官或系统	交感神经作用	副交感神经作用
脂肪组织	刺激脂肪分解	没有作用
汗腺	增加排汗	没有作用
肾上腺	刺激肾上腺素和去甲肾上腺素的分泌	没有作用
消化系统	降低腺体和消化器官平滑肌的活动,收缩括约肌	增加蠕动和腺体分泌,舒张括约肌
肾脏	收缩血管,减少尿液形成	没有作用

(一)交感神经系统

成对的交感神经呈链锁状分布于脊柱的两侧,主要控制着紧张状态的生理需求。交感神经系统常被称为战或逃系统,因为它的作用可使身体在面对紧急状况时维持身体的功能。中枢神经通过它控制周身活动,使身体有面对危机的准备。如突然巨大的声响,生命遭受威胁时,或运动员在比赛开始前紧张的状态,都是交感神经被激发的时候。交感神经功能对于运动员来说非常重要,例如瞳孔放大,心跳加速和心肌收缩力增强,冠状动脉扩张,外围血管舒张,使得进入运动骨骼肌的血流增加;胃肠蠕动减弱,减少脏器血流使之分配到骨骼肌;血管收缩,血压升高,使肌肉血流灌注充分,增加静脉血液回心;支气管扩张,增加气体交换和代谢率,促进能量合成;增加脑部活动,提高运动时的注意力;增加肝糖原分解,减少汗腺分泌和唾液分泌。

(二)副交感神经系统

副交感神经系统的功能主要是维持身体基本需求,包括消化、泌尿、腺体分泌和能量节省。这个系统通常是在身体平静或休息时活性增强,它与交感神经的功能相反。副交感神经系统主要是控制人体在安静情况下的生理平衡,例如,增进胃肠的活动、缩小瞳孔、促进肝糖生成、减慢心跳、收缩冠状动脉、降低血压、缩小支气管,并且促进生殖活动等。当副交感神经异常亢进时,容易出现身体倦怠、疲劳等症状。

第五节 运动的神经控制

当一个人跑步时,腿部肌肉如何在支撑身体的同时又能够让身体往前移动?要完成这样的动作,感觉神经和运动神经必需互相协调配合,这个过程称为感觉-运动整合。神经系统的感觉神经和运动神经必需依一定的反应顺序来运作:感受器感知刺激;刺激信号转为动作电位沿感觉神经元传到中枢神经系统;中枢神经系统分析感觉信息,然后决定哪种反应适当;动作电位从中枢神经系统经 α-运动神经元传送;动作电位传至肌肉,产生收缩反应。

一、感觉输入

感觉刺激引发动作电位,动作电位经感觉神经元传至脊髓,到达脊髓时,引起局部的反射活动,或传到脊髓和脑。脑部的感觉束终止于脑干、小脑、丘脑,或大脑皮质负责感觉的区域,这些区域称为整合中枢,它们负责感觉输入的解读并联系运动系统。这些整合中枢的功能不完全相同。感觉冲动终止于脊髓,通常会做出简单的动作反射,这是简单的整合形式。感觉刺激若终止于脑干,通常引发潜意识的动作反应,此反射较为复杂,如坐、站立或移动时的姿势控制。感觉刺激若终止于小脑,通常引发潜意识的动作控制。小脑的功能是协调参与运动肌肉的收缩,调节动作平稳性。终止于丘脑的感觉刺激,则进入意识的范畴,可以分辨不同的感觉。只有到达大脑皮质感觉区,大脑才能够辨别刺激发生的位置。位于中央沟后方,顶叶皮质的初级感觉皮质区接收来自于皮肤的一般感觉,以及肌肉、肌腱和关节的本体感觉。此皮质不同区域负责不同身体部位的感觉,让人及时掌控环境和机体之间的关系。

本节主要讨论与姿势有关的感受器,即本体感受器,包括关节本体感受器和肌肉本体感受器。

(一)关节本体感受器

关节本体感受器可以感知肢体位置,肢体与其他部位的相关位置,以及肢体动作速度。这种功能是由关节的感受器来完成的。有3种主要的关节本体感受器:游离神经末梢、高尔基感受器和巴齐尼氏小体。这些感受器在动作开始时会被强烈地刺激。高尔基感受器(不要跟肌肉中的高尔基腱器混淆)位于关节韧带上。这种感受器不像游离神经末梢那样多,但其作用相似。巴齐尼氏小体在关节周围的组织,它有助于感知关节转动速率。

(二)肌肉本体感受器

骨骼肌主要有两种肌肉本体感受器,包括肌梭与高尔基腱器。神经系统为了控制骨骼肌活动,必须不断地从收缩的肌肉接收感觉信息。这些感觉包括肌肉张力和肌肉长度变化信息。肌梭则提供肌肉相对长度变化的信息,高尔基腱器提供给中枢神经系统有关肌肉张力的信息。

1. 肌梭

肌梭位于骨骼肌内,梭外肌纤维之间,通常由 4~20 条特化的梭内纤维和感觉神经末梢组成。肌梭包含两种感觉神经末梢,其一反映肌长的动态变化。其二为次级末梢,它不反映肌长的变化,而是不断地向中枢神经系统提供肌肉的静态长度信息。肌梭的外围由结缔组织形成的鞘状结构包围,并连到肌梭外肌纤维的肌内膜。

梭内纤维是由 γ-运动神经元控制,如图 4-7 所示。但是梭内纤维中央不具有肌动蛋白和肌球蛋白,无法主动收缩,只能被动伸展,但两端可以收缩,当 γ-运动神经元刺激梭内纤维使两端收缩时,中段部分被拉长。梭内纤维这种先稍微拉长的状态,会使得肌梭对于肌肉的长度变化特别敏感。梭外肌纤维则由 α-运动神经元控制。由于肌梭和梭外肌纤维平行排列,当梭外的肌纤维被拉长时,肌梭也被拉长。当肌梭被拉长时,感觉神经将信息传至脊髓,让中枢神经系统感知肌肉长度的变化。在脊髓中,感觉神经元与 α-运动神经元相连,当肌肉被拉长时,引发肌肉收缩反射,以避免肌肉过度被拉长。当骨骼肌因运动神经元的刺激而收缩时,肌梭被动地跟着肌纤维收缩。如果梭内纤维没能得到补偿,此收缩将使肌梭松弛而失去敏感性。因此,它们作为长度感受器就将不能发挥作用。

一般的运动肌群中含有大量的肌梭,需要精细控制的肌肉,如手部的肌肉,含有高密度的肌梭。而较粗大的肌肉(如股四头肌)含较少的肌梭。肌梭负责肌肉快速伸展产生的反射收缩,即牵张反射。为了评估神经肌肉功能,常用小槌敲打髌腱,引起膝跳反射。敲打动作令整块肌肉伸展,而使位于肌梭中的神经末梢兴奋,从肌梭传来神经冲动,刺激伸肌的梭外纤维,产生收缩反射。

当一个人肘关节微屈,掌面朝上拿一本书时,此负荷引起肌梭伸展,传送肌梭长度的信息到中枢神经系统。另一个人突然将第二本书放到这个人的手掌上,此时手臂会下沉,肱二头肌会被拉长,肌梭也被拉长。来自肌梭的神经冲动,

第四章 运动肌肉的神经控制

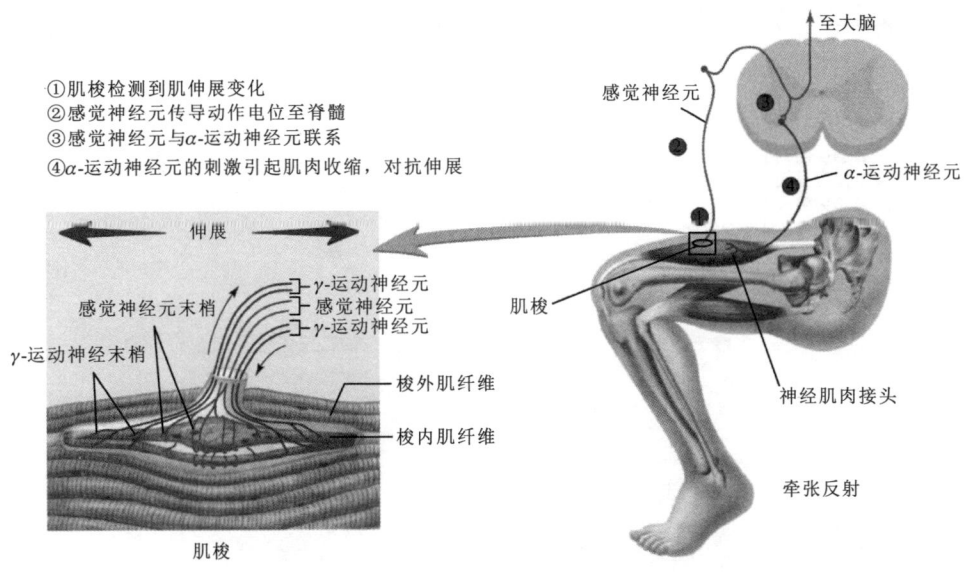

图4-7 肌梭(据 Power et al., 2017)

将会提醒中枢神经系统有关加上另一本书引起的肌梭长度变化信息。在此状况下,感觉神经将信息传往脊髓,脊髓刺激控制肱二头肌的 α-运动神经元,引起收缩,产生力量以对抗肌肉被拉长,牵张反射活动,会募集到多的运动单位参与收缩工作,以恢复到原来的状态。通常,这种反射动作会产生过度补偿,也就是募集多余的运动单位。不过,在过度补偿动作的瞬间,就会发生快速的修正,即手臂快速地恢复到原来的位置。

肌梭可以辅助维持正常的肌肉收缩功能。当 α-运动神经元刺激梭外肌纤维时,γ-运动神经元也接收刺激,梭内纤维两端收缩,使得梭内纤维的中段伸展,经由梭内感觉神经传到脊髓,再刺激 α-运动神经元,使肌肉收缩力量增加。肌梭经由感觉神经传到脊髓的信息会往上传到中枢神经系统的高阶部位,让大脑随时调控肌肉长度和长度变化速率。这些信息对于维持肌肉张力和身体姿势,以及执行动作都非常重要。肌梭的功能像自动反馈机制中的伺服器一样,随时修正没有按照计划执行的动作。在肌梭修正动作的同时,大脑会接收到错误动作的信息。

2. 高尔基腱器

高尔基腱器位于肌肉和肌腱的连接处,它是一个囊状的感受器,其中有肌腱纤维穿过,如图4-8所示。每一个高尔基腱器有5~25条肌纤维与之连接。高尔基腱器对于肌张力特别敏感,像张力计一样,随时监控肌肉张力的变化。

①高尔基腱器检测到肌腱的张力变化
②感觉神经元传导动作电位至脊髓
③感觉神经元突触经抑制性中间神经元,将信号传至α-运动神经元突触
④α-运动神经元受抑制,引起肌肉放松释放

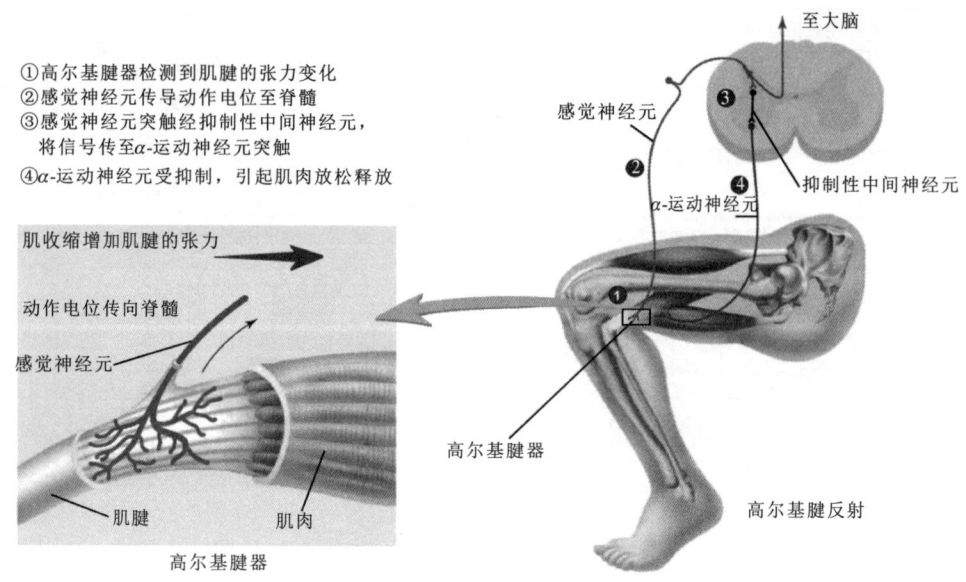

图4-8 高尔基腱器(据 Power et al.,2017)

高尔基腱器不断地调控肌肉收缩产生的张力。本质上,高尔基腱器作为保护机制避免肌收缩时产生过大的力量。高尔基腱器可以经由感觉神经元传递信息到脊髓,兴奋抑制性神经元。抑制性的反射避免运动神经元进一步激活,从而减小肌力的产生,以避免肌肉收缩引起的伤害。高尔基腱器在肌肉活动表现上担任着重要角色。比如,一个肌群产生力量的多少,有可能取决于个体自主对抗高尔基腱器抑制的能力。高尔基腱器的抑制有可能因为肌力训练而逐渐减少。高尔基腱器参与调控一种反射活动,称为反牵张反射。反牵张反射是与牵张反射相对应,高尔基腱器引起支配肌肉的脊髓抑制运动神经元,从而减少肌张力的产生。高尔基腱器不仅可以抑制作用肌的收缩,同时刺激拮抗肌收缩。反牵张反射的原理:一个肌群强力收缩,激活高尔基腱器,高尔基腱器传送信息到脊髓,抑制运动神经元的激活,减少肌力产生。有趣的是,肌肉被动伸展时,可激活高尔基腱器,从而放松被伸展的肌肉。

二、动作控制

当感觉刺激抵达上游的神经部位,脊髓、脑部下方的区域和大脑皮质运动区

时，引起动作控制效应。当控制的水平从脊髓移到运动皮质时，动作控制复杂程度从简单反射控制提升到需要基本思维程序参与的复杂动作控制。较复杂动作模式起始于大脑运动皮质，然后经由基底核和小脑协调动作，让动作变得平顺。

当动作电位传到α-运动神经元时，通过神经肌肉接头，动作电位传到该神经控制的肌纤维。每一条肌纤维只主要受一个运动神经元控制，但是一个运动神经元控制许多条肌纤维，数目视肌肉的功能而定。必须做出精细动作的肌肉，像控制眼球的肌肉，每一个α-运动神经元只控制数条肌纤维，而在大肌肉中，α-运动神经元控制着许多条肌纤维。控制眼球转动的肌肉（动眼肌）的α-运动神经元和肌纤维的比例为1∶15，表示每一条α-运动神经元只控制15条肌纤维。相反地，小腿腓肠肌和胫前肌中的α-运动神经元和肌纤维的比例高达1∶2000。同一运动单位里的肌纤维类型都是一样的，不可能在一个运动单位中发现Ⅰ型肌纤维和Ⅱ型肌纤维。

三、反射活动

身体活动都接受神经系统的调控，即由脊髓、脑干和大脑皮质调控，并由小脑和基底神经节进行监控，人体运动功能和植物性神经系统功能协调一致，从而对体内外环境变化做出迅速的适应性反应，满足生理活动的需要，维持正常的机体活动。大脑可以整合所有传入的信号，选择合适的反应，然后指导身体各部位做出恰当的动作。

当一个人不小心将手放在热焰上时会产生什么反应呢？首先，手上的热觉与痛觉感受器感知到热、痛的感觉，接着感受器将刺激转变成动作电位传到脊髓。在脊髓，动作电位经中间神经元传给运动神经元，经运动神经元传到效应器，即控制手缩回的肌肉。在不经思考的状况下，手立即缩回。

反射是在中枢神经系统参与下，机体对内外环境刺激作出的适应性反应。反射活动的结构基础是反射弧，它一般含有两个以上的神经元，神经冲动由感受器经感觉神经传至中枢神经系统，经运动神经传至效应器（如肌肉或腺体）。运动反射是一种程式化的反应：只要感觉神经接收了刺激，身体立即作出反应，而且每次反应形式都一样。大部分的神经反应都很快速。

按效应器作用的特点可将反射分为躯体反射和内脏反射两大类。姿势反射属于躯体反射；心脏搏动、血管舒缩、肺的扩张和收缩、胃肠运动、腺体分泌等都属于内脏反射。若反射作用的中枢位于脊髓，称为脊髓反射，脊髓反射引起骨骼肌的收缩称为躯体反射，如屈肌反射。若反射作用引起心肌、平滑肌的收缩或腺体的分泌就称为自主反射,如血压降低引起血压感受器兴奋,进而增加血管(平滑肌)收缩或心肌收缩力,使血压回升,这一反射过程称为自主反射。

按反射形成的特点可将反射可分为非条件反射与条件反射。非条件反射是动物生来就有的,在动物种族进化过程中建立和巩固起来,并遗传给后代。条件反射不是先天就有的,是动物在个体生活过程中获得的,需要在一定的条件下才能建立。因此,反射源于脑干和脊髓的较低阶处理程序,并不受意识控制,无需经过较高阶的信息处理程序,其特点一成不变(某一刺激只会触发某一特定反应),其优点是反应迅速,可以经由训练达到。以短跑的起跑为例,可以利用条件反射的原理,使运动员在某种情境下(例如枪声)重复练习对刺激的反应动作,让运动员对枪声产生条件反射,从而在短时间内就可以启动短跑动作,这就是使其达到反射的效果,以增加运动表现。常见躯体反射包括牵张反射、屈肌反射、逆牵张反射和姿势反射。

(一)牵张反射

当肌纤维被牵拉时,肌梭受到刺激,产生神经冲动,冲动沿 Ia 感觉神经元传到脊髓灰质前角与运动神经元形成突触联系,冲动会经由运动神经元传到被牵拉的肌肉,造成肌肉收缩,这就是牵张反射。正常的肌肉张力是靠脊髓反射弧来维持的。在一般情况下,运动神经元维持较低的神经活性,并且经由传入神经纤维(主要以 Ia 为主)将信息传递到 α-运动神经元,使骨骼肌产生适度的收缩。

牵张反射涉及一种单突触反射弧,只涉及传入和传出神经纤维,无中间神经元参与,是机体简单的反射,是一种同侧反射,也就是活反射活动会出现在刺激一侧的肌肉。

(二)屈肌反射

当感受器受到刺激时,感觉神经元冲动传到脊髓,与联络神经元产生突触联系,再将冲动传给运动神经元,刺激肌肉收缩,避免伤害的发生,这就是屈肌反射。因为反应可能涉及一个以上的中间神经元,属于一种多突触反射弧,使得单一感觉冲动传入造成数个运动反应,结果会造成不只一条肌肉收缩,又称回缩反射,也属于同侧反射。

(三)逆牵张反射

逆牵张反射主要发生在过度收缩肌肉的状况下,通过刺激位于肌腱上的高尔基腱器,Ib 感觉神经元将冲动传入脊髓,与抑制性的中间神经元形成突触联系,抑制运动神经元传出冲动至肌肉,引起肌肉舒张。高尔基腱器接受 Ib 传入神经纤维的支配,当肌肉过度收缩时,高尔基腱器会兴奋,经由抑制性中间神经元来抑制作用肌,转而兴奋拮抗肌。因此,正常状况下,肌肉收缩达到一定的程度就会突然中止收缩而转为放松状态,是因为骨骼肌过度收缩时,高尔基腱器活性加强,促使骨骼肌松弛,张力减弱,避免肌肉拉伤,这种保护性的反射机制称为逆牵张反射。它是一种负反馈式调节机制,属多突触反射弧。如图 4-9 所示,当反射槌敲击股四头肌肌腱时,会因牵张反射引起股四头肌收缩造成膝跳反射,同时造成拮抗肌大腿后侧肌群/腘绳肌放松。肌腱的损伤会降低这种反射的灵敏性,便容易出现重复性运动伤害的现象。另外,肌肉被快速用力牵拉时,会诱发牵张反射性收缩动作,然而肌肉的张力极强时,高尔基腱器会引发抑制效应,促使肌肉放松。因此,在实施增强式训练中,必须注意牵张反射及逆牵张反射的原理,这对提高运动表现相当重要。

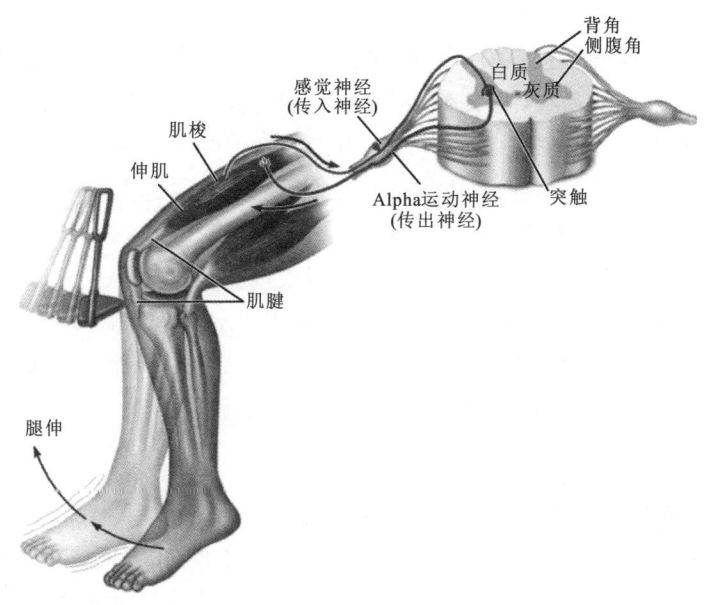

图 4-9　膝跳反射示意图(据 Katch et al.,2010)

(四)姿势反射

人体姿势的维持是通过全身肌肉相互协调肌张力来实现的。为维持身体姿势,除脊髓控制躯体反射以外,还需更高级的中枢来参与工作,如延髓、小脑和中脑的介入。高等脊椎动物在身体活动过程中,中枢不断地调整不同部位骨骼肌的张力,有利于维持适当的身体姿势、保持或变更躯体各部分的位置和平衡,这种反射活动称为姿势反射,它与运动技术有相当大的关系,而统一协调这些反射引起的各种肌肉紧张的高位中枢位于小脑。如持续性迷路反射和持续性颈反射是典型的姿势反射,两者协调动作,使全身的直立肌群随头部位置适当地调整其紧张度。姿势反射可分为状态反射、翻正反射、旋转运动反射、直线运动反射和平衡反射等。

1. 状态反射

状态反射是指头部空间位置改变时,反射性地引起四肢肌张力调整的一种反射活动。状态反射包括迷路紧张反射和颈紧张反射。迷路紧张反射是指当头部空间位置发生改变时,内耳迷路的椭圆囊和球囊的传入冲动对躯体伸肌紧张性进行调节的过程。颈紧张反射是指颈部扭曲时,颈椎关节、韧带或肌肉的本体感受器受到刺激,引起四肢肌肉紧张性调节的过程。例如头部后仰引起上下肢及背部伸肌紧张性加强;头部前倾引起上下肢及背部伸肌紧张性减弱,屈肌及腹肌的紧张性相对加强;头部侧倾或扭转时,引起同侧上下肢伸肌紧张性加强,对侧上下肢伸肌紧张性减弱。正常人体由于受高位中枢的调节,状态反射常被抑制而不易表现出来。状态反射在完成某些运动技能时起着重要作用。例如:在做体操的后手翻、空翻及跳马等动作时,若头部位置不正,就会导致两臂用力不均衡,从而使身体偏向一侧,常常造成动作失误或动作无法完成;短跑运动员起跑时,为防止身体过早直立,往往采用低头姿势。这些都是运用了状态反射的规律。但是,在运动中也有个别动作需要违反状态反射的规律。例如:有训练的自行车运动员在快速骑行时,做出头后仰而身体前倾的姿势。

2. 翻正反射

当人或动物处于不正常体位时,通过一系列动作将体位恢复至常态的反射活动称为翻正反射。如将动物四足朝天从空中抛下,可清楚地观察到动物在下降过程中,首先是头颈扭转,然后前肢、躯干和后肢依次扭转过来,当下降到地面时是四肢着地。翻正反射包括一系列反射活动,首先是由于头部位置不正常,视觉与内耳迷路受到刺激,从而引起头部位置的翻正;头部翻正以后,头与躯干的位置关系不正常,颈部关节、韧带或肌肉受到刺激,从而引起躯干位置的翻正。在体育运动中,很多动作是在翻正反射的基础上形成的。例如:体操运动员的空翻转体、跳水运动员的转体及篮球运动员的转体过人等动作,都要先转头以带动躯干转动,使转体动作迅速协调地完成。

3. 旋转运动反射

人体在进行主动或被动旋转运动时,为了恢复正常体位而产生的一种反射活动,称为旋转运动反射。当身体向任何一侧倾倒时,前庭感受器受刺激而产生兴奋,通过传入神经将冲动传至脑和延髓,反射性地引起全身肌肉张力重新调整,以维持身体平衡。例如:在弯道上跑步时,身体向左侧倾斜,将反射性地引起躯干右侧肌张力增加,以保持身体姿势平衡。

4. 直线运动反射

人体主动或被动地进行直线加速或减速运动时,发生肌张力调配以恢复常态的现象,这种反射被称为直线运动反射。它包括升降反射和着地反射。人体沿垂直方向加速或减速时,耳石受到刺激,反射性地引起肌张力调整的活动称做升降反射。人体从高处跳下时,在着地的一个刹那,上肢紧张性加强而下肢分开顺势弯曲,以保持身体重心的稳定,减少震动。这种反射称为着地反射。例如:人从体操器械上掉下来时用手撑地就是一个明显的例子,但这种着地姿势容易引起尺骨鹰嘴骨折,因而在体育运动中应克服这种非条件反射,即当身体从高处落下时做滚翻动作,才能避免出现伤害事故。

5. 平衡反射

平衡反射由脊髓、小脑和大脑等整合控制,主要维持动态平衡。例如:人走路,脚往前跨一步,另一只脚便会随后往前跨出一步,以保持平衡,这便是平衡反射。平衡反射所涉及的神经范围较翻正反射来说要复杂得多。

第五章 运动肌肉的激素控制

运动机体的生理调整是主要由神经系统来完成的,通过神经接收或传达信息。但还有另一个系统影响着机体,并会长期监测机体内环境变化,一旦有所改变,它将会做出反应,以避免生理稳态的破坏,这就是内分泌系统。该系统通过分泌一种化学调控物质——激素,进入血液循环以达到控制的目的。内分泌系统在调节生理活动的速度比神经系统慢。激素经由血液循环运送到各个组织、器官,但只有某些特定的组织、器官才能对特定的激素起反应,这种可与激素作特异性结合的组织器官称为靶组织、靶器官,激素与靶标上特异性的受体分子结合,进而引起特定的生理反应。

第一节 激素的分类、调控及作用机制

当个体从休息转为活动的状态时,代谢率上升,以提供必需的能量,这需要许多生理及生化系统的协调配合,而这是建立在各系统间有效地进行信息交流基础上的。神经系统起着重要的作用,不过对于各种生理反应的微调则主要由内分泌系统来负责。内分泌系统与神经系统共同协调配合以控制生理反应。神经系统反应迅速,在身体局部起作用,作用时间短暂;内分泌系统反应较慢,但作用效果持久且广泛。内分泌系统包括分泌激素的组织或器官。内分泌腺将激素分泌入血,激素以化学信使的方式作用于全身。

一、激素的概念和分类

(一)激素的概念

激素是由高度分化的内分泌细胞合成和分泌的具有生物活性的化学信息物质,经组织液或血液转运到身体的特定器官、组织和细胞而发挥其调节作用。它

通过调节靶细胞、靶组织和靶器官的代谢活动来影响人体的生理活动。

(二)激素的分类

按激素化学性质可将激素分为两类：类固醇类和非类固醇类激素。

1. 类固醇(甾体)类激素

由肾上腺皮质和性腺分泌的激素都具有甾体环结构，因而也被称为甾体类激素。它的化学结构式与胆固醇相似，且都为脂溶性激素，可轻易穿过细胞膜。如皮质醇、醛固酮、前列腺素、雌激素、孕激素以及睾酮等。胆固醇的衍生物 1,25-二羟维生素 D_3 也属于类固醇激素。

2. 非类固醇类激素

非类固醇类激素是非脂溶性的，不能穿过细胞膜，这类激素可分为两大类：蛋白质或肽类激素以及氨基酸类激素。前者主要包括下丘脑调节肽、垂体激素、降钙素和胃肠激素等；后者主要包括肾上腺素、去甲肾上腺素和甲状腺激素等。人体只有两个器官会分泌氨基酸类激素：一个是甲状腺分泌甲状腺素和三碘甲腺原氨酸；另一个器官是肾上腺髓质分泌肾上腺素和去甲肾上腺素。至于其他非类固醇激素都属于蛋白质或肽类激素。激素的化学结构决定其在靶细胞及组织中的作用机制。

二、激素分泌的调控

激素分泌的调控必须非常快速以配合人体功能改变的需求。激素不是持续或一成不变地分泌的，而是波动式分泌的。血浆中的某些激素浓度的波动周期较短，1h 或低于 1h。但有些激素的浓度的波动周期较长，以日甚至月计算其周期(如月经周期)。然而，内分泌腺是如何控制特定激素分泌的呢？

大部分激素的分泌是由负反馈机制调控的。分泌某种激素导致身体产生某些变化，并且这些变化反过来抑制该激素进一步的分泌。这类似室内恒温系统的调控，当室温低于预设值时，恒温系统便会启动产热过程；当室温渐达预设值时，系统便会停止产热，如果室温再度低于预设值，产热相序再度开启。机体因特定的生理反应，来决定特定激素是否开始或结束分泌(或增加/减少分泌量)。

负反馈是内分泌系统维持体内平衡主要的机制之一。以体内血糖调控为例，当血糖浓度高时，胰岛素分泌增加。胰岛素提高细胞摄取葡萄糖的能力，从而降低血糖含量。当血糖浓度降低时,胰岛素的分泌受到抑制直至血糖浓度升高。

血中激素浓度的高低不代表激素活性的高低,因为靶细胞上的激素受体会提高或降低该细胞对激素的敏感性。一般来说,增加特定激素浓度会降低细胞上特定受体的数量,此时细胞对激素的敏感性降低。细胞膜上受体数越少时,激素的结合量越少,这就是负调控或减敏现象。有胰岛素抵抗的人,尽管其体内分泌的胰岛素量增加,胰岛素受体数量却是降低的。当血液中激素浓度增加时,它与靶细胞上的受体结合影响细胞功能的概率就会增加。另外,激素对靶细胞的影响程度也与靶细胞受体的数目以及敏感度有关。受体的数目越多、敏感度越高,细胞越能快速响应血液中激素浓度的变化。以2型糖尿病为例,2型糖尿病的早期病理变化表现为胰岛素抵抗。胰岛素抵抗是指机体对胰岛素的敏感度降低,此现象在糖尿病被确诊前5~10年就已出现。靶细胞对胰岛素产生阻抗的情形使胰脏β-细胞代偿性分泌多的胰岛素,从而导致个体产生高胰岛素血症。此外,长期的代偿作用使β-细胞逐渐衰竭,胰岛素产生量会不足,进一步恶化2型糖尿病的病情。

影响激素分泌的因素,包括神经刺激、激素刺激与体液刺激。神经刺激主要是通过释放神经激素,刺激目标内分泌腺分泌释放激素。例如:交感神经释放的去甲肾上腺素刺激肾上腺髓质分泌肾上腺素与去甲肾上腺素。激素刺激是指某一激素的释放会刺激其他腺体释放激素。例如:生长激素刺激肝脏分泌类胰岛素生长因子。体液刺激是指体液中的物质,如营养物、电子、水、离子等,其浓度的改变会影响腺体激素的分泌。如饱餐一顿人体血液内增加的葡萄糖浓度会刺激胰脏分泌胰岛素。

三、激素作用的机制

激素由血液运输,可以作用于靶细胞,那么它们是如何实现在靶细胞上的特定的作用的呢?这是由于靶细胞上具有特定的激素受体。每个细胞拥有2000~10 000个受体,激素与其受体结合会形成激素-受体复合体。类固醇激素为脂溶性的,可以轻易地穿过细胞膜,非类固醇激素则不能穿过细胞膜。非类固醇激素受体都位于细胞膜上,而类固醇激素受体则位于细胞质或细胞核。每种激素只会与特异的受体结合,只会影响具有该受体的细胞活性。

（一）类固醇激素

由于类固醇激素具有类脂质的特性，可以轻易地扩散通过细胞膜，与细胞质中的受体结合，形成激素-受体复合体进入到细胞核，并与 DNA 上特定的片段结合，改变蛋白质合成的指令编码，此过程称为直接活化基因模式。这会活化（或在少数情况下会抑制）基因，并引起特定信使 RNA（mRNA）的合成，从而影响特定蛋白合成。这些蛋白质包括酶、结构蛋白和调节蛋白。

（二）非类固醇激素

非类固醇激素分子量太大或带电荷无法轻易地通过细胞膜，而这些激素只能与在细胞膜上特异的受体结合，并活化位于细胞膜上的 G 蛋白。G 蛋白是细胞膜上激素-受体与随后细胞内事件的联结桥梁。G 蛋白可以打开离子通道允许 Ca^{2+} 进入细胞内，也可以活化在细胞膜上特定的受体，激活 G 蛋白进而激活腺苷酸环化酶，催化 ATP 生成环腺苷酸，当其浓度增加时，会活化蛋白激酶 A，接着活化其他反应蛋白，最后改变细胞的活性，产生特定的生理反应。

G 蛋白会活化嵌在细胞膜上的磷脂酶 c（PLC），细胞膜内的磷脂，磷脂酰肌醇二磷酸（PIP2）会被水解为：①肌醇三磷酸（IP_3），它引起细胞内储存的 Ca^{2+} 释放；②二酰基甘油（DAG）。DAG 活化蛋白激酶 c（PKC），接着会活化细胞内特定的蛋白质。

肾上腺素、胰高血糖素及黄体激素就是通过环磷酸腺苷（cAMP）作为次级传递者来造成影响的，除了 cAMP，还有其他次级传递者：环单磷酸鸟苷（cGMP），IP_3、DAG、Ca^{2+}。这些第二信使不是独立产生作用的，因为当其中有一个改变时，可能会影响到其他信使的作用。

第二节　激素的分泌和运动代谢的激素调控

内分泌腺及其分泌的激素如表 5-1 所示，表中罗列了激素作用的靶器官及其主要的生理功能。内分泌系统非常复杂，本书着重叙述与竞技和身体活动有关的内分泌腺和激素。表 5-2 详细列出运动时的激素反应。激素具有的重要的功能，包括调控代谢、体液平衡和电解质平衡。

表 5-1 内分泌腺、激素、靶器官、控制因子及主要功能（据 Wilmore et al., 2012）

内分泌腺	激素	靶器官或组织	控制因子	主要功能
垂体前叶	生长激素（GH）	全身组织、器官	下丘脑分泌的生长激素释放激素和生长激素释放抑制激素	促进组织生长，增加蛋白质合成，降低糖产能的比例，增进脂肪的利用，在生长发育中起着关键性作用
	促甲状腺激素（TSH）	甲状腺	下丘脑分泌的促甲状腺释放激素（TRH）；甲状腺素反馈性抑制作用	主要负责调节甲状腺血液供应以及甲状腺素的合成与分泌
	促肾上腺皮质激素（ACTH）	肾上腺皮质	下丘脑分泌的促肾上腺皮质释放激素（CRH）	调控肾上腺皮质激素的分泌；促进肾上腺皮质组织增生
	催乳素（PRL）	乳腺	下丘脑分泌的催乳素释放因子及抑制激素	促进乳腺生长；刺激乳腺分泌乳汁
	卵泡刺激素（FSH）	卵巢	下丘脑分泌的促卵泡素释放激素	促进卵巢中滤泡的生长；促进卵巢分泌雌性激素
	黄体生成素（LH）	卵巢	下丘脑分泌的促黄体生成激素释放激素	促进雌性激素分泌；促使滤泡破裂和排卵
垂体后叶	抗利尿激素（ADH）	肾脏	下丘脑视上核与室旁核	提高远曲小管和集合管对水的通透性，促进水的重吸收，是尿液浓缩和稀释的关键性调节激素
	催产素（Oxytocin）	子宫、乳腺	下丘脑视上核与室旁核	调控子宫收缩及乳汁分泌
甲状腺	四碘甲状腺原氨酸（T4）及三碘甲状腺原氨酸（T3）	全身组织、器官	TSH 的正向调节及 T3、T4 的负反馈调节作用	增加细胞代谢率，增加心率及心肌收缩力
	降钙素（CT）	骨骼	血钙浓度	抑制破骨细胞的生成，增强成骨过程；使骨组织释放的钙减少；促进骨骼沉积；增加尿磷，降低血钙和血磷
副甲状腺	甲状旁腺激素（PTH）	骨骼、小肠、肾脏	血钙浓度	调节钙磷代谢，促使血钙水平升高，血磷水平降低
肾上腺髓质	肾上腺素（E）	大部分体细胞	压力感受器、葡萄糖感受器	刺激肝及肌肉中的糖原分解以及肌肉脂质分解，增加骨骼肌血流量，增加心率及收缩力，增加氧消耗
	去甲肾上腺（NE）	大部分体细胞	压力感受器、葡萄糖感受器	小程度刺激脂肪组织及肌肉的脂质分解，收缩小动脉与小静脉

续表 5-1

内分泌腺	激素	靶器官或组织	控制因子	主要功能
肾上腺皮质	盐皮质激素（醛固酮）	肾脏	血管紧张素与肾素	在肾脏内增加 Na^+ 贮留，促 K^+ 分泌
	糖皮质激素（可的松）	大部分体细胞	促肾上腺皮质激素	控制糖、脂质及蛋白质的代谢
	性激素	卵巢、乳房及睾丸	促肾上腺皮质激素	促进男、女性征的发育
胰脏	胰岛素（insulin）	全身组织、器官	血糖与氨基酸浓度	降低血糖浓度、增加葡萄糖利用与脂肪合成
	胰高血糖素（glucogon）	全身组织、器官	血糖与氨基酸浓度	增加血糖浓度，促蛋白质与脂质分解
	生长抑素	兰氏小岛与小肠	血糖，胰岛素及胰高血糖素浓度	抑制胰岛素与胰高血糖素的分泌
肾脏	肾素（renin）	肾上腺皮质	血钠浓度	协助血压控制
	促红细胞生成素（EPO）	骨髓	组织氧浓度	促进红细胞生成
睾丸	睾酮（testosterone）	性器官、肌肉	卵泡刺激素、黄体生成素	促男性性征的发育，加速肌肉生长
卵巢	雌性激素、孕激素	性器官及脂肪组织	卵泡刺激素、黄体生成素	促进女性性征发育，脂肪储存量上升，协助调整月经周期

表 5-2 短期运动的激素反应与运动训练的反应变化（据 Wilmore et al., 2012）

内分泌腺	激素	短期运动的反应（非训练者）	运动训练的效益
垂体前叶	生长激素	随运动强度增加而增加	运动强度不变时反应下降
	促甲状腺激素	随运动强度增加而增加	无已知效益
	促肾上腺皮质激素	随运动强度与时间增加而增加	运动强度不变时反应下降
	催乳素	运动时分泌增加	无已知效益
	促滤泡激素	减少或不变	无已知效益
	黄体激素	减少或不变	无已知效益
垂体后叶	抗利尿激素	随运动强度增加而增加	运动强度不变时反应下降
	催产素	不明	不明
甲状腺	四碘甲状腺原氨酸及三碘甲状腺原氨酸	随运动强度增加而增加	运动强度不变时，提升 T3、T4 的代谢率
	降钙素	不明	不明

续表 5-2

内分泌腺	激素	短期运动的反应（非训练者）	运动训练的效益
甲状旁腺	甲状旁腺激素	长时间运动会增加	不明
肾上腺髓质	肾上腺素	随运动强度增加而增加，始于75%最大摄氧量运动强度	运动强度不变时反应下降
	去甲肾上腺素	随运动强度增加而增加，始于50%最大摄氧量运动强度	运动强度不变时反应下降
肾上腺皮质	醛固酮	随运动强度增加而增加	不变
	可的松	只有高强度运动时增加	较高值
胰脏	胰岛素	随运动强度增加而降低	运动强度不变时反应下降
	胰高血糖素	随运动强度增加而增加	运动强度不变时反应下降
肾脏	肾素	不明	不变
	红细胞生成素	运动时小幅增加	男性训练者安静值降低
睪丸	睾酮	运动时小幅增加	男性训练者安静值降低
卵巢	雌性激素	运动时小幅增加	优秀女性训练者安静值可能降低

一、运动时激素的代谢调控

在长时间运动中，糖和脂肪的代谢负责维持肌肉中稳定的 ATP 浓度。各种激素发挥其功能来保证葡萄糖以及游离脂肪酸可应用于肌肉中的能量代谢。

（一）内分泌腺参与代谢的调控

虽然有许多内分泌腺，在休息状态或运动中会调控代谢，但其中起主要作用的内分泌腺包括垂体前叶、甲状腺、肾上腺及胰脏。

1. 垂体前叶

垂体位于脑底部，是紧邻下丘脑且大小类似弹珠的内分泌腺。垂体由三叶组成：前叶、中叶和后叶。人脑垂体的中叶非常小，前、后叶具有非常重要的内分泌功能。垂体前叶的分泌能力主要受到下丘脑的激素调控，而垂体后叶则直接接收下丘脑神经信息的调控。因此，下丘脑可被当作中枢神经以及外周内分泌腺之间的中继站。

垂体前叶又称为腺垂体，受下丘脑促激素释放因子及抑制因子的调控，可分泌 6 种激素。垂体前叶与下丘脑的信息交流是通过一套特化的循环系统进行的。释放因子与抑制因子通过该系统进行运输。运动对下丘脑来说是一个刺激,因为运动会促使垂体前叶激素的释放。

垂体前叶中的 6 种激素有 4 种为活化激素,且会影响其他内分泌腺的功能,另外 2 种分别是生长激素、催乳素。生长激素会通过促进氨基酸进入细胞,促使肌肉生长或肥大;通过增加分解脂质的酶活性,直接刺激脂质分解。

2. 甲状腺

甲状腺位于颈部中央,喉部的正下方处。甲状腺受到促甲状腺激素(TSH)的刺激会合成两种含碘的激素:三碘甲状腺原氨酸(T3)与四碘甲状腺原氨酸(T4)。它们的功能相似,T3 与 T4 都能提升全身组织的基础代谢率,加速蛋白质合成;增加细胞中线粒体的数目与体积;促使细胞摄取葡萄糖;增进糖解与糖异生作用;增加游离脂肪酸的可利用率。

TSH 是促进 T3 与 T4 进入血液循环的主要刺激因子,但唯有游离形式的激素才能对组织产生作用。运动中垂体前叶会增加释放 TSH 的量,TSH 调控血液中 T3 与 T4 的浓度。

甲状腺激素在建立整体的代谢速率方面扮演着重要的角色。T3 与 T4 可作为允许性激素,也就是当它们存在时,其他的激素才会产生最大的效用。T3 与 T4 发挥效用时具有相当长的潜伏期,T3 的潜伏期为 6~12h,而 T4 的潜伏期为 2~3d。安静时,血浆中 T3 与 T4 浓度增加时,它们会抑制 TSH 从下丘脑中释放。为了减缓 T3 与 T4 从血中排出的速率,TSH 分泌会增加,长时间亚极量强度运动时,甲状腺素在血清中的浓度无明显上升,三碘甲状腺素反而会下降,不像开始激烈运动那样,甲状腺素浓度会发生明显的变化。

甲状腺还会分泌降钙素,它会参与血浆中 Ca^{2+} 浓度的调控。此激素的分泌受到另一个负反馈机制的调节。当血浆中 Ca^{2+} 浓度增加时,降钙素释放会增加,降钙素会阻挡 Ca^{2+} 从骨骼中的释放,并刺激肾脏排出 Ca^{2+} 以降低血浆中 Ca^{2+} 浓度。当血浆中 Ca^{2+} 浓度减少时,降钙素的分泌会下降。

3. 肾上腺

肾上腺位于两侧肾脏的正上方,分为内层肾上腺髓质与外层肾上腺皮质。肾上腺髓质分泌两种激素:肾上腺素(epinephrine,E)与去甲肾上腺素(norepinephrine,NE),统称为儿茶酚胺;肾上腺皮质分泌类固醇激素。

肾上腺髓质受交感神经刺激而分泌,产物中 80% 为肾上腺素,20% 为去甲肾上腺素,不过其比例会因生理状态不同而略有不同。儿茶酚胺的生理效应与交感神经系统相同。这两种激素使个体预备好作出立即反应,称为战斗或逃跑反应。

1) 肾上腺髓质

肾上腺髓质接受交感神经系统的支配。肾上腺素和去甲肾上腺素参与正常血压与血糖浓度的维持。它们也会对强烈的情绪刺激产生反应,这是战斗或逃跑反应假说的基础。此理论说明身体如何对外在环境给予的挑战产生反应,认为交感神经系统让人准备好面对危险(战斗)或逃离危险(逃跑)。

儿苯酚胺受体可以分成两大类:α 与 β。α 又可以分为 α_1 与 α_2,β 又可以分为 β_1 与 β_2。儿苯酚胺通过第二信使机制作用于靶细胞,不管是抑制还是兴奋,都取决于受体的类型,以及儿苯酚胺参与的程度。

肾上腺与去甲肾上腺素仅有少数作用不同,大多数作用相同,包括:增加心率与心肌收缩力、增加代谢率、促进肝糖原与肌糖原的分解、增加血中葡萄糖与游离脂肪酸的量、促使骨骼肌血量重新分配、促使血压升高、增加呼吸频率等。

肾上腺素与去甲肾上腺素的释放受许多因素影响,包括心理应激和身体活动等。当个体运动强度逐渐增加时,会促使血液中儿苯酚胺浓度的增加。在运动强度达最大摄氧量的 50% 时,血清中去甲肾上腺素浓度明显增加,然而肾上腺素浓度的增加需运动强度大于最大摄氧量的 60%~70% 时才明显。以非最大运动强度持续长时间且稳定地活动时,血液中两种激素的浓度则都会增加。当运动突然停止时,肾上腺素在数分钟以后便恢复到安静水平,但是去甲肾上腺素则会维持高浓度达数小时。

2) 肾上腺皮质

肾上腺皮质能分泌约 30 种类固醇激素,这些激素具有不同的生理功能,统称为肾上腺皮质类固醇,主要有三大类:①盐皮质激素(醛固酮),参与维持血浆中 Na^+ 与 K^+ 浓度的稳定;②糖皮质激素(皮质醇),参与血糖稳定的调控;③性激素(包括雄激素和雌激素),支持青春期前的生长发育。

胆固醇是这些类固醇激素的化学前驱物;尽管活化的激素在结构上只有微小的差异,但它们的生理功能大不相同。下面简单地介绍下醛固酮和皮质醇。

(1) 醛固酮。醛固酮是肾脏中 Na^+ 重吸收及 K^+ 排出的重要调控激素,醛固酮直接参与调控 Na^+/水的平衡,以及血浆量与血压的稳定。对醛固酮分泌的控制包括两个方面,从肾上腺皮质释放的醛固酮直接受到血浆 K^+ 浓度的调节,当 K^+ 浓度增加时,醛固酮分泌增加,进而刺激肾脏的主动转运机制来排出 K^+。醛固酮分泌也受到其他复杂的机制影响,当血浆量下降、肾脏的血压下降或肾脏的交感神经活动增强的,会刺激肾脏中的特殊细胞,分泌一种被称为肾素的酶。肾素进入血浆中,把肾素底物(血管紧张素原)转换成血管紧张素Ⅰ,然后接着通过肺中的血管紧张素转化酶,转换成血管紧张素Ⅱ。血管紧张素Ⅱ是强力的血管收缩剂,高血压患者可给予血管紧张转化酶抑制剂来降低血压。血管紧张素Ⅱ会刺激醛固酮的释放,进而增加 Na^+ 的重吸收。口渴时,醛固酮与抗利尿激素分泌增加。在轻度运动中,血浆中肾素浓度变化不大,然而,运动加入热负荷时,这两者分泌会同时增加。当运动强度接近50%最大摄氧量时,肾素、血管紧张素与醛固酮会平行地增加,这显示它们之间是相互关联的。相反地,持续的血浆量上升会触发心肌细胞释放心房利钠肽,它会对抗醛固酮以降低血浆量。

(2)皮质醇。肾上腺皮质分泌的主要糖皮质激素为皮质醇,又名氢化可的松,皮质醇的作用在于维持血糖浓度的稳定。其作用包括:促进组织蛋白质分解产生氨基酸,氨基酸随后被肝脏使用,通过糖异生的方式来合成新的葡萄糖;刺激脂肪组织分解出游离脂肪酸;降低其他组织器官使用葡萄糖的比例,确保大脑充足的能源供应;抗炎作用;降低免疫反应程度;协同去甲肾上腺素作用以促进血管收缩。

皮质醇与甲状腺素分泌的控制方式一样。下丘脑分泌促肾上腺皮质释放激素(CRH),造成垂体前叶分泌促肾上腺皮质激素(adrenocorticotropic hormone,ACTH)到血液中,ACTH与肾上腺皮质相应的受体结合,进而增加皮质醇的分泌。当皮质醇浓度增加时,负反馈系统会抑制 CRH 与 ACTH 的分泌。然而,下丘脑会接受来自大脑其他部位的神经输入,从而影响到下丘脑释放激素的分泌。汉斯·塞里观察到引起可预测的 ACTH 与皮质醇分泌增加,这样的反应被称为一般适应综合征,重点是 ACTH 与皮质醇的释放可以引起适应的产生。一般适应综合征理论有3个阶段:①警觉阶段,包含皮质醇的分泌;②对抗阶段,促进组织的修复;③衰竭阶段,组织修复功能受损。皮质醇会刺激组织蛋白质的分解,产生的氨基酸可以用在组织受伤处的修复。肌肉组织是氨基酸的主要来源,利用阻力或耐力训练给予肌肉功能性的超负荷刺激,可以避免糖化皮质类固醇造成的肌肉萎缩。

4. 胰脏

胰脏位于胃的后背侧偏下方的位置,胰脏既是外分泌腺又是内分泌腺,胰的外分泌液或胰液经腺管输入十二指肠,其中含有各种消化酶。胰脏的内分泌腺体部分称为兰氏小岛,俗称胰岛,它释放的激素包括胰岛素、胰高血糖素与生长抑素。胰岛素与胰高血糖素,这两种作用完全相反的激素,它们是控制血糖浓度的主要激素。

1)胰岛素

胰岛素是兰氏小岛中的β-细胞分泌的,胰岛素可以刺激组织细胞吸收营养分子,如葡萄糖与氨基酸,并将其储存起来。胰岛素主要的功能是降低血液中葡萄糖量,也调控蛋白质和脂质代谢,促进细胞吸收氨基酸,并加速蛋白质与脂质的合成。餐后血糖浓度升高时,胰脏会增加胰岛素分泌,胰岛素可以促使葡萄糖进入细胞中,尤其是肌肉细胞,并抑制糖异生作用。

胰岛素缺乏会造成血糖的累积,血糖浓度可以变得很高,而超过肾脏的再吸收能力,造成葡萄糖流失到尿液中,且带走大量的水分。

胰岛素的分泌受到许多因素的影响:血糖浓度、血中氨基酸浓度、交感与副交感神经和其他激素的刺激。血糖浓度是影响胰岛素分泌的主要因素。当血糖浓度增加时,β-细胞会分泌胰岛素来提高组织对葡萄糖的吸收率。

2)胰高血糖素

胰高血糖素是由兰氏小岛中的α-细胞分泌的。低血糖浓度会刺激胰高血糖素的分泌。胰高血糖素会刺激糖原分解,也刺激脂肪组织分解游离脂肪酸。胰高血糖素还会刺激肝脏进行糖异生。胰高血糖素的分泌也受到其他因素的影响,其中较为明显的是交感神经系统。低血糖会促使分泌胰高血糖素,从而升高血糖浓度。

当运动持续 30min 以上时,体内血糖浓度仍可维持稳定,但是血中胰岛素的浓度会下降。运动可以促使胰岛素与其受体结合,这是由于是大量的血液流经肌肉组织。这样会提升机体细胞对胰岛素的敏感性。血中胰高血糖素的浓度会随运动的进行而渐渐升高,运动员激素的反应通常较为迟缓,顶尖选手体内的血糖的稳定性较好。

3)生长抑素

生长抑素是兰氏小岛中的δ细胞分泌的,生长抑素在消化吸收期间会增加分泌,从而改变肠胃道的活动,控制营养分子进入血液循环中的速率,它还可能参与胰岛素分泌的调控。

二、运动中糖代谢的调控

在运动中机体使用哪种类型的代谢底物及其利用率如何取决于运动强度与时间。葡萄糖在身体内主要以糖原的形式储存在肌肉和肝脏内。葡萄糖必须从储存形式的糖原中释放出来。血糖浓度也可通过糖异生的作用来增加。激烈运动时,糖酵解的需求增加,而脂肪的氧化无法满足能量的需求。相反地,长时间适中强度运动时,脂肪的氧化会增加,因为体内糖可能已被耗尽。

（一）肌糖原的使用

血液中有足量的葡萄糖不代表肌细胞一定能得到足量的葡萄糖以应付能量需求，因为葡萄糖不但需要被运输到靶细胞，还必需被靶细胞吸收。胰岛素控制肌细胞对葡萄糖的摄取，一旦葡萄糖被运输到肌细胞处，胰岛素可促使葡萄糖进入肌细胞内。

在运动开始的阶段，或在激烈运动过程中，葡萄糖是肌肉做功的主要能源物。运动强度会决定葡萄糖被当作能源使用的速率。运动强度越高，糖原分解和葡萄糖利用的速率越快。血浆中的肾上腺素与细胞上的 β-肾上腺素受体结合时，它是环腺苷酸形成的有力刺激物，肾上腺素是造成糖原分解的主要激素之一。

为了验证在运动中，肌糖原分解是受到血液中肾上腺素控制的假说，哈里斯（Harris）等让受试者服用心得安（它是一种可以同时阻断细胞膜上 β_1-与 β_2-肾上腺素受体的药物），这可以阻碍糖原的分解，因为环腺苷酸的合成会受阻。在实验中，受试者先进行 2min 的运动，而该运动量可以造成肌糖原耗竭到运动开始时浓度的一半，且肌肉中乳酸浓度会增加 10 倍。令人惊讶的是，当受试者在另一天中服用心得安，进行同样的运动测验时，结果发现肌糖原耗竭或乳酸生成与没有服用心得安相比，并没有显著性差异。研究指出，使用 β-肾上腺素受体阻断剂，对于减缓运动中糖原的分解影响不明显。

在前面描述有关心得安的例子中，血浆中肾上腺素可能不会活化腺苷酸环化酶，进而合成环腺苷酸，启动糖原的分解。然而，当肌细胞受到刺激时，Ca^{2+} 会从肌浆网中释放出来进入细胞质。有一些 Ca^{2+} 被用来启动肌肉的收缩，其他的 Ca^{2+} 则与携钙素结合，从而会活化蛋白激酶，通过此酶来启动糖原的分解。

当个人进行单脚的激烈运动时，会造成血中肾上腺素浓度增加，只有运动的腿部肌糖原会耗竭，结果显示 Ca^{2+} 在此过程中起主要的作用。在实验中个人参与高强度间歇运动时，快缩肌纤维中的糖原消耗快。在慢缩肌肉与快缩肌肉血中肾上腺素浓度是一样的，但糖原耗竭速率在活动肌肉中快，肌糖原分解的速率与肌肉利用 ATP 的速率是相关的。

在长时间非最大强度运动中，血中胰岛素浓度会下降，伴随血糖浓度轻微的增加以及肌肉利用葡萄糖量的增加。肌肉对葡萄糖的需求和血中胰岛素的浓度均会影响激素的活性，胰岛素在血液循环中的量是影响胰岛素敏感度的重要因子。运动能加强胰岛素与肌纤维上受体的结合，提高激素的敏感性。

(二)运动中血糖浓度的稳定

内分泌系统在糖摄取量不足(断食或饥饿)与血糖加速排除的状态下(运动),能够维持血糖浓度的稳定。血糖浓度的稳定可通过下列4个过程来维持:从储存的肝糖原释放葡萄糖;从脂肪组织中动员游离脂肪酸,以节省葡萄糖的使用;在肝脏中,通过氨基酸、乳酸与甘油来合成新的葡萄糖(糖异生);阻止葡萄糖进入细胞中,迫使细胞使用替代物-游离脂肪酸。

休息时,胰高血糖素促使肝脏释放葡萄糖。运动时,肌肉会促使儿茶酚胺的释放,也会增加胰高血糖素分泌,这些激素共同作用使糖原分解加速。运动30~45min时,可的松分泌增加,该激素可使蛋白质分解,释放氨基酸,在肝脏中进行糖异生以增加血糖浓度。除了以上主要控制血糖的激素外,生长激素也可以促进游离脂肪酸的释放并抑制细胞摄取葡萄糖。其他还有甲状腺素也可以促进葡萄糖和脂质代谢。

从肝脏中释放葡萄糖的量会依运动强度与持续时间而定。当强度增加时,儿茶酚胺分泌的速率增加,结果造成肝脏释放过的葡萄糖,大于肌细胞的使用量。因此在短时间、高强度的爆发性运动以后,血糖值会高于休息时的40%~50%。

肝脏释放的葡萄糖会进入血液中,供肌细胞吸收、利用,不过肌肉可以从肌糖原中直接获得能量。在短时间、爆发力强的运动中,肌细胞都是先利用肌糖原,不足时才消耗血糖。运动后,血糖进入肌细胞,以补充肌糖原储存量,此时可以检测到血糖浓度的降低。

在持续几小时的运动中,由于糖原释放速率紧密配合肌肉的需求,维持了血糖稳定或仅略高于安静时的浓度。当肌肉增加葡萄糖的摄取时,肝脏释放出葡萄糖的速率就会增加。大部分的情况是当肝糖原储存耗尽时,血糖在运动末期才会开始降低,此时胰高血糖素浓度明显增加,胰高血糖素与可的松一起促进糖异生。普通成人安静状态下肝脏储存80g的葡萄糖,在激烈运动或长时间适中强度的运动时(大于3h),血糖的氧化速率接近1g/min。当糖原分解的速率赶不上肌肉吸收葡萄糖的速率时,此时血糖浓度便会开始下降。

1. 允许性与慢速度作用的激素

1)甲状腺激素

血中游离甲状腺激素T3与T4的浓度,从安静到运动状态都不会显著地改变。T3与T4在建立整体的代谢速率方面相当重要,并允许其他激素发挥最大的作用(允许性作用),T3与T4可以影响细胞受体特性(让其他激素与其受体产生交互作用）。举例来说，假如不存在 T3 的情况下，肾上腺素对于脂肪组织中游离脂肪酸的动员只有非常小的作用。在运动中，游离的 T3 浓度会增加。低浓度的甲状腺激素会干扰其他激素在运动中动员能源的能力。

2）皮质醇

人体主要的糖化皮质激素是皮质醇。皮质醇的作用包括：动员脂肪中游离脂肪酸的释放；动员组织中蛋白质的释放以产生氨基酸，在肝脏合成新的葡萄糖（糖异生）；降低细胞使用葡萄糖的速率。Bonen 指出，在进行 10min，强度为 76% 最大摄氧量的运动时，尿液中皮质醇的排出量没有明显的改变，但是当运动时间延长至 30min 时，皮质醇的排出增加 2 倍之多。在 Davies 与 Few 的研究中，受试者完成数次的 1h 运动，当运动强度为 40% 最大摄氧量时，血浆皮质醇浓度会降低，但是当运动强度为 80% 最大摄氧量时，皮质醇的浓度却显著增加。当运动强度低于 60% 最大摄氧量时，皮质醇浓度则会降低。是什么原因造成这样的结果，研究发现在进行轻度的运动时，皮质醇的排除速率快于肾上腺皮质的分泌速率，当在进行激烈运动时，血中皮质醇浓度的增加是因为分泌的速率增加，高于其排除的速率。

在进行低强度长时间的运动时，血中皮质醇浓度变化不显著。即使血中皮质醇浓度改变很大，它对于代谢的影响不会马上显现出来。因为皮质醇直接的作用是刺激 DNA 来调节蛋白质的合成是慢速度的过程。本质上，皮质醇与甲状腺素一样，在运动中，对于底物的动员会产生允许性的效用，允许其他快速度作用的激素，如肾上腺素与胰高血糖素动员葡萄糖与游离脂肪酸的利用。由于运动竞赛（铁人三项、超级马拉松和多数的团队运动）可以导致运动员组织的损伤，在这种情况下，皮质醇的主要角色是负责组织修复。

3）生长激素

生长激素在组织蛋白质的合成方面扮演着重要的角色，通过肝脏中胰岛素样生长因子分泌的提升来产生作用。然而，生长激素也会影响脂肪与糖的代谢，包括减少组织对葡萄糖的吸收、增加游离脂肪酸的动员、提升肝脏中糖异生的作用。

描述运动时 GH 的反应与描述皮质醇的反应一样困难，因为 GH 受到许多因素的影响。有研究显示，随着运动强度的增加，血浆 GH 浓度也增加，在最大强度下，其浓度比起安静时高出 25 倍；训练有素的长跑选手比起没有训练的跑者有更高的反应程度。在运动第 60min 时，两组跑者的 GH 浓度比起安静时的值高出 5~6 倍。总的来说，GH 主要是与蛋白质合成有关的激素，对糖与脂肪代谢产生直接但慢速度的作用。

2. 快速度作用的激素

1)肾上腺素与去甲肾上腺素

肾上腺素与去甲肾上腺素的作用包括:从肝脏中动员葡萄糖,从脂肪组织中动员游离脂肪酸,干扰组织细胞对葡萄糖的吸收。尽管运动时,血中去甲肾上腺素可以增加10~20倍,但它产生作用的主要方式,是通过交感神经元中释放至靶细胞上而发挥作用的。从肾上腺髓质释放的肾上腺素被认为是动员肝脏中葡萄糖与脂肪组织中游离脂肪酸的主要儿茶酚胺类激素。

有研究显示,出血中肾上腺素与去甲肾上腺素浓度会随着运动时间的增加而呈线性增加,这些改变与运动时心血管系统的调整有关,有利于葡萄糖与游离脂肪酸的动员,以维持血糖浓度的稳定。血中低浓度的葡萄糖会刺激下丘脑中的受体增加肾上腺素的分泌。肾上腺素会因与肝脏上的β-肾上腺素受体结合,进而刺激肝糖原的分解,以释放到血中。如果阻碍肾上腺素与去甲肾上腺素的作用时会发生什么呢?假如β-肾上腺素受体被心得安抑制,在运动中血中维持葡萄糖浓度稳定就显得困难,特别是当受试者在禁食状况下。此外,由于心得安抑制脂肪组织细胞上的β-肾上腺素受体,游离脂肪酸的释放会减少,肌肉因需依赖糖原来提供能源。有趣的是,在面对压力的情况下,受过训练的人比未受过训练的人会有更强的能力来分泌肾上腺素。

2)胰岛素与胰高血糖素

这两个激素对于肝脏中葡萄糖以及脂肪组织中游离脂肪酸的动员,产生完全相反的作用。在进行适中到高强度的运动时,这两个激素负责大部分的葡萄糖动员。胰岛素主要参与葡萄糖和游离脂肪酸的吸收、储存,而胰高血糖素会动员这些已储存的能源物,以及增加糖异生作用。

在运动中,肌肉吸收葡萄糖的速率可以增加7~20倍,血中胰岛素浓度会发生怎样的改变呢?随着运动强度的增加,胰岛素浓度下降。当然,这是一个适当的反应。假如运动时胰岛素浓度增加,血中葡萄糖被组织吸收的速率会加快,这会引起立即性的低血糖反应。因此,在运动中较低的胰岛素浓度会有利于肝脏中葡萄糖与脂肪组织中游离脂肪酸的动员,这两种能源物质的动员在维持血糖浓度稳定的过程中显得非常重要。在进行适中强度、较长时间的运动时,血中胰岛素浓度会下降。随着长时间的运动,血中胰高血糖素浓度则会增加。血中胰高血糖素的增加有利于脂肪组织中游离脂肪酸与肝脏中葡萄糖的动员,以及增加糖异生作用。整体来说,胰岛素与胰高血糖素的运动反应会有利于血葡萄糖浓度的维持,特别是在肌肉使用血糖的速率提高时。实际上,耐力训练会让血糖浓度在胰岛素与胰高血糖素浓度都没有改变或小幅度改变的情况下,仍可以维持相对稳定,这与肝脏对胰高血糖素敏感性增加,肌肉对葡萄糖吸收下降,以及肌肉使用脂肪当作能源底物的量增加有关。

假如在运动中,血糖浓度保持不变,那是什么原因造成胰岛素分泌下降,而胰高血糖素分泌增加呢?这是由于它们的分泌会受到多层次控制的结果。

在进行长时间非最大强度的运动时,观察到血中胰岛素浓度的下降,肌肉如何在胰岛素浓度下降时,比起安静时摄取葡萄糖的速度加快7～20倍,部分的原因在于运动时,作用肌群的血流量明显增加(10～20倍),而葡萄糖运送至肌肉的量是肌肉血流量与血糖浓度的乘积。因此,运动比安静时有更多的葡萄糖与胰岛素被运送至肌肉,另外,因为肌肉使用葡萄糖的速率增加,浓度梯度会增加,从而加速葡萄糖扩散进入肌细胞内。另一个可能是与运动诱发细胞膜上葡萄糖载体蛋白数目增加有关。单次运动与长时间运动训练会增加肌肉对胰岛素的敏感性。运动可以促进机体对糖的摄取。

运动造成细胞质高浓度的Ca^{2+},Ca^{2+}会募集未活化的葡萄糖载体蛋白,在相同的胰岛素浓度下,可以将更多的葡萄糖运送至细胞内。在运动以后,这个机制可以协助更多的肌糖原储存。反复的单次运动(训练)会降低身体对胰岛素产生的阻抗水平,使得运动成为治疗糖尿病的一个重要方式。相反地,卧床休息,肢体固定不动会增加胰岛素的抵抗。然而,不只有Ca^{2+}浓度的增加会调控肌细胞葡萄糖载体蛋白数目,还有其他的因素,像蛋白激酶C、NO、AMP-活化蛋白激酶(AMPK)与其他因子在调控上也扮演着重要的角色。

总体来说,不同强度与时间的运动对血浆胰岛素浓度的影响见图5-1。胰岛素浓度的下降与其他激素浓度的增加,除了有利于肝脏中葡萄糖的动员,脂肪组织中游离脂肪酸的动员以及肝脏中糖异生的作用外,还会抑制组织对葡萄糖的吸收。这些合并效应是维持血糖浓度的稳定,因此中枢神经系统与肌肉可以获得它们需要的能源底物。

(三)激素-底物的交互作用

即使运动中葡萄糖浓度维持稳定,但由于受交感神经系统的影响,还是会产生微调。假如运动前摄取葡萄糖,造成血浆葡萄糖浓度增加,血浆中胰岛素浓度会增加,而这会降低游离脂肪酸的动员,迫使肌肉使用肌糖原。

在激烈运动中,血浆中胰高血糖素、生长激素、皮质醇、肾上腺素与去甲肾上腺素浓度会增加,而胰岛素浓度会下降。这些激素的改变有利于脂肪组织中游离脂肪酸的动员,这会节省糖的使用,并维持血糖浓度的稳定。然而,为什么随着运动强度的增加,血浆中游离脂肪酸的浓度反而会减少?这可能是由于运动

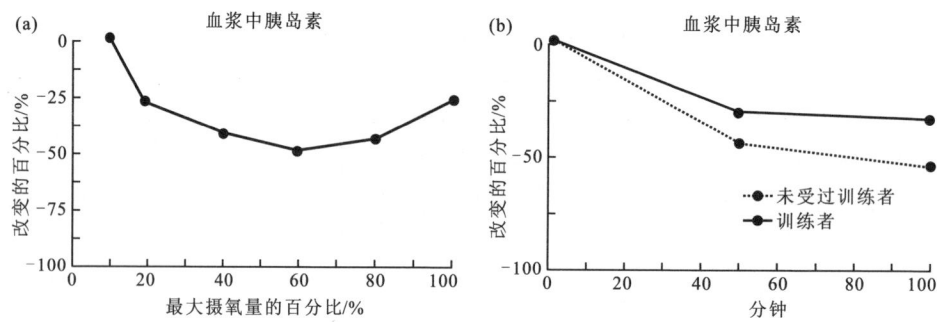

图 5-1　不同强度和不同时间运动对血浆胰岛素浓度的影响(据 Powers et al.,2017)
(a)随着运动强度的增加,血浆中胰岛素浓度的改变百分比(与安静值相比);(b)在长时间强度为60%最大摄氧量的运动中,血浆中胰岛素浓度的改变百分比(与安静值相比)

时,脂肪细胞动员游离脂肪酸至血液的能力是有一定上限的缘故。例如,在训练者身上发现,脂肪组织释放游离脂肪酸的速率在强度为25%,最大摄氧量时是最高的,然后在强度为65%与85%最大摄氧量时,释放的速率则下降。由于激素敏感性甘油三酯水解酶参与甘油三酯水解的过程,在较高的做功功率下,游离脂肪酸的释放事实上是受限的。这可能是受到许多因素的影响,其中一个因素是乳酸。当血乳酸浓度增加时,血中游离脂肪酸浓度会减少。乳酸的增加与 α-磷酸甘油的增加有关联,α-磷酸甘油是活化的甘油,需要它来合成甘油三酯。实际上,当甘油三酯一旦分解为游离脂肪酸,α-磷酸甘油会回收游离脂肪酸,来合成新的甘油三酯分子。此外,H^+ 浓度的提升(与高浓度的乳酸有关)可以抑制激素敏感性脂肪酶,这会导致脂肪细胞不会释放游离脂肪酸。在激烈运动中,脂肪组织释放游离脂肪酸的量会降低,这可能由于血流至脂肪组织的量减少,进而较少的游离脂肪酸被运送至肌肉。这些因素促使脂肪细胞释放游离脂肪酸量的减少,使得血浆中游离脂肪酸浓度下降,因此,肌肉必需使用肌糖原作为能源底物。耐力训练的一个影响是在进行相同的强度负荷运动下,乳酸浓度会减少,这会降低脂肪组织动员游离脂肪酸的抑制性。耐力训练还会诱发线粒体数目的增加,耐力训练者可以使用脂肪作为能源,节省肌肉中的糖储存,进而改善运动表现。

三、运动中脂肪代谢的调节

在高强度运动中,糖是主要的供能物质,但脂肪也参与供能,在耐力运动中,游离脂肪酸的释放及氧化速率决定耐力运动表现。时间长的活动,糖会渐渐耗尽,肌肉活动逐渐依靠脂质的氧化供能。当糖量降低(低血糖)时,内分泌系统会增加脂质氧化量,以满足肌肉活动的能量需求。

活动中肌细胞吸收游离脂肪酸的速率与血浆中游离脂肪酸的浓度有关。血浆中脂肪酸的浓度越高,则细胞吸收游离脂肪酸的速率就越高。甘油三酯的分解速率部分取决于运动中肌肉利用脂质供能的比例。至少有5种激素包括胰岛素、肾上腺素、去甲肾上腺素、可的松和生长激素可调控脂质分解速率。

运动时血中胰岛素浓度变化可影响脂质分解。肾上腺素与去甲肾上腺素浓度增加也会加速脂质分解。除了增加糖异生作用之外,可的松能在运动中加速游离脂肪酸的释放与增加细胞吸收量。运动开始30~45min,可见血清中可的松浓度的高峰值,之后便下降趋于正常,但是游离脂肪酸浓度则在运动开始呈现持续上升状态,意味着脂肪水解酶因其他激素作用而继续活化。

第三节 运动时体液及电解质平衡的激素调控

运动中的体液平衡对新陈代谢、心血管功能及体温调节都非常重要。在运动开始时,水分会自血管移到组织细胞间隙中,移动的程度依活动肌肉量与活动强度而定。代谢产物会堆积在肌纤维与肌纤维之间,因而提高组织间液的渗透压,水分通过扩散作用由细胞内流向细胞外。同时,肌肉活动会提高血压,导致水分从血液中渗出,加上运动中排汗增加。这些现象综合起来,导致血浆液体量下降。举例来说,以75%最大摄氧量强度进行跑步训练,可测得血浆液体量下降5%~10%,而血浆量的下降会降低血压及减少流入皮肤及肌肉的血流量,这些效应都会影响运动员的表现。

一、内分泌腺参与体液及电解质的平衡

内分泌系统负责监控体液量及调控电解质的平衡,尤其是Na^+。两种主要的调节内分泌腺是垂体后叶及肾上腺皮质。肾脏不只是这些激素的重要靶器官,它本身也是内分泌腺。

(一)垂体后叶

垂体后叶是下丘脑神经组织的延伸结构。因为这个原因,通体后叶又称为神经垂体。抗利尿激素(antidiuretic hormone,ADH)以及催产素,都是由下丘

脑分泌的。这些激素被合成运输到位于垂体后叶中储存。ADH通过上调肾脏集合管和远曲小管对水的通透性,而促进水分的保留,结果便是引起尿量减少,称为抗利尿作用。

肌肉活动引起流汗而造成血液浓缩,血液渗透压将上升。体液中包含有许多矿物质,这些矿物质存在不同体液内(如细胞内液、血液及组织间液等),产生渗透压,使水分可以保留在一定的空间内。决定渗透压的因素是液体中分子(osmoles,或简称 Osm)的数目,1kg(或 1L)的水含有 1 Osm 的溶质,则称渗透压为 1 Osm/kg(或 1 Osm/L)。正常状态下,体液的渗透压约为 300 Osm/kg。

血液渗透压的感受器位于下丘脑。促进 ADH 分泌的刺激是低血量和高血液渗透压。当刺激发生时,下丘脑发出神经冲动至垂体后叶,促使 ADH 释放到血液中,到达肾脏,促使水分储留。在大负荷运动中,此激素对体液保留扮演了非常重要的角色。

(二)肾上腺皮质

由肾上腺皮质分泌的盐皮质激素,能维持细胞外液体电解质平衡,尤其是 Na^+ 与 K^+。醛固酮是人体内重要的盐皮质激素,该激素主要作用是促使肾小管重吸收 Na^+,使体内 Na^+ 浓度维持稳态,当 Na^+ 被保留在体内,水分子也能因渗透压梯度而回流体内,可避免水分流失,此功能与 ADH 相似。Na^+ 保留同时会促进 K^+ 分泌,因此醛固酮也调控 K^+ 的稳态。基于这些缘由,刺激醛固酮分泌的因素有血浆中 Na^+ 浓度降低,血液量降低,血压降低,以及血浆中 K^+ 浓度增加。

二、肾脏的内分泌功能

肾脏具有内分泌功能,它会分泌两种重要的激素。肾脏会调控血液中醛固酮的浓度。在血压降低或血浆流失时,肾血流便会减少。在交感神经系统活化时,肾脏会分泌肾素,肾素进入循环系统中,将血浆中不活化状态的血管紧张素原转化成活化状态的Ⅰ型血管紧张素,通过血液循环到达肺脏,由肺中的血管紧张素转换酶将Ⅰ型血管紧张素转化为Ⅱ型血管紧张素。此机制除了刺激肾上腺皮质释放醛固酮以外,Ⅱ型血管紧张素还会促进血管收缩。运动后的 12~48h,抗利尿激素与醛固酮持续作用,减少尿液形成以防止身体进一步脱水。

肾脏还会分泌一种重要的激素,即促红细胞生成素(EPO)。EPO 会刺激骨髓细胞以调控红细胞的产生。红细胞主要负责运输 O_2 到组织并移除 CO_2,因此这种激素在适应运动训练及适应高海拔时有用。大多数运动员在接受高强度的训练时,均会引起血浆量增加而导致血液稀释的情形。血液中蛋白质与电解质的总量未曾改变,只是相对变稀。因此,一些具有正常血红蛋白的运动员由于Na^+诱导血液稀释导致假体贫血,这种情形与真正的贫血不同。在此情况下,最佳的治疗方式是休息几天,使醛固酮恢复至正常浓度。

第四节 能量摄取的激素调控

摄食控制中枢位于下丘脑,饱腹中枢位于腹内侧核,而饥饿中枢位于下丘脑的外侧。下丘脑可以调节体内代谢平衡,通过整合神经和激素的信号来对饮食行为和热量的摄入进行调控,从肠道组织和脂肪组织合成的激素会影响这些大脑中枢系统。调控食欲和饱腹感的主要激素包括胆囊收缩素、瘦素、YY肽、胰高血糖素样肽1(GLP-1)、胰岛素和类生长激素。

血浆中的氨基酸、葡萄糖和脂质可以通过短期饮食来摄取。一个影响食物摄入的短期控制的因素是胃肠道释放的激素。当胃肠道膨胀时会促使胆囊收缩素的释放,刺激迷走神经发送信号给大脑来抑制饥饿感。此外,在进食时,像GLP-1和YY肽会从大肠和小肠中分泌,这些激素通过血液循环抵达大脑来抑制饥饿感。YY肽作用于下丘脑来抑制胃肠蠕动。进食时,胰腺会分泌胰岛素这一类饱腹激素。当胃是空的时候,胃和胰腺会分泌类生长激素,它是一种饥饿激素。通过血液运输穿过血脑屏障到达大脑的类生长激素会作用于在外侧下丘脑的饥饿中枢。进食结束时,类生长激素的浓度则会降低。

除了由胃肠道分泌激素来传递饥饿或饱腹信号外,由脂肪组织分泌的激素同样会作用于下丘脑的饥饿中枢和饱腹中枢。因为这些激素分泌的量会取决于在身体脂肪组织的量,但是由于改变较慢,这些激素参与食物摄入的长期控制。瘦素主要是由脂肪组织分泌的,作用于下丘脑以减少饥饿感,它是评价能量平衡的重要指标,因为它在循环中的浓度与体脂成正比。

中高强度运动通过降低类生长激素释放和增加胃肠道释放GLP-1和YY肽暂时抑制食欲。许多研究发现在运动训练之后血浆YY肽浓度会增加,饥饿激素类生长激素会在人们体重下降时就显著增加。

第六章 心血管系统及其调控

运动引起肌肉对氧的需求量增加。在进行激烈运动时,人体的需氧量比安静时多出 15~25 倍。心肺系统的首要任务是为机体提供足够的氧气供应,以及移除身体组织产生的废物。心血管系统,又称为循环系统,扮演着供给运动肌肉氧气与营养的角色,同时具有调节体温的功能。呼吸系统和循环系统会以一个耦合单位的形式共同运作,呼吸系统为血氧提供来源及移除二氧化碳,而循环系统则负责依据各组织的需求运送充氧血和营养物质。

心血管系统主要的功能主要体现在六大方面:运输氧气及其他养分;排除二氧化碳及其他代谢产物;输送激素;调节体温;维持酸碱平衡及体液平衡;调节免疫功能。心血管系统包括:一个泵(心脏)、一个管道系统(血管)和一种液体媒介(血液)。心脏将养分与氧气泵出,通过动脉输送至全身,再通过微血管进行交换,最后经静脉将血液收集回心脏。当运动的时间越长,心血管系统在运动中扮演的角色就越重要。

为满足运动肌肉的氧需求,血流调用包括两个方面:①增加心输出量(即增加每分钟由心脏泵出的血流量);②将不活动器官的血流分配至活动的骨骼肌。在满足肌肉需求的同时,有些组织(如大脑)也需要有足够的血流通过,通过血流驱动力,也就是血压变化来进行血流的调控。

人体的循环系统是一个分布于全身各部的连续封闭管道系统,肌肉素可以促进血液回心,见图 6-1。血液通过动脉离开心脏,经由静脉回到心脏。循环系统之所以被视作为封闭的管道系统,是因为动脉与静脉会通过较小的血管相互连接而不中断。动脉大量地延伸分支,形成树状的小血管网络,当这些小血管已无法用肉眼观察时,它们被称为小动脉,而小动脉最终会发展成由更细的血管组成的毛细血管网。血液从毛细血管网流到小的静脉血管,也就是小静脉,随着小静脉回流,血管体积增加而成为静脉。主要的静脉会将血液汇入心脏,上腔和下腔的静脉血液在右心房混合汇聚,称为混合静脉血。

有规律的运动能增进心血管系统的功能,运动的效益源自于运动可使心血管系统有效率地输送血液。长期且有规律的运动能增强循环功能,如增加每搏

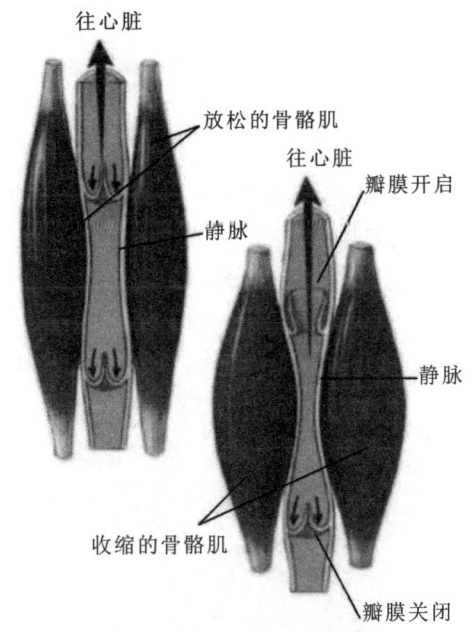

图 6-1　单向的静脉瓣活动和肌肉泵促进血液回心的示意图（据 Powers et al.,2017）

输出量和心输出量,降低收缩压和平均动脉压,以及改善血管的结构等。这些效益不仅在普通人身上能够显现,而且对于患有高血压或糖尿病的病人,长期有规律的有氧运动效益更加明显。在许多心血管疾病的危险因子之中,静态的生活方式被认为是导致心血管疾病的主要危险因子。事实上,静态的生活方式加上不健康的饮食习惯,比抽烟带来的危害还要大。因此,了解运动和静态生活对于心血管系统的作用及其机理,在运动生理学上是很有必要的。

第一节　心　脏

心脏位于胸腔,心脏主要是由心肌组织构成的,通过重复且有节律的收缩活动,将含氧血泵至身体各个部位,再将低氧血回流至肺部。人的心脏接近拳头大小,成人心脏重量为 250~350g。它位于脊柱之前,胸骨之后。心脏被一种双层的纤维层包裹,称为心包膜。这种纤维层组织可以保护心脏,将心脏固定在周边结构上以及预防心脏被过多的血液充盈。心包膜与心脏之间的腔体装满 10~20mL 的水样浆液,即心包液,它具有润滑及吸收振荡的功能。

一、心脏血流路径

心脏总共有 4 个腔室：左心房、左心室、右心房和右心室。心脏将血液泵出需要心房和心室的交替收缩和放松活动，血液由心脏泵出通过心脏瓣膜打开及关闭协同控制，使血液为单向地流动，如图 6-2 所示。

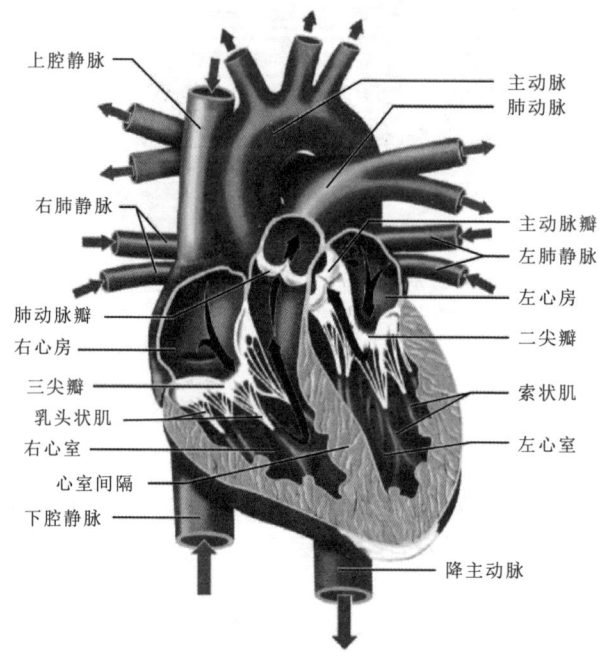

图 6-2 人体心脏的冠状切面图（据 Wilmore et al.，2012）

心脏有两个不同的泵单位，右边的泵将去氧的血液通过肺循环泵入肺脏，而左边的泵则把含氧的血液通过体循环泵至组织器官。体循环运输氧气和养分，收集代谢产物经由大静脉-上腔静脉及下腔静脉回到右心房。血液由右心房通过右房室口进入右心室。右心室血液通过肺动脉被送入肺脏。

当血液在肺脏充氧后，它会经过肺静脉运回到左心房。血液接着由左心房通过左房室口进入左心室。血液经由主动脉口离开左心室到达主动脉，然后流经全身组织器官。心脏内瓣膜可防止血液的逆流，并促使血液按一定的方向流经心脏。通过听诊器可以检测出心音的正常与否，不正常的心音可能显示因瓣膜的狭窄或脱垂使得部分血液逆流回到心房，当瓣膜的作用不全时，可通过手术来修复。罹患二尖瓣脱垂时,可能使得一部分的血液在左心室收缩时,逆流回左心房。这种情形经常发生在成年人中(占全国总人数的 6%～17%),但是除非有显著的逆流作用,一般很少有明显的症状。儿童与青少年常出现心杂音。此外,一些运动员也有心杂音,但不至于危害到运动表现,只要出现头晕、恍惚时就要特别关注。

二、心肌

心壁的结构可以分成 3 层,外层称为心外膜,由于它是心包膜的内层,它又被称为心包脏层;中层则为心肌层;内层则为心内膜,它与心脏内的血液直接接触,与血管的内皮细胞层联结在一起,覆盖心脏瓣膜。心肌负责收缩,并将血液挤压出心脏。心肌的厚度会因不同的心脏部位与承受压力程度而有所不同。在心脏的 4 个腔室中,左心室为强而有力的一个腔室。这个心室通过心肌收缩,将血液泵送至全身。当一个人坐着或站立时,血液会集中在下肢,左心室的唧筒作用(像注射的针筒一样的抽吸作用)需要足够的收缩力量才能克服重力的效应。

由于左心室必需发动相当大的力量才能将血液泵入主动脉中,因此其肌肉壁相对要比其他心腔室壁厚。当运动变得激烈时,尤其在强力的有氧活动时,人体肌肉需要的血液量明显增加,左心室必需泵出更多的血液到活动的肌肉。为顺应运动的需求,左心室将会产生适应性肥大。然而心肌也会因为一些疾病造成肥大,如高血压或心瓣膜疾病。然而,病理心脏和运动员心脏在机制上有很大的不同。

同骨骼肌一样,心肌必需依赖充足的血液供应才能满足氧气与养分的需求,以及处理掉代谢物质。虽然血液会流入心脏的各个腔室,但是供应心脏的血液是来自环绕在心脏外围的左、右冠状动脉,而这两条动脉是源自主动脉的底部。右冠状动脉分为两条动脉,一条为边缘动脉,另一条为后心室间动脉,运输血液到右边的心脏。同样地,左冠状动脉也形成两个分支,分别是左回旋动脉和前降支动脉。后心室间动脉与前降支动脉在心脏后下方交会。在心脏两次收缩之间(心舒期)会有较多的血流进入冠状动脉。冠状静脉和冠状动脉紧邻排列,并将所有的静脉血液导入冠状窦,进而将血液汇入右心房中。

当左心室收缩时,主动脉瓣膜打开,瓣膜打开的同时阻碍了血液灌入冠状动脉。当主动脉压力减少时,动脉瓣膜关闭,此时血液则可以流入冠状动脉。这样的机制使得冠状循环避免因高压而造成损伤。冠状动脉特别容易发生动脉粥样硬化,使其动脉变得狭隘而造成冠状动脉疾病。冠状动脉有时会有一些先天性的异常,如长度太短、阻塞或回路不正常,这经常是造成运动员猝死的主要原因之一。

　　维持冠状动脉稳定供血给心脏是非常重要的,因为即便是在安静状态下,心脏对于氧气和养分也有很高的需求。若冠状血管的血流被阻断,几分钟以后,心脏便会产生永久性伤害,这种伤害会造成心肌细胞死亡,通常称为心脏病发作或心肌梗塞。心脏病发作的严重程度取决于因此种危害而死亡的心肌细胞数目,也就是说,轻度的心脏病也许只会损害心脏的一小部分细胞,然而严重的心脏病发作可能会破坏大多数的心肌细胞;严重的心脏病发作会大幅降低心脏的泵能力。

　　心肌与骨骼肌的结构和功能有区别。首先,心肌纤维较骨骼肌纤维短,且彼此紧密排列连结;其次,心肌纤维通常具有分支,而骨骼肌纤维则呈细长状无分支;心肌收缩是自主性的,为不随意肌,而骨骼肌纤维的收缩则受意识控制,为随意肌。这是因为心肌存在特殊的心脏传导系统,它是由特殊的心肌细胞构成,心脏传导系统决定了心脏有能力启动与传导信号,完成独立的单收缩。尽管心肌纤维都具有内在的节律性,心肌还需传导系统协调其兴奋收缩过程以有效率的方式泵出血液。

　　还有一项差异,心肌纤维是由闰盘交互连结而成的,骨骼肌细胞则无闰盘结构,闰盘有桥粒连接能将细胞进行固定,使其收缩时不会被拉开。同时,闰盘还具有缝隙连接,能让动作电位快速传导,使心房或心室细胞同时收缩。这种细胞间的连结使兴奋得以快速地从一个细胞传至另一个细胞,闰盘能让离子从一个心肌细胞穿越至另一个肌细胞,因此,当一个心肌细胞因去极化而收缩时,所有连接的细胞都会被激活且同时收缩,这样的机制称为功能合胞体。心房和心室的心肌细胞之间会被一层结缔组织隔开,这层组织无法传递神经冲动,因此心房与心室不会同步收缩。

　　心肌和骨骼肌细胞的不同之处还在于形态,人类的心肌纤维无法区分成不同的肌纤维形态。心室肌含有一种和骨骼肌Ⅰ型慢缩纤维相似的肌纤维。但心肌纤维的线粒体数量远高于慢缩骨骼肌纤维,这种特性凸显了维持持续性有氧代谢对心脏的重要性。心肌与骨骼肌的收缩机制也不同。心肌是靠受体诱导Ca^{2+}释放而产生收缩的。动作电位沿着心肌纤维,经由缝隙连接迅速从一个细胞传到下一个细胞,同时通过横小管传到肌细胞内。心肌一旦受到刺激,Ca^{2+}就会通过横小管的二氢吡啶受体进入细胞。与骨骼肌不同的是,进入心肌细胞的Ca^{2+}量不足以引发心肌的收缩而只能启动另一个受体,称为兰尼碱受体,进而促使Ca^{2+}从肌浆网中释出。

心肌和骨骼肌的另外一个差异是肌纤维损伤后的恢复能力。骨骼肌纤维被其前驱细胞——卫星细胞包围,这些卫星细胞提供骨骼肌细胞损伤后的修复能力,然而,心肌纤维没有卫星细胞。虽然心肌和骨骼肌在许多特性上有差异,但它们也有共同点。例如,心肌和骨骼肌纤维都属于横纹肌,并且两者都含有收缩蛋白(肌动蛋白和肌球蛋白)。此外,两者都需要Ca^{2+}以活化肌原纤维,并且都通过肌纤维滑动的方式来产生收缩。此外,心肌和骨骼肌一样可以通过肌动蛋白和肌球蛋白重叠的多少来调整肌纤维的初长度,进而改变其收缩力。

三、心脏活动的内在控制

心脏的结构可以确保心脏有规律地收缩,使血液按照特定的方向由心脏流向肺循环和体循环。特殊的神经组织支配着心肌纤维,使心脏可以自主产生神经冲动。这样的能力被称为自动节律性,使其无需靠外在刺激就能产生兴奋。正常心脏的电位节律是从窦房结启动的,窦房结是一个位于右心房上端的特化心肌组织,这些特殊细胞能比其他心肌细胞更快速地产生自发性电位,它可以每分钟100次的频率发起动作电位。在功能正常的心脏中,窦房结是心脏收缩的节律点,而它建立的节律被称为窦性节律。电位信号被传递到两侧心房,以诱发收缩反应。神经冲动导向另一个特化的神经组织,它位于右心房的底部,被称为房室结。在神经冲动传至心室之前,房室结延迟神经冲动约0.13s的时间,使心房收缩早于心室收缩。始于房室结,神经冲动迅速地传递至两侧心室,首先通过房室束,接下来是左、右房室束分支,最终传达到浦肯野纤维,如图6-3所示。这些特化的心肌纤维,迅速地传导神经冲动至心室,因此在短暂的时间内,所有的心室肌组织同步收缩。这有助于确保血液以相当有效率的方式从心室中泵出来。

神经冲动经过房室结时延迟了0.13s。这种延迟保证了心房血液泵入心室,以便在心室收缩前有足够的血液充盈。

四、心脏活动的外在控制

心脏活动除了内在控制之外,还接受外在控制,包括自主神经系统和内分泌系统。外在控制可以调节心率,如训练诱发的安静时心搏徐缓(低于60次/min),以及进行身体活动时心率的增加。快速调控心率的两个主要神经因子是自主神经系统的交感和副交感神经分支。始于延髓心肺控制中枢的副交感神经

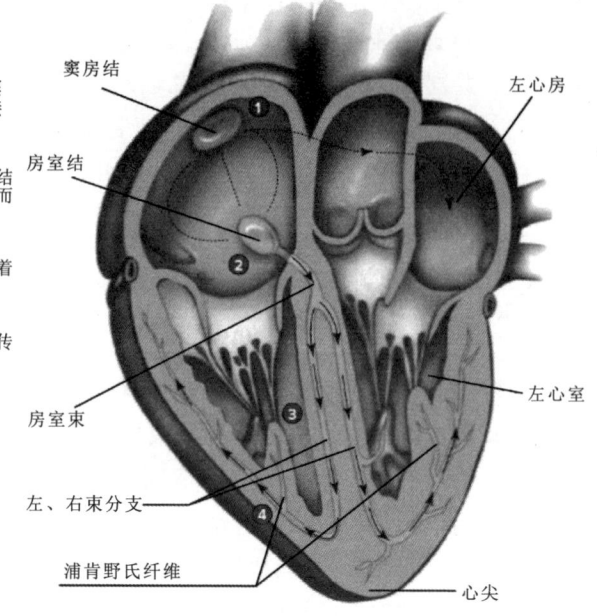

① 动作电位由窦房结(节律点)产生，从窦房结横越心房壁(沿着箭头方向)后，接着传至房室结

② 动作电位通过房室结后，沿着由房室结延伸出来的房室束穿越心脏纤维支架而传入心室中膈

③ 房室束分左右束分支，动作电位则沿着束分支向下分别传至两心室的心尖部

④ 动作电位由束分支顺着浦肯野氏纤维传至心室壁

图 6-3　心脏的传导系统(据 Powers et al.,2017)

纤维随迷走神经(脑神经 X)抵达心脏,释放出乙酰胆碱,支配着窦房结和房室结,造成传导细胞超极化,降低两者的活动并导致静息心率下降。副交感神经的刺激增强,将会降低心率,而移除副交感神经的刺激,心率则会上升。在人体安静状态下,心脏具有迷走神经张力。迷走神经具有抑制心脏的作用:它能减慢冲动激发频率及传导的速度,使心跳变慢。如果缺乏迷走神经张力,静息心率就会每分钟高达 100 次,但成人在正常安静时的心率是每分钟 60~80 次。当迷走神经受到强刺激时,心率可能降到每分钟 20~30 次。除此之外,迷走神经还会降低心肌收缩的力量。

而交感神经系统则有相反的作用。窦房结、房室结和心肌接受交感神经纤维的支配。交感神经刺激会增加冲动产生频率与传导的速率,进而加快心率。如交感神经受到刺激时,心率可以增至 250 次/min;此外,交感神经刺激还可使心肌收缩的力量增强。当一个人开始运动时,心跳会因为迷走神经张力的降低而加快,接着会因交感神经活化而提高心率。增加交感神经活性,心率会上升,移除交感神经刺激,则心率会下降。因此,无论是休息或运动时,心率是通过交感神经和副交感神经交替控制的。

一般认为,基本的心血管中枢位于延髓。休息时,主动脉血压上升且高于正常值,副交感神经刺激会增加,同时交感神经刺激减少,因而心率和心肌收缩力量下降,导致每次心跳泵出的血液量减少,并使血压恢复至正常的安静值。第3种外在的控制来自于内分泌系统。去甲肾上腺素是交感神经系统主要的神经递质,交感神经纤维在窦房结和房室结释放去甲肾上腺素,增加心率及心肌收缩力。由肾上腺分泌至血液的肾上腺素,也会增加心率。肾上腺素只有在肾上腺受到交感神经刺激时才会释放。正常安静心率一般介于每分钟60~100次,而长期(数月至整年)的耐力训练可能使安静心率下降至每分钟35次,有世界级的长跑选手曾被观察到安静心率低至每分钟28次。这些因训练导致较低的静息心率的情形,被认为是副交感神经的刺激增加和交感神经活性降低造成的。

五、心电图

当心脏产生电位变化时,通过体液传至皮肤表面,这种电性变化可以被心电图仪放大、检测,而此图形就被称为心电图(electrocardiogram,ECG)。通过心电图可以判断心脏是否有电性活动相关问题的存在。标准心电图是由来自10个解剖位置的电极记录的,这10个电极对应12个导联,以不同的角度观察心脏电位变化过程。

心电图有3个基本波形:P波、QRS复合波和T波。第1部分为由窦房结发出电脉冲传至左、右心房,造成心房肌收缩的P波(代表心房的去极化);第2部分为QRS复合波,在P波后约0.1s出现,代表心室去极化。第3部分是T波(代表心室复极化)。以上由P波到T波的活动称为一个完整的心电周期,如图6-4所示。心房复极化的波形则被QRS复合波覆盖,无法由心电图检测到。在心电图中,波高表示电位活动的总量,波的水平长度表示时间。ST段代表心室收缩之后直到心室舒张开始的间期,PR间期代表始于心房收缩开始至心室收缩开始的时间。

在运动压力测验过程中,ST段下降代表心肌局部缺血(血流量下降,造成输送到心肌的氧气不足)。造成心肌局部缺血常见的原因为冠状血管粥样硬化,降低流经冠状血管的血流量。如果在运动压力测验时ST段明显下降,需要进一步地诊断证明。心电图也可以被用来诊断其他心脏异常,例如,PR段增加或减少表示房室结功能不正常。通过心电图还可以测量心率。

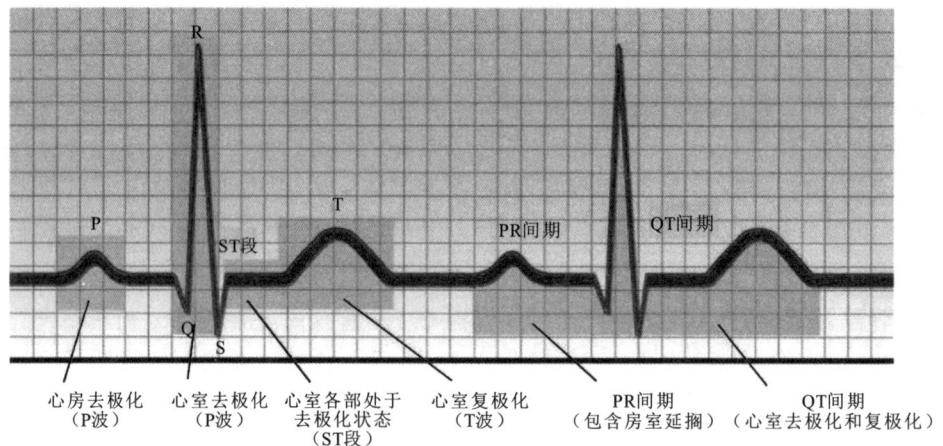

图6-4 安静时心电图不同时期的图示说明（据 Wilmore et al., 2012）

六、心律不齐

心律不齐指心跳或快或慢，超过了正常范围。心脏自律性异常或传导障碍可引起心动过速、过缓。心动过缓和心动过速是心律不齐的两种类型。心动过缓被定义为安静心率每分钟低于60次；心动过速是指每分钟安静心率高于100次。心动过缓和心动过速均能影响正常血压的维持。两种心律不齐的症状包括疲劳、晕眩、轻微头痛或昏厥。心动过速有时被认为是心悸。有趣的是高度训练的耐力运动选手在安静时会有心动过缓的现象，这是运动训练适应的现象，无需与病理上的心动过缓混为一谈，同样也无需因为运动造成的心跳加速，而评估为心动过速或其他潜在的心脏功能性疾病。

其他的心律不齐，例如室性早搏，一般是由于非窦房结产生冲动引起的，产生额外的心跳。当心房收缩次数达到每分钟200~400次时，称为心房扑动；心房纤维颤动则是快速不规则的跳动，为严重的心律不齐，将导致心室充血出现问题。室性心动过速是指3个或更多连续的期外心室收缩，是属于非常严重的心律不齐，心室组织随机且无法协调去极化，将可能导致心室纤颤。此情形一旦发生，心脏泵血的效果极差，可能只有少量或没有血液被泵出心脏。因此，必须在患者存活的几分钟内使用除颤器来电击心脏，使其恢复正常心律。

七、心泵功能的评价指标

(一)心动周期

心脏每舒张、收缩一次构成的机械活动周期,称为心动周期,它主要分为两个时期:心收缩期和心舒张期。心室舒张时,心房收缩;心室收缩时,心房舒张。心舒张期时,右、左心房分别充满来自体循环和肺循环的静脉血液。左、右心房同时收缩迫使血液通过房室口,协助心室舒张时填充血液。心房收缩大约0.1s时,血液注入心室,心室收缩挤压血液,使血液分别进入肺循环和体循环。

在安静状态下,心室收缩会射出心室里约2/3的血液,约1/3的血液留在心室中,在进入接下来的心舒期时,心室便进行血液充盈。安静心率若以每分钟75次来计算,一个心动周期约持续0.8s,其中0.5s心舒期,0.3s心缩期,可以看出在休息状态时心舒张期较长。假如心率由每分钟75次增加至每分钟180次(如剧烈运动时),那么心缩期和心舒期都会减少。心率的增加使心舒期大幅下降,心缩期所受的影响则较小。

当心房舒张时,血液会从静脉流进心房。由于充血,内部的压力会逐渐地上升。舒张时流进心房的血约有70%在心房收缩前便会通过房室口直接流入心室。当心房收缩时,心房压力上升,促使剩余的30%心房血液都进入心室,心室的压力上升。当心室充满血液时,其内的压力较低;而当心室开始收缩时,压力会急速上升,使得房室瓣关闭以避免血液回流至心房。一旦心室压力超过肺动脉压和主动脉压,肺动脉瓣和主动脉瓣便会打开,血液则被送入肺循环和体循环。房室瓣关闭(产生第一心音)及主动脉瓣和肺动脉瓣关闭(产生第二心音),由于同时关闭瓣膜,使得在听诊器下听到的心音有"嗵、嗒"的声音。

一般正常运作的心脏需要持续不断地供应氧气以进行有氧代谢。主要的冠状血管位于心脏外部表面。然而,当心脏腔室经历心缩期时,心肌会压缩组织内的血管,造成血流阻塞。因此,心脏组织需要在舒张期获得充足的血液供应,而运动训练可以降低安静心率和最大运动时的心率。较低的心率,心舒张期久,这样非最大运动时,较低的心率有助于确保充足的血液供给至心脏组织。这是为何有氧训练有较低的心率,是良好适应的理由之一。

(二)每搏输出量

每搏输出量(stroke volume,SV)是指一次心搏,一侧心室射出的血量,简称搏出量。下列公式说明每搏输出量(SV)、收缩末容积(ESV)和舒张末期容积(EDV)的关系：SV＝EDV－ESV。每搏输出量可受到 4 个因素影响：①静脉回心血量，又称为前负荷；②心室的顺应性，是指心室扩张时能允许最大灌注的血量；③心室的收缩力；④主动脉压或肺动脉压，它是心室收缩泵出血液时遇到的阻力，又称为后负荷。静脉回心血量与心室的顺应性影响的是心室的灌注能力，决定了血液进到心室的量及难易程度。心室的收缩力、主动脉压及肺动脉压则影响心室排空血液的能力。运动时，静脉血回流量增加，使心室舒张末期容积增加，这将提高心室的前负荷，心肌收缩力增强，从而使心室有较低的收缩末期容积。

心室收缩能力随心舒末期容积扩大而增加，这就是弗兰克·斯达林(Frank·Starling)机制。心舒末期容积的增加会使心肌纤维被拉长，以一种类似增加骨骼肌初长度的方式来提升心肌收缩力量。肌纤维初长度之所以能影响肌肉收缩力是由于心肌纤维初长度增加使肌球蛋白与肌动蛋白的横桥作用增强，因而产生较大的收缩力量。此外，肌纤维被拉长，会有更多的 Ca^{2+} 由肌浆网中释放。这些因素导致心肌收缩力增加。较大的心脏收缩力会增加每搏输出量。心舒末期容积扩大是由于静脉回心血量增加引起的，长时间站立时，血液由身体较低部位回流至心脏时，心血管系统需要机械性的辅助来克服重力，有 3 个机制可以帮助血液回流，主要包括以下几点：

(1) 静脉收缩。静脉包含瓣膜，仅允许血液朝单一方向流动，如此可以预防血液逆流或滞留在身体较低的位置。大部分的血液会贮留在静脉血管内。静脉系统有强大的能力储存血液，部分静脉血管的平滑肌具有非常好的弹性。因此，静脉系统提供较大的血液储留空间，可以迅速地将血液送回心脏(静脉回流)。此过程由心血管中枢进行调控，使静脉血管平滑肌产生交感性反射性收缩。此机制通过减少静脉可储存的血液容量来增加静脉回流量；当静脉储血量下降时，便将血液回流至心脏。

(2) 肌肉泵。骨骼肌收缩造成有节奏的机械性活动会挤压静脉形成肌肉泵，会挤压静脉并将血液往心脏方向推动。大静脉中的单向瓣膜具有防止血液逆流的功能。若是进行静态的肌肉收缩(如等长收缩)，则肌肉泵无法发挥作用，静脉回流量将减少。

(3) 呼吸泵。有规律的呼吸活动可形成促进静脉回流的机械泵。吸气时，胸膜腔内的压力减少而腹腔压力增加，这会形成由腹腔往胸腔方向的静脉血流，从而增加静脉回流至心脏的血液量。呼吸泵的角色在运动时会因呼吸频率和深度的增加而变得越发重要。有研究证实，在进行直立式运动时，呼吸泵是促进血液回流的主要因素之一。

还有影响每搏输出量的因素包括血液循环中的儿茶酚胺以及交感神经刺激作用。这两种机制都会通过提升心肌细胞的 Ca^{2+} 浓度来增加心肌收缩力,尤其儿茶酚胺会促使胞外 Ca^{2+} 进入心肌细胞,增加横桥活化的数量。不论心舒末期容积的大小如何,心脏交感神经刺激的增加会促使每搏输出量增加。

为了能泵出血液,由左心室产生的压力必需大于主动脉压,故主动脉压对心室射血作用来说是一种阻力。因此,每搏输出量与后负荷成反比,意味着主动脉压的增加会使每搏输出量减少。运动时由于小动脉扩张,动脉血压降低,后负荷减小,使心脏容易地泵出大量血液。如果血压上升,心脏供血将无法满足代谢的需求,会发生缺血性的反应。安静血压下降,是耐力训练或心血管训练的重要生理适应之一,因为它会减少心室克服后负荷的做功量。

对未经过训练的正常男性成人来说,每搏输出量大约为 70mL,女性由于体型较小,为 50~60mL。耐力训练会使休息状态时的交感神经活性下降和副交感神经活性增加,从而使休息时心率下降,耐力运动员休息时每搏输出量可达到 100mL。

(三)射血分数

射血分数(ejection fraction,EF)是指每搏输出量占心室舒张末期容积的百分比,可通过彩超进行检查,它是判断心力衰竭的重要指标之一,计算公式为:

$$EF=(EDV-ESV)/EDV\times 100\%$$

式中:EF 为射血分数;EDV 为心室舒张末容积;ESV 为心室收缩末容积。

射血分数是一个容积比率指标,它可以反映心室的射血功能。射血分数正常值为 50%~70%,它是临床上判断心脏泵血能力的指标。休息时,当射血分数增加(高于 60%),表示心室功能增强,反之若射血分数降低(小于 60%),代表心室功能不彰。

(四)心输出量

心输出量(cardiac output,CO)是指左心室或右心室每分钟泵出的血液量,即心率与每搏出量的乘积。一般以 L/min 或 mL/min 来表示。心输出量可依下列公式来测定:

$$\dot{Q}=HR\times SV$$

式中:$\dot{Q}$ 是以 mL/min 为单位的心输出量;HR 为每分钟的心跳次数(beats/min);SV 为心脏每搏输出血液的毫升数。以直立的姿势运动时,心输出量的增加是因心率与每搏输出量两者都增加的缘故。

一般未经训练的男性(70kg)与女性(50kg)在休息时的心率和每搏输出量分别约为每分钟72次和70mL,以及每分钟75次和60mL。因此,未经训练的男性和女性在休息时的心输出量,分别约为5L/min和4.5L/min。而成人全身的血量大约有5L,这意味着每分钟就有全身血液量由心脏泵出。经过训练的男性和女性平均在休息时心输出量与未经训练的男性和女性类似。然而有训练(特别是耐力训练)的个体在休息时的心率较低,为了维持相同的心输出量,有训练的个体在休息时有较高的每搏输出量。在身体活动中,最大心输出量可达35L/min。通过对心率和每搏输出量的控制,可以调节心输出量。

心率是如何影响心输出量的呢?心率受到窦房结以及自主神经系统的调控。在一定范围内,心率增加,心输出量也会增加,但当心率超过每分钟170次时,心室充血的时间就缩短,使得心搏量大幅减少,心输出量因此下降。当心率过慢时,心室舒张时间过长,超过心室充血量的极限,而使心输出量减少。因此,只有当心率适中时,心输出量才有可能达到最大。

支配心脏的副交感神经纤维源于延髓的心血管调控中枢的神经元,它们属于迷走神经的一部分。这些纤维会与窦房结和房室结结合。当副交感神经纤维受刺激时,这些神经末梢释放出乙酰胆碱,引起超极化,而减少窦房结和房室结的电位活动,最终减缓心率。因此,副交感神经系统扮演了"刹车"的角色,它引起心率降低。在安静状态下,迷走神经会传递神经冲动至窦房结及房室结,此现象通常被称为副交感神经张力。副交感神经张力降低会引起心率上升,而副交感活性增加则会减缓心率。运动初期心率的上升,是因副交感神经张力降减,交感神经系统对窦房结与房室结的刺激加强,促使心率上升。

在安静状态时,心脏副交感神经与交感神经活性保持平衡,需依赖延髓心血管调控中枢来维持。心血管调控中枢会接收来自循环系统信号,感知生理参数(如血压、血氧分压)的变化,并将神经冲动传至心脏,以响应心血管的变化。举例来说,当安静状态的血压升高至正常水平以上时,会刺激颈总动脉窦与主动脉弓的压力感受器,然后将神经冲动传至心血管调控中枢。心血管调控中枢增加心脏副交感神经活性以降低心率及减少心输出量,而心输出量的降低便会引起血压下降以恢复至正常水准。

另一调节性作用则与右心房的压力感受器有关。右心房压力的增加,会传送静脉回流增加的信息至心血管调控中枢,心血管调控中枢通过发送交感性神经冲动至心脏,使心率和心输出量增加。最终,使右心房血压降低以恢复至正常状态。最后,体温的改变也会影响心率。当体温升高超出正常范围时,心率增加,而当体温降低并低于正常范围时,心率则会下降。由于机体组织对血液灌流的需求与身体大小有关,心输出量除以身体表面积,即心指数,它也可以作为评估心脏功能的指标,正常人安静时的平均值为 $2.5\sim4L/m^2$。

第二节 血管系统

血管系统包含了一连串的血管,以便将血液运输到组织,并运回心脏。全身的血管可分为大动脉、中动脉、小动脉、毛细血管、小静脉、中静脉和大静脉等。动脉能将泵出心脏的血液运输到组织。动脉可分成外层的弹性纤维与胶原蛋白纤维、中层的弹性纤维与平滑肌纤维,以及内层的内皮细胞与结缔组织。大动脉是具有弹性的传导动脉,中动脉的功能是分布血流,而小动脉则具有调控组织血流的功能。主动脉是将离开左心室的血液输送到全身各部位的大动脉。主动脉分支形成较小的动脉,渐渐地变小,最后分支形成小动脉。小动脉由交感神经支配,它控制特定组织的血流。因此,小动脉有时被称为阻力血管。

静脉的结构与动脉类似,但是中层的弹性纤维较薄,平滑肌较少。小静脉只有弹性纤维、胶原纤维及内皮细胞。由于静脉的弹性纤维层较薄,静脉输送血液的能力较动脉差,但静脉仍可通过缩舒活动来调节回血,其静脉瓣可防止血液逆流。从小动脉到毛细血管(最为狭窄的血管),血管壁仅有一个细胞厚度,而血液与组织的交换几乎都发生在毛细血管处。毛细血管是连接小静脉与小动脉的单层血管,由单层的内皮细胞组成,是组织与血液交换气体、养分和代谢产物的地方。血液离开毛细血管流至小静脉,通过小静脉再汇集成中静脉。心脏以下的静脉会汇集到下腔静脉,而心脏上方的静脉则汇集到上腔静脉。血液离开毛细血管经小静脉汇聚最大的静脉,再返回心脏。

一、血压

血压是血液在血管壁上产生的压力,一般是指动脉血压。动脉血压包括:收缩压(systolic blood pressure,SBP)与舒张压(diastolic blood pressure,DBP)。数值较高的是收缩压,代表心室收缩时,动脉产生的压力。数值较低的是舒张压,代表心室充盈时动脉产生的压力。一般而言,动脉血压是通过血压计(血压束带)和听诊器测量肱动脉的。一般的动脉血压测量值 120mmHg/80mmHg,是针对肱动脉而言的。

然而,其他部位的动脉血压与肱动脉血压是有一定差异的。血压最高值出现在左心室,其次是主动脉,接下来因为血管半径持续缩小,血流阻力上升,血液流经大动脉、小动脉和毛细血管时,血压逐渐下降。静脉血压相较于动脉系统显得非常低。

平均动脉压(mean arterial pressure,MAP)代表血液流经动脉产生的平均压力。在正常心动周期中,由于心舒时间是心缩时间的2倍,平均动脉压可以由舒张压与收缩压进行估计:MAP=2/3DBP+1/3SBP,可换算成:MAP=DBP+[0.333×(SBP-DBP)]。

为何平均动脉压不单纯以收缩压和舒张压的平均值来表示?在心动周期中,大部分时间血压都较接近舒张压,而非收缩压,因此平均动脉压会小于收缩压和舒张压的平均值。

血压的基本控制中枢位于延髓的心血管中枢,血压受自主神经系统调节。它通过交感神经调节小动脉的管径和张力,控制血压的上升或下降。人体血压的特殊感受器位于主动脉弓和颈动脉窦,统称为压力感受器,即感受动脉压的变化,再由心血管调控中枢对血压产生自主的反射调节。当血压升高时,压力感受器会受刺激而产生兴奋,传递信息给心血管调控中枢。迷走神经驱动力反射性升高,降低心率并减少交感神经活动,从而降低血压恢复至正常值;当血压降低时,交感神经的活动得到加强,从而增加心搏出量。除了心搏量会改变之外,小动脉的管径会经由压力感受性反射而发生改变,造成血管收缩血压上升。此外,还有其他的特殊感受器,例如主动脉体与颈动脉体上的化学感受器会感知血液中O_2、CO_2以及H^+浓度变化,从而调整呼吸及影响血压。当氧分压降低、CO_2和H^+浓度升高时,化学感受器产生的神经冲动会刺激心血管中枢,引起血管收缩、血压上升。在运动中,这些感受器对血压的调控特别重要。

肾素-血管紧张素系统也是调节血压的重要机制。肾素能将血管紧张素原转化成血管紧张素Ⅰ,再经过转化酶将血管紧张素Ⅰ转换成血管紧张素Ⅱ,刺激小动脉收缩,引起血压升高,并诱发儿茶酚胺分泌,增加心输出量。

血管的血压对于血液循环极为重要,因为血流会由压力高的区域流向压力低的区域。遵循这样的原则,血液由主动脉流向动脉,毛细血管,静脉。

血液循环遵循物理法则。血液流速与血管两端或两个腔室的压力差成正比。因此,增加两个区域之间的压力差,是增加循环血流速度的方法之一,例如增加心肌收缩力。另一个增加血液流速的方法是减少血流的阻力,可通过公式来说明压力与阻力对血液流速的影响:血液流速=压力差/血流阻力。若血压力差增加一倍,则血液流速会倍增,反之,若血液阻力倍增,则血液流速会减少一半。

血流的阻力是受多种因素影响。首先,血管越长,血流的阻力越大。其次,血液的黏滞性越高,血流的阻力越大。在正常的情况之下,血液的黏滞性在休息和身体活动时会有变化,如脱水会增加血液的黏滞性。最后,通过改变血管的口径可以影响血流的阻力。血管口径以相对较小的变化,对血流产生极大的影响,因为血管口径缩小一半,大约会增加 16 倍的血流阻力。血管内壁的粥状硬块堆积,使血管口径变小,会增加血流阻力,因而血压必需上升以维持血流。

血压受到诸多因素的影响。如果心输出量增加,动脉血压将会上升,因为有更多的血液注入动脉中。因此,身体活动时,血压会因为心输出量增加而上升。因为心输出量增加而上升的血压,部分由动脉容积弹性来补偿,当血液由左心室注入动脉时,动脉扩张。随着心输出量的增加,有更多的血液注入动脉,血管扩张的能力使血压上升的程度变小。动脉的容积会因有氧训练而产生适应性增加,而阻力训练对动脉容积的影响尚不明确。有训练使血管容积增加,有助于对抗心血管疾病。任何使血管容积减少的现象,都被视为对血管的健康产生负面的影响。研究证实,血压正常以及高血压个体,或是有较高的安静血压值的,从事有氧训练和力量训练后,可以显著降低休息时收缩压和舒张压。

二、血液动力学

若要了解组织血流的调节机制,必须先理解血压、血流及血液阻力之间的关系,而针对血流的生理性原理及上述因素的研究,称为血液动力学。血压的大幅度上升会危害人体健康,运动时血流速率的增加主要源于阻力下降,血压仅有小幅的提升。那么形成血流阻力的原因有哪些呢?血流的阻力可由公式推算:

$$阻力 = 血液黏稠度(\eta) \times 血管长度(L) / 血管半径(r)^4$$

器官血流量的变化主要是通过血管的收缩或舒张作用引起血管半径变化来调控的。由于小动脉为交感神经主要控制的部位,也使得小动脉口径的小变化可造成平均动脉压或局部血流的大变化。

三、血液的分配

在正常状况下,机体因组织需氧程度的不同而控制血流去向,代谢旺盛的组织供给较多的血液。休息时,肠胃和肝肾是主要的代谢器官,血流的分配以它们为主,它们得到的血流分配约为总循环量的 1/2,而骨骼肌血流量占心输出量的

15%～20%。当人体从休息转到运动时,血流在体内的分配会有剧烈的改变,以满足组织代谢的需要。据估计,只要8kg的骨骼肌中的血管完全开放,即可完全容纳全身的血液。

为了满足运动时机体对氧的需求,机体会增加较活跃的骨骼肌血流供应,减少不参与活动的器官,如肝、肾、胃、肠道等的血流量。运动中肌肉血流的增加及内脏血流的减少,与以最大摄氧量百分比表示的运动强度呈线性关系。骨骼肌小动脉血管的扩张程度取决于肌肉代谢氧需求量,即运动强度和运动单位的募集会决定骨骼肌的血流量。低强度运动比安静状态有更多的运动单位被募集,骨骼肌的血流量增加,而当达到最大运动强度时,有最多的运动单位被募集,而且会刺激骨骼肌产生局部血管舒张因子。在最大强度运动时,活动肌有可能需要100倍于安静时的血流量,而缩减脏器血流量是重要的增加肌肉血流方式之一,内脏的血流可降至安静值的20%～30%。

为了满足运动时骨骼肌活动代谢的需求,主要有两个血流调节机制:其一,增加心输出量,随着运动强度的增加,心输出量会大幅上升;其二,血流再分配到骨骼肌。但是运动时,骨骼肌产生张力,形成血液流通的阻力。尤其是在等长收缩时,15%～20%最大自主用力状态下,血流便受影响。当达到70%最大自主用力时,肌血流则完全被中断。不过,在节奏性运动中,肌收缩协助血液循环,尤其是肌肉泵作用,可以促进静脉血液回流。

从事轻度和中度运动时,皮肤血流量会增加。中等强度运动时,皮肤血流可达心输出量的1/3。不过,在力竭式运动中,为确保活动肌与脑部血液供给,小动脉与皮肤静脉因儿茶酚胺大量释放而收缩,皮肤血流量下降。若在热环境下从事剧烈运动,人有发生热病的风险。心缩时,心肌血流受影响,心舒时,心肌血流畅通。运动时,心跳加速,心舒时间缩短,使心脏本身的血液供给在极端情况下有困难。

运动时,供给脑部血流量由安静状态的15%下降至3%～4%,但实际上脑部的血流在运动时还是会略高于休息状态,这是由于运动时心输出量增加的缘故。在热与剧烈运动双重压力下,肾功能可能受影响,出现尿蛋白现象。为了有效率地提供给肌肉养分和氧气,长期运动训练可以有效率地将血液运送到组织和活动肌肉中去。当组织对养分及氧气的需求增加时,在组织中会生成新的血管,这在生理学上称为血管新生。除了形成新的毛细血管外,运动训练会募集平常关闭的毛细血管,从而增加肌肉血流量。因为运动训练而新生的毛细血管会与被募集的毛细血管形成有效率的毛细血管网,使得血管系统及活动肌纤维进行高效率的物质交换。然而,运动是怎样引起血流再分配的呢?

(一)内在控制

内在控制是通过小动脉的缩舒活动来调节局部组织养分和氧气供给的。身体组织根据代谢需求调节自身血流量。这种控制血流的任务,是由小动脉来承担的。人体通过调节不同器官小动脉的口径,以控制血流量。在安静状态时,骨骼肌血流阻力大,其血流量较低。运动时,骨骼肌小动脉血管舒张,其血流量增加。

人体中有3种血流内在控制形式。第一,人体的新陈代谢刺激局部组织产生血管舒张的物质。当组织氧气需求增加时,局部小动脉血管就舒张。当运动开始时,代谢速度加快、体温增加、血氧分压下降、营养物减少、代谢产物增加,发炎反应引起局部组织血流增加。第二,许多血管舒张物质可以在小动脉内皮产生,引发血管舒张。这些物质包括一氧化氮、乙酰胆碱、前列腺素及内皮源性超极化因子等。第三,血管本身的压力改变可导致血管舒张或收缩,即血管平滑肌收缩,增加血管壁压力;平滑肌放松,减少血管壁压力。

(二)外在控制

血流重新分配是由外在神经控制的,而且这种控制是源自心血管控制中枢,在动脉和小动脉壁内的平滑肌接受交感神经的支配。运动时由于交感神经刺激,内脏器官如肠胃道、肝脏、肾脏等或其他不活跃组织的小动脉阻力会上升,血液供应减少;而交感神经会刺激骨骼肌的小动脉,血管舒张,从而使骨骼肌的血流量大幅上升。此外,在小动脉血管舒张时会伴随多的骨骼肌毛细血管募集。

第三节 血 液

血液对调节正常身体功能提供许多帮助。对运动和竞技而言,血液有3个主要的功能:运输、体温调节和酸碱平衡。

一、血液组成和血量

血液可以分为两个主要的成分:血浆和血细胞,见图6-5。血浆是血液中像水或液体的成分,一般构成总血量的55%~60%。剧烈运动时,总血浆量可以下降大约10%,特别是在炎热/潮湿的环境中进行运动。然而,当训练产生适应时,或因为对炎热或潮湿的环境产生适应时,血浆量在休息时可以增加大约10%。血浆是由大约90%的水,7%血浆蛋白和3%营养物质、电解质、激素、酶、抗体和其他物质组成的。正常成人平均总血液量,男性为5~6L,女性为4~5L。

血细胞一般构成血液量的40%~50%。红细胞大约占血细胞量的99%,白细胞及血小板约占1%。白细胞通过吞噬作用或抗体破坏侵入人体的病菌,保护身体。成年人血液中每立方厘米(cm^3)约有7000个白细胞。白细胞包括嗜酸性粒细胞、中性粒细胞、嗜碱性粒细胞、单核细胞和淋巴细胞。血小板为细胞碎片,是构成血块的要素,主要作用为凝结血液,避免血液过度流失。在病理情况下,血管内有血小板形成的血块,会导致心脏病发作或中风。红细胞于总血量所占的百分比,称为红细胞比容,一般成年男性正常范围为41%~50%,成年女性为36%~44%。

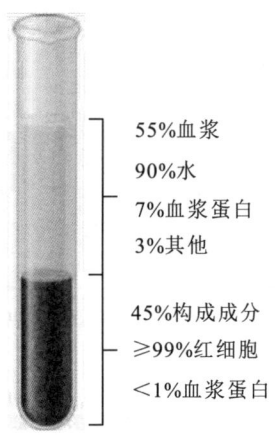

图6-5 血液主要成分
(据 Powers et al.,2017)

对有氧训练产生适应时,红细胞数量会增加而使红细胞比容增加。同时伴随着血浆量大幅度增加,总体的效应是引起红细胞比容稍稍下降。运动训练引起血液量的增加具有重要的生理意义。急性运动造成血浆量的减少主要归因于增加的血压迫使血浆移出血管,血浆量的减少导致血液浓缩,红细胞比容相对增加。这样的改变提高血液的携氧量,有助于运动的进行。虽然血液浓缩会增加血液的黏滞性,但不同于一般运动过程中的血液黏滞性增加。

运动训练引起全身血量明显增加,主要是因为全身血浆量增加的缘故。另外,训练引起红细胞数目增加也可能是使血量增加的一个原因,而这两项因素(即血浆量和红细胞增加)都有助于运动中氧气的运送,而且血量的增加会使心室的前负荷增加,心搏量也因此增加。目前认为训练引起血浆量增加的生理机制有两方面:其一是激素的调节,主要是抗利尿激素与醛固酮的分泌增加,使肾脏对水分的再吸收增加;其二是由于血浆蛋白大量增加,造成血管内渗透压增加,这两种机制都会引起全身血浆量的增加。

二、红细胞

成熟红细胞主要的作用是运送O_2,并在组织结合CO_2,将其送至肺部排出体外。红细胞可以运送O_2的原因是内含血红蛋白,它是由珠蛋白和含铁色素组成的。红细胞的产生和破坏是一个动态平衡的过程。红细胞数量与功能的降低会妨碍 O_2 的输送,进而影响运动表现。当献血 500mL 时,会减少总血量及循环中红细胞数的 8%~10%。献血者被嘱咐补充流质营养,因为血浆的主要成分是水,简单的液体补充到恢复正常的血浆量的时间,需要 24~48h。然而,至少需要 6 周的时间来恢复红细胞的数量和功能。血液流失过多将降低耐力运动员的氧气输送能力,从而使运动表现受到影响。

红细胞运输氧气主要靠血红蛋白与氧气的结合。血红蛋白是铁卟啉化合物,每个血红蛋白分子又由 4 个吡咯类亚基组成一个环,环中心为一个亚铁离子。每个红细胞大约有 2 亿 5 千万个血红蛋白分子。每 1 个血红蛋白分子可以与 4 个氧分子结合,所以每个红细胞可以结合 10 亿个氧分子。每 100mL 血液中平均有 15g 血红蛋白,每 1g 血红蛋白可以结合 1.33mL 氧气,当动脉血氧饱和时,每 100mL 血液,可以结合 20mL 氧气。血液中含有越多的血红蛋白,就会有更大的携氧能力。

值得一提的是血红蛋白也可结合一氧化碳,其结合力为氧结合力的 200~300 倍。由于一氧化碳是主要的空气污染物,因此运动时应避免吸入污染的空气。成年人的红细胞是由身体中的长骨骨髓生成的。红细胞无法像身体其他细胞一样繁殖或修复,正常红细胞的生命周期较短,大约为 4 个月。

三、血液黏滞性

血液黏滞性是指血液"内摩擦"或"流阻",即血液内部阻碍其相对流动的一种性质。有关血管阻力的讨论中提到血液黏滞性越大,血流阻力越大。血液黏滞性大约为水的 2 倍。血液黏滞性随红细胞比容增加而增加。因为红细胞是运输氧气的载体,所以增加红细胞数量从理论上来说可增强血氧运输能力。但是,如果红细胞数量的增加,没有伴随血浆量的增多,血液黏滞性就会增加,血流速度将会降低。含有高血浆量的血液(低红细胞比容)将降低其黏滞性,血流速度将加快,这将对血氧运输功能有积极的影响。在低的红细胞比容的情况下,尽管血流速度加快了,血液携氧能力却降低了。这样氧运输能力便受到了负面的影响。因此,机体既具有低的红细胞比容,又具有较多的红细胞数有利于运动表现的增强。

第七章 呼吸系统及其调控

呼吸是机体与外界环境之间进行气体交换的过程。呼吸与心血管系统联合构成氧运输系统,将 O_2 送往至组织,同时将 CO_2 从组织中移除。呼吸的全过程包括 3 个环节:①外呼吸,它是指肺毛细血管血液与外界环境之间进行气体交换的过程,包括肺通气和肺换气两个过程,前者是指肺泡与外界环境之间的气体交换过程,后者则是指肺泡与肺毛细血管血液之间进行气体交换过程;②气体运输,它是指 O_2 和 CO_2 在血液中的运输过程,这是衔接外呼吸和内呼吸的中间环节;③内呼吸,它是指组织细胞与组织毛细血管之间进行气体交换以及组织细胞内的氧化代谢的过程,其中组织细胞与组织毛细血管之间的气体交换过程也称为组织换气。这 3 个环节相互衔接且同时进行。呼吸系统是人体与外界环境进行气体交换的一系列器官的总称,包括鼻、咽、喉、气管、支气管、肺和胸膜等组织器官。呼吸是机体维持正常代谢和生命活动必需的基本功能之一。呼吸系统的功能与循环系统的功能紧密相关,气体在肺部与外界环境之间进行交换依赖于肺循环,而在全身器官组织进行交换则依赖于体循环。此外,呼吸系统和肾脏共同调节机体的酸碱平衡,维持内环境的稳定。

第一节 肺通气

肺通气是指气体进出肺部的过程。实现肺通气的器官包括呼吸道、肺脏、胸膜腔、膈和胸廓等。呼吸系统的主要构造如图 7-1 所示。呼吸道是气体进出肺的通道,由鼻、咽、喉、气管、支气管组成。休息时,气体通常经鼻腔吸入到肺部,但当鼻腔吸入不足时,口腔就派上用场。用鼻子呼吸的好处是:气体通过鼻窦不规则表面获得加温与加湿;鼻甲搅拌吸入的气体,使灰尘及其他粒子依附在鼻黏膜上,除了极小的颗粒以外,这个动作能过滤掉大部分粒子,从而降低呼吸感染的风险。

从鼻子与口腔开始,气体将经过咽、喉、气管与支气管。此转运区域组成所

第七章　呼吸系统及其调控

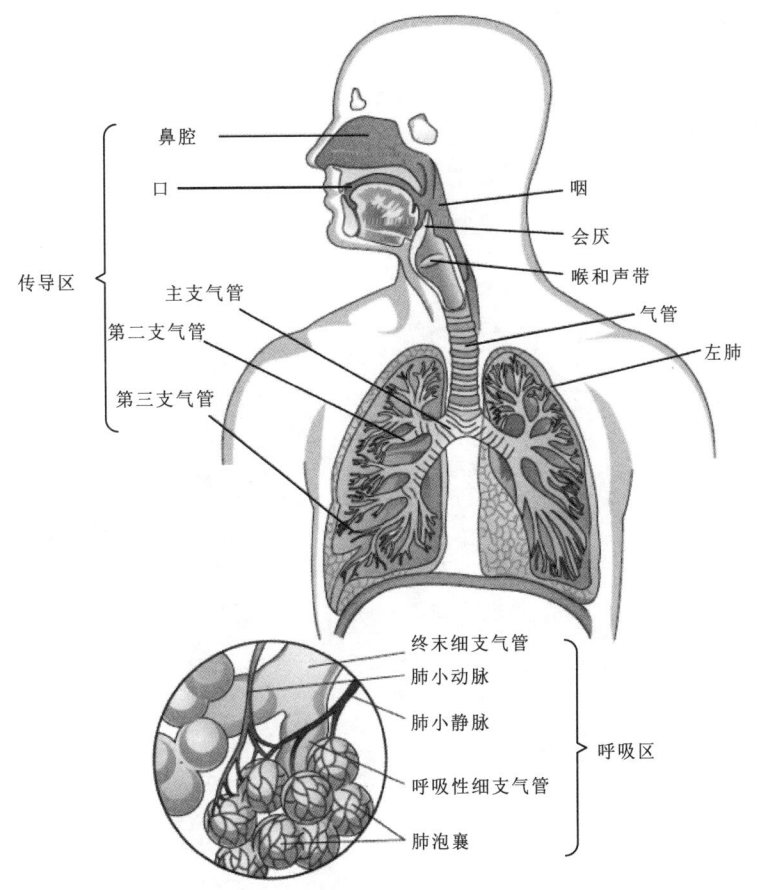

图 7-1　呼吸系统的主要构造(据 Polwman et al.,2013)

谓的"死腔"。因为每次呼出的部分气体会停留在这里,所以每次吸气时带入的体外气体会与这部分气体混合,形成混合气体抵达肺泡。这些解剖构造只有转运功能,因为气体不会在这些构造中产生交换,只有当气体抵达呼吸单位,即呼吸性细支气管与肺泡时,才会发生气体的交换。呼吸性细支气管主要功能还是运输气体,其部分区域含有肺泡,因此被包含于呼吸区。

肺部未直接附着于肋骨,而是悬挂在胸腔中。胸腔有双层膜状结构:沿着胸壁的胸膜壁层和沿着肺部表面的胸膜脏层。胸膜包裹着肺,两层之间具有液体,可以降低呼吸摩擦力。

呼吸肌的收缩和舒张引起的胸廓的扩大和缩小称为呼吸运动,包括吸气和呼气,前者引起胸廓扩大,后者则引起胸廓缩小。主要的吸气肌有膈肌和肋间外肌,主要的呼气肌有肋间内肌和腹肌。此外,还有一些辅助吸气肌,这些肌肉在用力呼吸时参与呼吸运动,如图7-2所示。

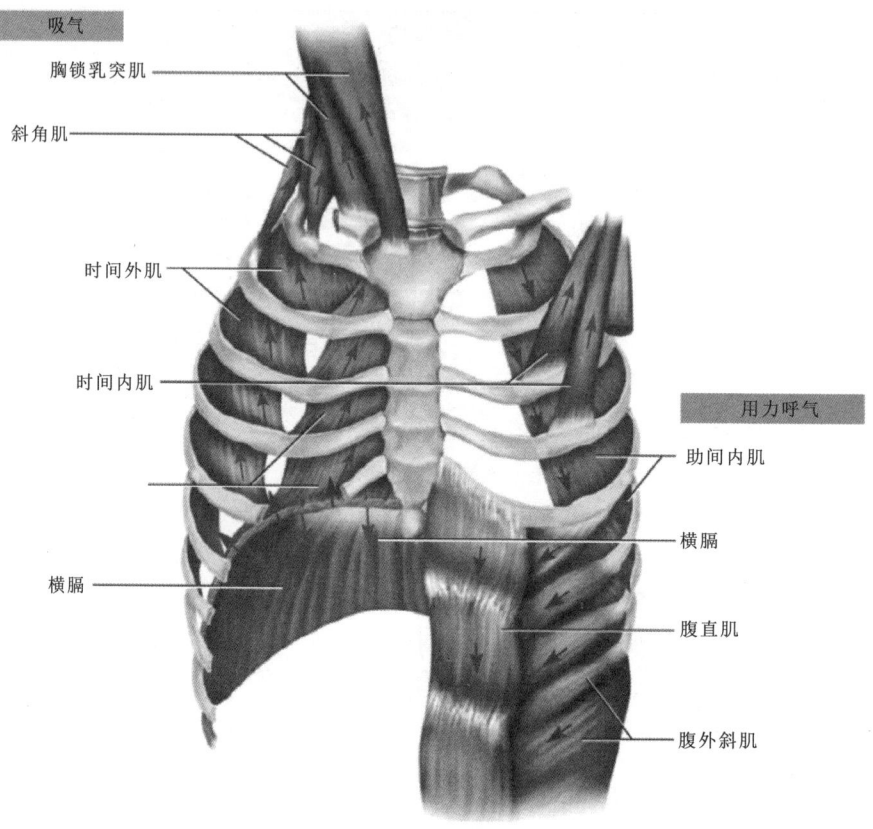

图7-2 呼吸肌示意图(据Powers et al.,2017)

一、吸气

平静呼吸时,吸气是由膈肌与肋间外肌主动收缩引起的。图7-3a呈现休息时横膈膜的位置与胸廓的大小。胸廓的形状类似于中空的圆锥体,上小下大。肋骨从上到下逐渐加长,并且由后向前下斜。肋间外肌起自上一肋骨的下缘,斜向前下方行走,止于下一肋骨的上缘。脊椎的位置是固定的,胸骨则可上下移动。当肋间外肌收缩时,肋骨和胸骨上举,同时肋骨下缘向外侧偏转,从而增大胸腔的前后径和左右径。膈肌位于胸腔和腹腔之间,构成胸腔的底,静止时向上隆起,形似穹隆;收缩时,隆起下移,从而增大胸腔的上下径。吸气时,胸腔的上下、前后和左右径都增大,引起胸腔扩大,肺的容积随之增大,肺内压力降低。根据波义耳定律,肺内压下降,低于外界环境气压时,气体将被迅速送往至肺部,以消除气压差,这一过程称为吸气。

如图 7-3b 所示,胸廓扩张,增加肺内容积。休息时,在标准大气压力下,吸气造成肺内压下降幅度仅为 2～3mmHg,然而在力竭性运动中,肺内压的下降幅度则可达 80～100mmHg。在用力吸气时,除膈肌和肋间外肌收缩外,辅助吸气肌也参与收缩,控制第一对肋骨和胸骨运动的胸锁乳突肌,斜方肌(前、中、后)及胸肌参加收缩,可使胸骨柄及第一对肋骨向上向外提起,扩展胸廓上部,胸廓和肺的容积进一步扩大,气体进入肺内,这些肌肉将肋骨上提到高过正常呼吸的位置。

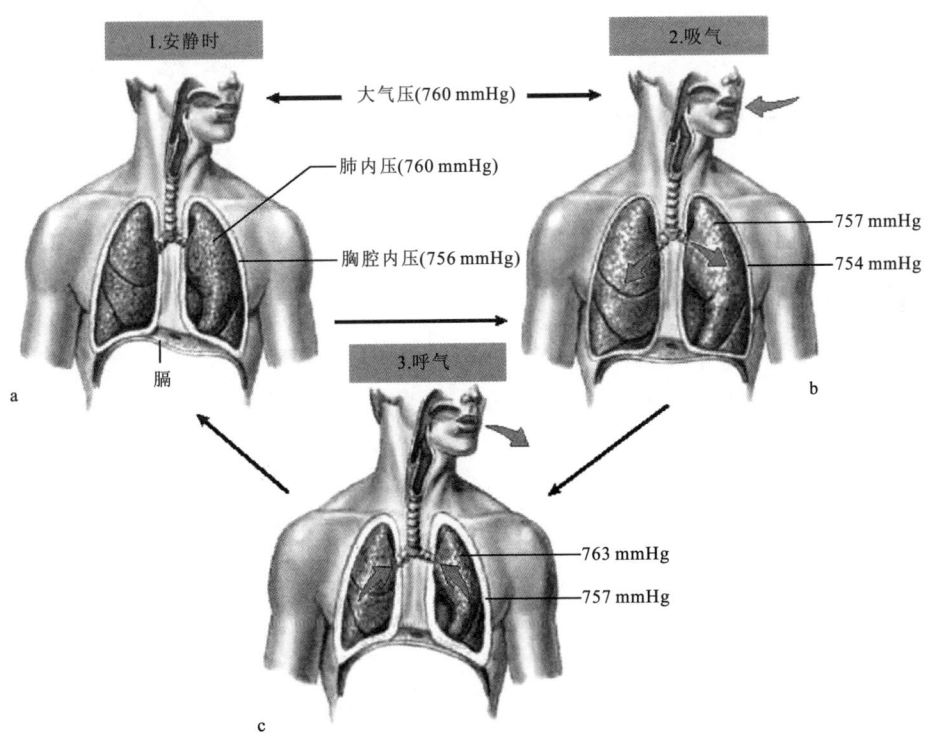

图 7-3 吸气与呼气的机制图示(据 Powers et al.,2017)

二、呼气

平静呼气时,呼气肌不进行主动收缩,而是由膈肌和肋间外肌舒张所致,是一个被动的过程。横膈膜恢复到正常向上、呈"弓"形的状态;当肋间外肌舒张时,肋骨与胸骨回到休息位置(图7-3c)。膈肌和肋间外肌舒张牵引胸廓和肺部按其自身的弹性回位,使胸廓上下径、前后径和左右径缩小,从而引起肺的容积减小,肺内压升高。当肺内压高于大气压时,气体由肺内流出,这一过程称为呼气。用力呼气时,除吸气肌舒张外,呼气肌主动参与收缩。背阔肌与腰方肌辅助肋间内肌主动下拉肋骨。腹部肌肉收缩,腹内压升高,迫使腹肌上顶横膈膜,加速其恢复至穹隆状态,而这些肌肉也会将肋骨架向下与向内拉。

伴随呼吸而产生腹内压力与胸内压力变化,有助于静脉血回流至心脏,与腿部肌肉泵合力辅助静脉回流。当腹内压力上升时,血液将被送回心脏;当压力下降时,静脉将被充血。腹部与胸廓压力的变化将挤压静脉血,并通过挤压动作帮助回流,此为呼吸泵,对维持足够的静脉回流有重要的意义。

三、通气功能评价

(一)肺容积和肺容量

1. 肺容积

肺容积是指不同状态下肺容纳的气体量,随呼吸运动变化。如图7-4所示,通常肺容积可分为潮气量、补吸气量、补呼气量和余气量,它们互不重叠,全部相加等于肺总量。潮气量是指每次呼吸时吸入或呼出的气体量。正常成年人平静呼吸时潮气量为400~600mL。运动时,潮气量增大。补吸气量是指平静吸气末,再尽力吸气吸入的气体量。正常成年人的补吸气量为1500~2000mL。它反映吸气的储备量。补呼气量是指平静呼气末,再尽力呼气能呼出的气体量。正常成年人的补呼气量为900~1200mL。它反映呼气的储备量。余气量是指最大呼气末尚存留于肺内不能再呼出的气体量。正常成年人的余气量为1000~1500mL。余气量的存在可避免肺泡在低肺容积条件下发生塌陷。

2. 肺容量

肺容量是指肺容积中两项或两项以上的联合气体量。肺容量包括深吸气量、功能余气量、肺活量和肺总量。深吸气量是指从平静呼气末做最大吸气时吸入的气体量。它是潮气量与补吸气量之和,是衡量最大通气潜力的指标之一。功能余气量是指平静呼气末尚存留于肺内的气体量。它是余气量与补呼气量之和,正常成年人约2500mL。功能余气量的生理意义是缓冲呼吸过程中肺泡气

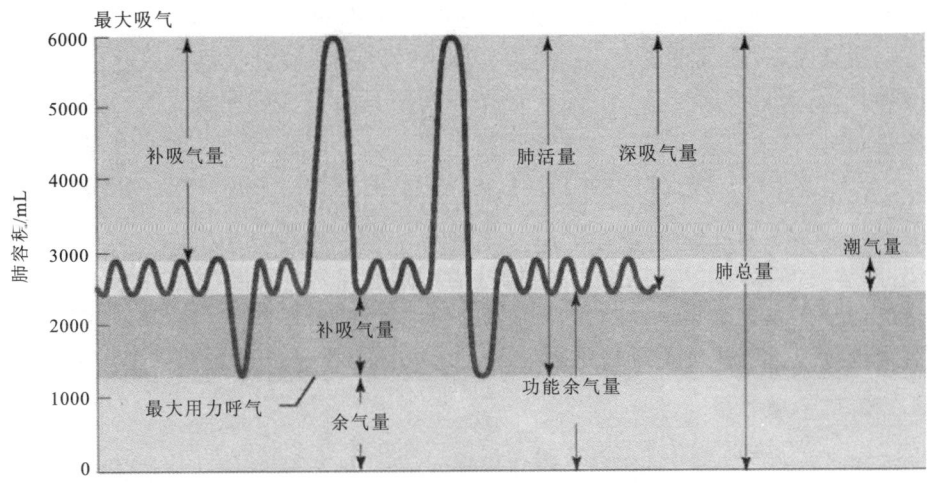

图 7-4 安静时的肺容积与肺容量(据 Powers et al.,2017)

O_2 分压(PO_2)和 CO_2 分压(PCO_2)的变化。这样,肺泡气和动脉血的 PO_2 和 PCO_2 不会随呼吸发生大幅度波动,从而有利于肺换气。

肺活量是指尽力吸气后,从肺内能呼出的最大气体量。它是潮气量、补吸气量与补呼气量之和。肺活量有较大的个体差异,与身材大小、性别、年龄、体位、呼吸肌强弱等因素有关。正常成年男性的肺活量平均约为 3500mL,女性约为 2500mL。因其测定方法简单,重复性好,肺活量是肺功能评估的常用指标,它反映肺一次通气的最大能力。用力肺活量(forced vital capacity,FVC)是指一次最大吸气后,尽力尽快呼气能呼出的最大气体量。正常时,用力肺活量略小于在没有时间限制条件下测得的肺活量。用力呼气量(forced expiratory volume,FEV)是指一次最大吸气后尽力尽快呼气,在一定时间内能呼出的气体量。为排除肺容量的影响,通常以第 1s、2s、3s 末的 FEV/FVC 来表示,正常人分别约为 83%、96% 和 99%。肺总量指肺能容纳的最大气体量,它是肺活量与余气量之和,其大小因性别、年龄、身材、运动量和体位改变而异,成年男性平均约为 5000mL,成年女性约为 3500mL。

(二)肺通气量和肺泡通气量

1. 肺通气量

肺通气量是指每分钟吸入或呼出的气体总量,它是潮气量与呼吸频率的乘积。正常成年人平静呼吸时,潮气量约为 500mL,呼吸频率为 12~18 次/min,则肺通气量为6~9L/min。肺通气量随性别、年龄、身材和活动量的不同而异。

运动时,肺通气量增大。在尽力作深、快呼吸时,每分钟吸入或呼出的最大气体量,称为最大通气量。它反映单位时间内充分发挥更大通气能力达到的通气量,它是评估机体有氧耐力的生理指标之一。正常成年人最大通气量一般可达150L,为平静呼吸时肺通气量(6L/min)的25倍。对平静呼吸时每分通气量与最大通气量进行比较,可了解通气功能的储备能力,通常用通气储量百分比表示,即通气储量百分比=(最大通气量-平静通气量)/最大通气量×100%,其正常值应等于或大于93%。肺或胸廓顺应性降低、呼吸肌收缩力量减弱或气道阻力增大等因素可使最大通气量减小。

2. 肺泡通气量

每次吸入的气体,有一部分留在鼻或口至终末细支气管之间的呼吸道内,不参与肺泡与血液之间的气体交换,这部分传导性呼吸道的容积称为解剖无效腔。解剖无效腔与体重相关,约2.2mL/kg。体重为70kg的成年人,解剖无效腔约为150mL。进入肺泡的气体也可因血流在肺内分布不均而不能全部与血液进行气体交换,未能进行气体交换的这部分肺泡容积称为肺泡无效腔,肺泡无效腔与解剖无效腔一起合称为生理无效腔。

由于无效腔的存在,每次吸入的新鲜空气不能全部到达肺泡与血液进行有效的气体交换,因而肺通气量不能全面反映气体交换的状况。为了计算真正有效的气体交换量,应以肺泡通气量为准,它是指每分钟吸入肺泡的新鲜空气量,等于潮气量和无效腔气量之差,再与呼吸频率的乘积。如果潮气量为500mL,无效腔为150mL,则每次吸入肺泡的新鲜空气量为350mL。若功能余气量为2500mL,则每次呼吸仅使肺泡内的气体更新1/7左右。若潮气量减少或功能余气量增加,均可使肺泡气体的更新率降低,不利于肺换气。此外,潮气量和呼吸频率的变化对肺通气量和肺泡通气量有不同的影响。在潮气量减半和呼吸频率加倍或潮气量加倍而呼吸频率减半时,肺通气量保持不变,但是肺泡通气量发生明显变化。在一定的呼吸频率范围内,与浅而快的呼吸相比,深而慢的呼吸可以增加肺泡通气量,气体更新率更高,呼吸更有效。

第二节 肺换气

肺换气有两大主要功能:一是补充血液的O_2;二是移除静脉血中的CO_2。肺泡有如成串的葡萄或气囊,位于细支气管的终端。毛细血管在肺泡囊上形成紧密的网络,而且细小到一次只能通过一个红细胞。

一、肺换气的基本原理

气体分子不停地进行无定向的运动,当不同区域存在气压差时,气体分子将从气压高处向气压低处发生净转移,这一过程称为气体的扩散。混合气体中各种气体都按其分压差由分压高处向分压低处扩散,直到取得动态平衡。肺换气和组织换气均以扩散的方式进行。单位时间内气体扩散的容积称为气体扩散速率。根据 Fick 弥散定律,气体在通过薄层组织时,扩散速率与组织两侧的气体分压差(ΔP)、温度(T)、扩散面积(A)和气体分子溶解度(S)成正比,而与扩散距离(d)和气体分子量(MW)的平方根成反比。气体扩散速率与各影响因素的关系如下式所示:

$$D \propto \frac{\Delta P \cdot T \cdot A \cdot S}{d \cdot \sqrt{MW}}$$

(一)呼吸膜

肺泡与毛细血管进行气体交换需通过呼吸膜,呼吸膜又称气血屏障。其主要功能是交换气体。呼吸膜非常薄,气体易于扩散通过。人体呼吸面积大,而肺毛细血管总血量只有 60~140mL,血液层薄,在近 3 亿个肺泡里的气体量与微血管中循环血量匹配,非常有利于气体交换。肺毛细血管直径平均约 5 μm,红细胞需要挤过肺毛细血管。因此,红细胞膜通常能直接接触到毛细血管壁,O_2 和 CO_2 不必经过血浆层就可到达红细胞或进入肺泡中,扩散距离短,交换速度快。运动时,血流加速,缩短了气体在肺部的交换时间。正常成年人两肺的总扩散面积约为 70m^2。在安静状态下,用于气体扩散的呼吸膜面积约为 40m^2,因此有相当大的储备面积。运动时,肺毛细血管开放数量和开放程度增加,有效扩散面积将大大增加。

(二)通气/血流比值

休息时肺脏每分钟血流为 4~6L。肺循环和体循环的血流量相当。然而,肺脏血管的血压与血管阻力不同于体循环,肺动脉的平均压力约为 15mmHg(收缩压约为 25mmHg,舒张压约为 8mmHg),而主动脉的平均压力约为 95mmHg。静脉血液从肺部回流至左心房,该处压力约为 5mmHg。

通气/血流比值是指每分钟肺泡通气量($\dot{V}_A$)和每分钟肺血流量($\dot{Q}$)的比值

($\dot{V}_A/\dot{Q}$)。正常成年人安静时,通气/血流比值约为 0.84(4.2/5),意味着两者比例合适,气体交换率高。如果该比值增大意味着通气过度或血流相对不足,部分肺泡气体未能与血液气体充分交换,致使肺泡无效腔增大。反之,该比值减小则意味着通气不足或血流相对过多,部分血液流经通气不良的肺泡,混合静脉血中的气体不能得到充分更新,犹如发生了功能性动-静脉短路。因此,无论该比值增大或减小,都表明两者匹配不佳,气体交换的效率均会降低,导致机体缺 O_2 或 CO_2 潴留,尤其是缺 O_2。当通气/血流比值异常时,主要表现为缺 O_2 的原因在于:①动、静脉血液之间 PO_2 差远大于 PCO_2 差,当发生动-静脉短路时,动脉血 PO_2 下降的程度大于 PCO_2 升高的程度;②CO_2 的扩散系数约为 O_2 的 20 倍,CO_2 扩散比 O_2 快,不易潴留;③动脉血 PO_2 下降和 PCO_2 升高时,可刺激呼吸,增加肺泡通气量,有助于 CO_2 的排出,但几乎无助于 O_2 的摄取。通气/血流比值可作为衡量肺换气功能的指标。

健康成年人安静时的 $\dot{V}_A/\dot{Q}$ 为 0.84 是全肺的平均水平,但肺泡通气量和肺毛细血管血流量在肺内的分布是不均匀的,各个局部的 $\dot{V}_A/\dot{Q}$ 不相同。如人处于直立位时,由于受重力作用的影响,从肺底部到肺尖部,肺泡通气量和肺毛细血管血流量都逐渐减少,但血流量的减少更为显著,因而肺尖部的 $\dot{V}_A/\dot{Q}$ 较大,可高达 3.3,而肺底部的 $\dot{V}_A/\dot{Q}$ 较小,可低至 0.63。虽然正常情况下存在肺泡通气和血流的不均匀分布,但从总体上来说,呼吸膜面积远超过肺换气的实际需要,这样不明显影响 O_2 的摄取和 CO_2 的排出。

二、肺换气的过程

肺泡与血液的气体分压差形成跨越呼吸膜的气体压力梯度,这是肺换气的基础。

(一)氧气交换

标准大气压力下,大气的氧分压是 159mmHg,但当气体被吸入肺泡后,气体会被湿润并与肺泡中的气体混合,氧气压将下降至 105mmHg。肺泡气体含饱和水蒸气,且比吸入气体含有更多的二氧化碳;水蒸气压力与二氧化碳分压的上升,都会使肺泡总压力提升。肺部的新鲜空气通常会与肺泡气体混合,但有些肺泡气体会被呼出到外部环境,因此肺泡气体的浓度保持相当稳定。血液里许多氧气被组织利用以响应代谢需求,进入肺微血管的氧分压通常是 40mmHg 左右,比肺泡内的氧分压少了 60~65mmHg。此压力梯度驱使氧气从肺泡进入血液,以平衡呼吸膜两边的氧分压。

肺静脉的氧分压是 100mmHg,与肺泡气体与肺微血管里的 105mmHg 不同,之间的差异来自 2% 的血液从主动脉分流后直接送往肺脏,以满足肺脏本身的需求,这些血液的氧分压较低,且与刚完成气体交换而回流至左心房的完全饱和血一起进入肺静脉,这些血液混合在一起降低了回流至心脏血液的氧分压。

从事最大强度运动时,氧扩散能力可比休息时高出 3 倍,因为运至肺脏的血液饱和程度很低,所以从肺泡到血液的氧分压梯度较大。休息时,通过肺脏的循环非常没有效率,主要是肺脏上部受到重力影响而显得灌流不足。休息时仅肺脏下半部有血液灌流,而运动时由于血压上升,流经肺脏的血液较多,增加了肺脏的灌流。

(二)二氧化碳交换

二氧化碳和氧气一样,随着压力梯度而动。肺动脉的二氧化碳分压约为 46mmHg,而肺泡内的二氧化碳分压约为 40mmHg。虽然两者之间仅造成 6mmHg 的压力梯度,但是这足以引起二氧化碳的交换。二氧化碳的扩散系数比氧气大 20 倍,因此二氧化碳能更快速地扩散穿越呼吸膜。

第三节 气体在血液中的运输

血液是运输 O_2 和 CO_2 的媒介。经肺换气摄取的 O_2,通过血液循环运输到机体各器官和组织,供细胞利用;细胞代谢产生的 CO_2,经组织换气进入血液循环,运输到肺部排出体外。O_2 和 CO_2 均以物理溶解和化学结合两种形式进行运输。虽然血液中以物理溶解形式存在的 O_2 和 CO_2 很少,但很重要,起着"桥梁"作用。在肺换气或组织换气时,进入血液的 O_2 或 CO_2 都是先溶解在血浆中,提高其分压,再发生化学结合;O_2 或 CO_2 从血液释放时,也是溶解的先逸出,降低各自的分压,然后化学结合的 O_2 或 CO_2 再解离出来,溶解到血浆中。物理溶解和化学结合两者之间处于动态平衡。下面主要讨论 O_2 和 CO_2 的化学结合形式的运输。

一、氧的运输

血液中的 O_2 约 1.5% 以物理溶解的形式运输,其余 98.5% 则以化学结合的形式运输。红细胞内血红蛋白(hemoglobin,Hb)的分子结构特征使之成为有效地运输 O_2 的载体,它也参与 CO_2 的运输。

(一)Hb 的分子结构

Hb 分子由 1 个珠蛋白和 4 个血红素组成,每个血红蛋白基团中心为一个二价铁(Fe^{2+}),Fe^{2+} 可与 O_2 结合,使 Hb 成为氧合血红蛋白,没有结合 O_2 的 Hb 称为去氧血红蛋白。Hb 的 4 个单体之间和亚单位内部由盐键连接。Hb 与 O_2 的结合或解离将影响盐键的形成或断裂,使 Hb 发生变构效应,它与 O_2 的亲和力也随之发生改变,这是 Hb 氧解离曲线呈"S"形的基础。

(二)Hb 与 O_2 结合的特征

1. 结合反应迅速而可逆

Hb 与 O_2 的结合快,不到 0.01s,可逆,解离也快。结合和解离不需酶的催化,但受 PO_2 的影响。当血液流经 PO_2 高的肺部时,Hb 与 O_2 结合,形成 HbO_2;当血液流经 PO_2 低的组织时,HbO_2 迅速解离,释出 O_2,成为 Hb。

2. 结合反应是氧合而非氧化

Fe^{2+} 与 O_2 结合不伴有铁离子价的改变,即 Fe^{2+} 与 O_2 结合后仍是二价铁,因此,此结合反应是氧合,而不是氧化。

3. Hb 结合 O_2 的量

1 分子 Hb 可结合 4 分子 O_2,在 100% O_2 饱和状态下,1g Hb 可结合得最大 O_2 量为 1.39mL。由于正常时红细胞含有少量不能结合 O_2 的高价铁 Hb,所以 1g Hb 实际结合的 O_2 量低于 1.39mL,通常按 1.34mL 计算。评价 Hb 结合 O_2 的量包括 Hb 氧容量、Hb 氧含量和 Hb 氧饱和度。

(1)Hb 氧容量:在 100mL 血液中,Hb 能结合的最大 O_2 量。若以健康成年人的血液中 Hb 浓度为 15g/100mL 为计,则 Hb 的氧容量为 $1.34 \times 15 = 20.1$mL/100mL(血液)。休息时,当血液流经肺部,与肺泡接触的时间约 0.75s,这段时间血红蛋白 98%~99% 达到饱和。进行高强度运动时,接触时间明显减少,使得血红蛋白与氧气的结合下降,饱和程度也略为减低。血红蛋白浓度较低的人,像患有贫血的人,其携氧能力下降。

(2)Hb 氧含量:在 100mL 血液中,Hb 实际结合的 O_2 量。

(3)Hb 氧饱和度:Hb 氧含量与 Hb 氧容量的百分比。

HbO_2 呈鲜红色,Hb 呈紫蓝色。当血液中 Hb 含量达 5g/100mL(血液)以上时,皮肤、黏膜呈暗紫色,这种现象称为发绀。出现发绀常表示机体低氧,但有例外,例如:红细胞增多时(如高原性红细胞增多症),Hb 含量可达 5g/100mL(血液)以上,机体可出现发绀但不一定代表低氧;相反,严重贫血或 CO 中毒时,机体出现低氧但不出现发绀。

(二)氧解离曲线

氧解离曲线是表示血液 PO_2 与血红蛋白氧饱和度关系的曲线,也称为氧合血红蛋白解离曲线。该曲线既表示在不同 PO_2 下 O_2 与 Hb 的解离情况,也反映 O_2 与 Hb 的结合情况。根据氧解离曲线的"S"形变化趋势和功能意义,可人为地将曲线分为 3 段,如图 7-5 所示。

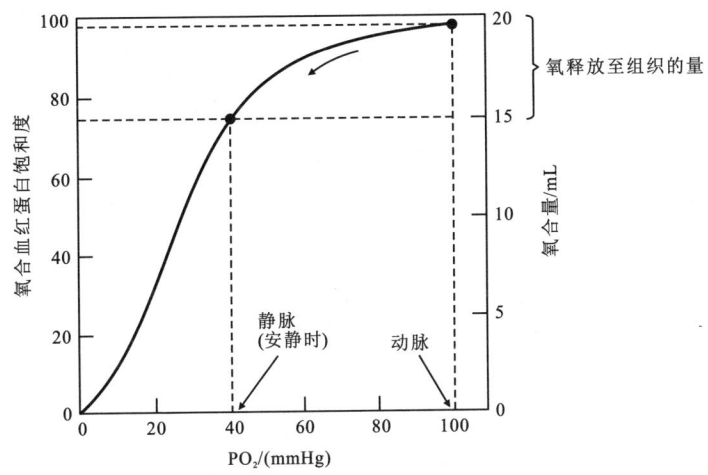

图 7-5　血液氧分压与氧合血红蛋白饱和度的关系(据 Powers et al.,2017)

(1)氧解离曲线的上段:相当于血液 PO_2 在 60~100mmHg 之间时的 Hb 氧饱和度,其特点是曲线较平坦,表明在此范围内 PO_2 对 Hb 氧饱和度或血氧含量影响不大。例如,PO_2 为 100mmHg(相当于动脉血 PO_2)时,Hb 氧饱和度为 97.4%,血氧含量约为 19.4mL/100mL(血液)。如果将吸入气的 PO_2 提高到 150mmHg,即提高了 50%,而 Hb 氧饱和度最多为 100%,只增加了 2.6%。这就是为何 $\dot{V}_A/\dot{Q}$ 不匹配时肺泡通气量的增加几乎无助于 O_2 摄取的原因。反之,当 PO_2 从 100mmHg 下降到 60mmHg 时,Hb 氧饱和度为 90%,血氧含量下降并不多。因此,即使在高原、高空或在某些肺通气或肺换气功能障碍性疾病患者,吸入气 PO_2 有所下降,只要动脉血 PO_2 不低于 60mmHg,Hb 氧饱和度仍能维持在90%以上,血液仍可携带足够量的O_2,不致引起明显的低氧血症。

(2)氧解离曲线的中段相当于血液PO_2在40~60mmHg之间时的Hb氧饱和度,其特点是曲线较陡。如上述,动脉血PO_2为100mmHg时,Hb氧饱和度为97.4%,血氧含量约为19.4mL/100mL。当PO_2为40mmHg(混合静脉血)时,Hb氧饱和度约为75%,血氧含量约为14.4mL/100mL,即每100mL血液流经组织时释放5mLO_2。因此,这段曲线可以反映安静状态下血液对组织的供O_2情况。

(3)氧解离曲线的下段相当于血液PO_2在15~40mmHg之间时的Hb氧饱和度,特点是曲线最为陡直,表明血液PO_2发生较小变化即可导致Hb氧饱和度的明显改变。在组织活动增强(如运动)时,组织中的PO_2可降至15mmHg,HbO_2进一步解离,释放出更多的O_2,Hb氧饱和度也降至更低水平,血氧含量仅约4.4mL/100mL。这样,每100mL血液能供给组织15mLO_2(包括曲线中段部分的释O_2在内)。因此,这段曲线可以反映血液供O_2的储备能力。

(四)影响氧解离曲线的因素

pH、PCO_2、温度、有机磷化合物、CO、Hb等因素均可影响血液对O_2的运输。

1. 血液 pH 和 PCO_2 的影响

血液pH降低或PCO_2升高时,Hb对O_2的亲和力降低,曲线右移;而pH升高或PCO_2降低时,则Hb对O_2的亲和力增加,曲线左移,如图7-6所示。

这种效应具有重要的生理意义。当血液流经肺部时,CO_2从血液向肺泡净扩散,血液PCO_2随之下降,H^+浓度也降低,两者均使Hb对O_2的亲和力增大,曲线左移,促进对O_2的结合,使血氧含量增加。当血液流经组织时,CO_2从组织向血液净扩散,血液PCO_2和H^+浓度随之升高,Hb对O_2的亲和力降低,曲线右移,促进HbO_2解离,从而为组织提供O_2。运动时组织里的酸碱值较低,将促使氧气从血蛋白解离出来,因而提供组织氧气。

2. 温度的影响

如图7-7所示,温度升高时,Hb对O_2的亲和力降低,氧解离曲线右移,促进O_2的释放;而温度降低时,曲线左移,不利于O_2的释放但有利于其结合。

3. 红细胞内 2,3-DPG 的影响

红细胞内含有丰富的有机磷化合物,其中2,3-二磷酸甘油酸(2,3-diphosphoglycerate,2,3-DPG)在调节Hb与O_2的亲和力中具有重要作用。

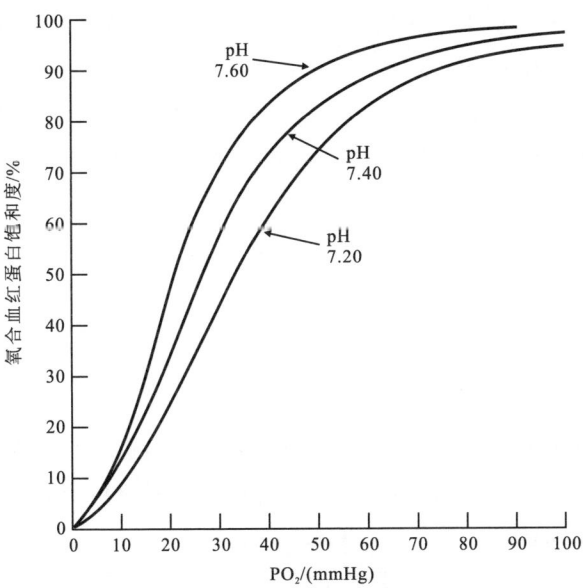

图 7-6　血液 pH 改变对氧合血红蛋白解离曲线的影响

（据 Powers et al., 2017）

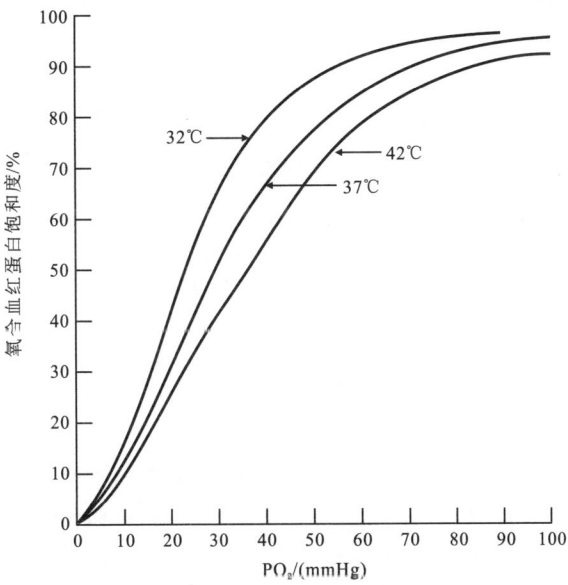

图 7-7　血液温度改变对氧合血红蛋白解离曲线的影响

（据 Powers et al., 2017）

2,3-DPG 浓度升高时，Hb 对 O_2 的亲和力降低，氧解离曲线右移；反之，曲线左移。2,3-DPG 是红细胞无氧糖酵解的产物。在慢性低氧、贫血、高山低氧等情况下，糖酵解加强，红细胞内 2,3-DPG 增加，氧解离曲线右移，有利于 HbO_2 释放较多的 O_2，改善组织的低氧状态；但此时红细胞内过多的 2,3-DPG 会降低 Hb 在肺部对 O_2 的结合。

二、二氧化碳的运输

（一）CO_2 的运输形式

血液中所含的 CO_2 约 5% 以物理溶解的形式运输，其余约 95% 则以化学结合的形式运输。化学结合的形式主要是碳酸氢盐（HCO_3^-，约 88%）和氨基甲酸血红蛋白（HHbNHCOOH 或 $HbCO_2$，约 7%）。

（1）碳酸氢盐在血浆或红细胞内，溶解的 CO_2 与水结合生成碳酸（H_2CO_3），H_2CO_3 解离为 HCO_3^- 和 H^+。该反应是可逆的，并且都需要碳酸酐酶，其反应方向取决于 PCO_2 的高低，在组织中，反应向右进行，在肺部，则反应向左进行。

（2）氨基甲酸血红蛋白（$HbCO_2$）：进入红细胞的一部分 CO_2 可与 Hb 的氨基结合，生成 $HbCO_2$，这一反应无需酶的催化，而且迅速、可逆。

（二）影响 CO_2 运输的因素

Hb 是否与 O_2 结合是影响 CO_2 运输的主要因素。Hb 与 O_2 结合可促进 CO_2 释放，而释放 O_2 之后的 Hb 则容易与 CO_2 结合，这一现象称为何尔登效应。

第四节　呼吸运动的调节

呼吸肌的节律性舒缩活动受到中枢神经系统的自主性和随意性双重控制。呼吸节律起源于呼吸中枢。呼吸运动的深度和频率可随体内外环境的改变而发生相应变化，以适应机体代谢的需要。如在一定程度内的随意屏气或加深加快呼吸就是靠大脑皮层随意控制实现的。虽然人们可以随意屏气，但是随着屏气持续时间延长，低位脑干自主调节的呼吸驱动就会增加，最终在自主呼吸控制系统的调节下产生吸气。在运动时，代谢增强，呼吸运动加深加快，肺通气量增大，

机体增加 O_2 的摄取,排出 CO_2 增多。

一、呼吸中枢与呼吸节律的形成

(一)呼吸中枢

呼吸中枢是指在中枢神经系统内产生呼吸节律和调节呼吸运动的神经细胞群。呼吸中枢广泛分布于中枢神经系统各级水平,包括脊髓、延髓、脑桥、间脑和大脑皮层等。它们在呼吸节律的产生和呼吸运动调节中起的作用不同,但通过各级中枢之间的相互协调和相互制约来共同完成机体的正常呼吸运动。

1. 脊髓

脊髓有支配呼吸肌的运动神经元,其胞体位于第 3 颈椎至第 5 颈椎(支配膈肌)和胸段(支配肋间肌和腹肌等)脊髓前角。脊髓和呼吸肌不能产生节律性呼吸电位,脊髓的呼吸神经元是联系高位呼吸中枢和呼吸肌的中继站,以及整合某些呼吸反射的初级中枢。

2. 低位脑干

低位脑干是指脑桥和延髓。脑桥上部为呼吸调整中枢,它对长吸中枢产生抑制作用;脑桥下部为长吸中枢,它对吸气活动产生易化作用,使吸气延长。肺部迷走神经传入冲动也有抑制吸气和促进吸气转为呼气的作用;当脑桥下部失去来自脑桥上部和迷走神经这两方面的传入作用后,吸气便不能及时中断而转为呼气,于是出现长吸式呼吸。延髓为喘息中枢,可产生最基本的呼吸节律。

3. 高位脑

呼吸运动还受脑桥以上中枢的控制,如下丘脑、边缘系统、大脑皮层等。大脑皮层可分别通过皮层脊髓束和皮层脑干束随意控制脊髓和低位脑干呼吸神经元的活动,以保证其他与呼吸相关的活动,如说话、唱歌、哭笑、咳嗽、吞咽和排便等。

(二)呼吸节律的产生机制

关于正常呼吸节律的形成机制目前尚不完全清楚,主要有两种学说,一种是起搏细胞学说,另一种是神经元网络学说。起搏细胞学说认为,呼吸节律是延髓内某些神经元的固有特性,具有自动节律性可驱动其他呼吸神经元的活动(如同窦房结起搏细胞的作用一样),前包钦格复合体可能就是呼吸驱动的起搏点。神经元网络学说认为,呼吸节律的产生与中枢不同的呼吸神经元之间存在广泛而复杂的联系,这些联系包括兴奋性和抑制性突触联系,提出多种呼吸节律产生的模型,其中最有影响的是中枢吸气活动发生器和吸气切断机制模型。

二、呼吸的反射性调节

虽然呼吸节律起源于脑干,但是呼吸的频率、深度和呼吸类型等都受到来自呼吸器官自身以及血液循环等其他器官感受器传入冲动的反射性调节,如化学感受性呼吸反射、肺牵张反射、防御性呼吸反射和呼吸肌本体感受性反射等。

(一)化学感受性呼吸反射

化学因素对呼吸运动的调节是一种反射性调节,称为化学感受性反射。化学因素是指动脉血液、组织液或脑脊液中的 O_2、CO_2 和 H^+。化学传感器可以感受 O_2、CO_2 和 H^+ 浓度的变化。根据所在部位的不同,化学感受器分为外周化学感受器和中枢化学感受器。

1. 外周化学感受器

它是位于颈动脉体和主动脉体的外周化学感受器,如图7-8所示。在动脉血 PO_2 降低、PCO_2 或 H^+ 浓度升高时,外周化学感受器受到刺激,冲动分别沿窦神经(舌咽神经的分支,分布于颈动脉体)和迷走神经传入延髓孤束核,反射性引起呼吸加深加快和血液循环功能的变化。颈动脉体和主动脉体虽都参与呼吸和循环的调节,但颈动脉体主要参与呼吸调节,而主动脉体在循环调节方面较为重要。

对颈动脉体的研究结果表明,外周化学感受器敏感性刺激是动脉血中的 PO_2 下降、PCO_2 升高或 H^+ 浓度增加,而对动脉血中 O_2 含量的降低不敏感。相对而言,CO_2 对外周化学感受器的刺激作用较 H^+ 强。上述3种因素对化学感受器的刺激有相互促进的作用,两种因素同时作用比单一因素的作用要强。这种协同作用的意义在于,当机体发生循环或呼吸衰竭时,PCO_2 升高和 PO_2 降低往往同时存在,它们协同刺激外周化学感受器,共同促进代偿性呼吸反射增强。

2. 中枢化学感受器

摘除动物外周化学感受器或切断其传入神经后,吸入 CO_2 仍能增加肺通气量;增加脑脊液 CO_2 和 H^+ 浓度,也能刺激呼吸。这提示在脑内还存在一些不同

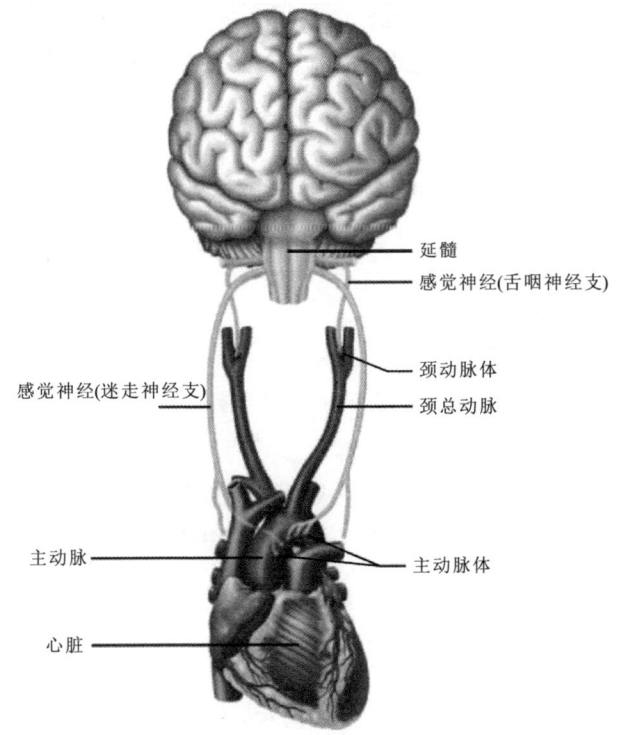

图 7-8 外周化学感受器的解剖位置示意图(据 Powers et al.,2017)

于呼吸中枢但可影响呼吸活动的化学感受区,这些区域被称为中枢化学感受器。中枢化学敏感区的分布不仅存在于脑干,而且还涉及脑内其他区域,如孤束核、蓝斑、下丘脑等部位。

中枢化学感受器的生理性刺激是脑脊液和局部细胞外液中的 H^+,而不是 CO_2,但血液中的 CO_2 能通过血脑屏障,使化学感受器细胞外液中的 H^+ 浓度升高,从而刺激中枢化学感受器,引起呼吸中枢兴奋,使呼吸加深加快,肺通气量增加。因为脑脊液中碳酸酐酶含量很少,CO_2 与水的水合反应很慢,所以对 CO_2 的通气反应有一定的时间延迟。另外,血液中的 H^+ 不易通过血脑屏障,故血液 pH 的变化对中枢化学感受器的刺激作用较弱,也较缓慢。

当体内 CO_2 持续增多时,在起初数小时内,呼吸反应明显,但在随后的 1～2d 内,呼吸反应逐渐减弱,即存在适应现象。主要原因包括:①肾对血液 pH 具有调节作用;②血液中的 HCO_3^- 可缓慢通过血-脑屏障和血-脑脊液屏障,使脑脊液和中枢化学感受器细胞外液的 pH 回升,减弱 H^+ 对呼吸运动的刺激作用。

因此,血液中的 CO_2 对呼吸运动的急性驱动作用较强,而慢性刺激作用则较弱。

中枢化学感受器与外周化学感受器不同的是:它不感受低氧的刺激,但对 H^+ 的敏感性比外周化学感受器高,反应潜伏期较长。中枢化学感受器的生理功能可能是通过影响肺通气来调节脑脊液的 H^+ 浓度,使中枢神经系统有一稳定的 pH 环境;而外周化学感受器的作用则主要是在机体低 O_2 时维持对呼吸的驱动。

(二)肺牵张反射

肺牵张反射感应器主要分布于支气管和细支气管平滑肌。吸气时,肺扩张,肺牵张感受器兴奋,发放冲动沿迷走神经传至延髓,抑制吸气中枢活动,停止吸气转而呼气。呼气时,肺缩小,感受器刺激减弱,传入冲动减少,吸气中枢兴奋,呼气停止,产生吸气,开始一个新的呼吸周期。肺牵张反射是由迷走神经参与的呼吸反射性反应。肺牵张反射包括肺扩张反射和肺萎陷反射。

(三)防御性呼吸反射

在整个呼吸道都存在着感受器,它们是分布在黏膜上皮的迷走传入神经末梢,受到机械或化学刺激时,引起防御性呼吸反射,以清除激惹物,避免其进入肺泡。咳嗽反射是常见的防御反射。它的感受器位于喉、气管和支气管的黏膜。喷嚏反射是与咳嗽类似的一种反射。

(四)呼吸肌本体感受性反射

当呼吸肌内的肌梭受到牵张刺激时,可反射性引起呼吸运动加强,这种反射属于本体感受性反射。呼吸肌本体感受性反射对正常呼吸运动有一定调节作用,在呼吸肌负荷增加时其作用较为明显。

三、特殊条件下的呼吸运动及其调节

当人体处于运动、高海拔、潜水、失重和高温等特殊条件下,呼吸运动除上述调节机制外,不同条件下的调节有其自身特点。下面主要介绍运动、高海拔和潜水时的呼吸调节。

(一)运动条件下的呼吸调节

1. 运动时

运动时呼吸加深加快,肺通气量增加,O_2的吸入量和CO_2的排出量都会相应地增加,其增加的程度随着运动强度大小和时间长短而异。运动开始时肺通气量骤增,可能由于运动肌肉和关节的本体感受器受到刺激,反射性刺激呼吸,也可能与化学感受性反射相关。

运动时,需要用口协助呼吸,以满足体内氧气的需求。健康且受过训练的成年人,通气量可以提高到每分钟120~150L,耐力性运动员可达每分钟180L。随着运动持续进行,氧需求量增加。在达到70%V_{O_2max}前,O_2消耗量和肺通气量成正比关系,而运动强度超过乳酸同时,肺通气量会陡然增加。

2. 运动后

运动停止时,肺通气量先骤降,随后缓慢下降,最后恢复到运动前的水平。此时引起肺通气量增加的刺激因素不是CO_2的增加或低O_2,而是由于乳酸血症引起的H^+浓度升高。

通过长期参与体能训练,可强化呼吸肌功能,使之不易因长期的呼吸作用而疲劳,并增加最大肺通气量,使气体在体内的输送更有效率。长期运动降低胸膜的弹性阻力和气道阻力,并增加微血管的密度,减少生理性死腔的大小。

(二)低气压(高海拔)条件下的呼吸调节

海平面的空气压力为一个大气压(760mmHg),海拔越高,大气压越低。在不考虑纬度因素时,在海拔5500m高度大气压约为海平面的1/2(380mmHg)。海拔增高引起大气中氧分压的降低,称为低氧,也称为低压性低氧,此时对人体的生理影响与低氧程度和持续时间有关,而低压影响则不明显。吸入气中PO_2降低,起初刺激外周化学感受器,进而兴奋呼吸中枢,使呼吸活动加深加快,肺通气量增加,称为急性低氧反应(2~3min)。随后数10min,因低氧的持续而通气反应下降,严重时可引起急性高原疾病,如高原性肺水肿等。长时间(几小时至几天)置身于低氧环境,通气增强,其幅度可超过急性低氧反应的峰值,称为习服。因此高海拔低氧时的通气反应包含兴奋性和抑制性反应,很大程度上受到低氧程度和低氧持续时间的影响。

(三)高气压(潜水)条件下的呼吸调节

潜水时,海水深度每增加10m,压力上升约1个标准大气压。由于人体体重的60%为不可压缩的液体,但是肺内的气体是可被压缩的。在20m深的海水中,肺内的气体容积将被压缩至海平面的1/3,即由平均肺总量4500mL压缩至1500mL,相当于余气量,没有气体再能被呼出了。也由于压缩后肺泡内气体的分压升高,气体可随分压梯度而进入血液,造成肺泡塌陷。随着压力升高呼吸将变得深而慢,这可能与因气体压力升高后密度增加,进而导致阻力增加有关。因此,潜水进入高压环境需注意高气压的直接影响和吸入高压气体产生的毒性,而在上升减压过程中因肺泡气随着环境应激的减小而膨胀,要防止出现肺部压力性损伤。

四、运动中氧的供应

(一)需氧量及摄氧量

单位时间内人体所需的氧气量,称为需氧量。每分需氧量可作为衡量运动强度的指标。安静时成年人每分钟需氧量为0.25~0.3L,每千克体重约为3.5mL。运动时,每分钟需氧量将随运动强度的增大相应增加。如100m冲刺,其每分钟需氧量约为40L;而中等强度的马拉松跑,每分钟需氧量则为2.2~3.5L。以运动时间持续1~4min的中跑为例,每分钟需氧量为8.5~22.5L,而人体无论如何是不能提供如此多的氧量的,从而打破了摄氧量与需氧量之间的平衡。

肌肉活动期与恢复期需要的氧量为总需氧量。运动时的总需氧量与运动的持续时间有关,如持续2h以上的马拉松跑,其总需氧量达700L以上,而持续时间仅为10~20s的短跑,总需氧量为7~14L。

单位时间内人体通过氧运输系统吸入的氧量,称为摄氧量。人体单位时间内消耗的氧量,称为耗氧量。氧不能在体内大量贮存,一般说来,吸入的氧量即为人体消耗,摄氧量与耗氧量实际相等,均以V_{O_2}表示。

(二)氧亏与氧债

氧亏指在运动中氧的供应不能满足氧的需要而形成氧亏。氧债相当于运动后恢复期内,耗氧量超出同时间一般安静耗氧量的部分,分非乳酸与乳酸性氧债两部分。非乳酸氧债是指没有乳酸积累的那部分氧债,主要是用以重新合成ATP和CP,非乳酸氧债约占总氧债的25%。乳酸氧债是只有乳酸积聚的那部分氧债,主要用于处理运动中的代谢产物(乳酸),将1/5的乳酸氧化释放出的能量供其余 4/5 的乳酸合成为肝糖原。乳酸氧债约占氧债总量的 75%。人体的负氧债能力随训练水平的提高而增强。健康男子最大氧债为 10L,而受过良好训练的世界级中跑运动员,其负氧债能力可达 15L,甚至超过 30L。

但应注意的是,学术界对于上述传统的氧债理论提出了强烈的质疑,认为运动后的过量氧耗并非全部用于偿还运动中的氧债,因为运动后恢复期内体内各器官系统的生理活性仍然高于静止状态,其氧耗量当然要高于安静时的水准。同时,运动后恢复期内,血液中的儿茶酚胺浓度和体核温度比安静时高,故组织细胞的代谢活性必将比安静时高,因此把运动后恢复期内的过量氧耗笼统地称为氧债是不准确的。

(三)最大摄氧量

有氧工作能力是指人体摄取氧和利用氧的能力,它是人体进行长时间运动的能力。最大摄氧量是反映氧运输能力和氧利用能力的综合性指标,最大摄氧量是指人体在进行有大肌肉群参加的力竭运动时,当氧运输系统中的心肺功能和肌肉用氧能力达到极限程度时,人体在单位时间内摄取的最大氧量。

最大摄氧量因年龄、性别、体能及运动专项而异。例如,健康成年男性的最大摄氧量为 $2.5 \sim 3.5$ L/min(或 $50 \sim 55$ mL/kg·min),健康成年女性为男性的 90% 左右。优秀的耐力性项目的运动员,其最大摄氧量比其他项目的运动员高,男子平均为 5.75L/min,女子为 3.6L/min。有关资料显示,男子最大摄氧量的最高值为 94mL/kg·min(长距离滑雪运动员),女子为 77mL/kg·min。男子在 $18 \sim 20$ 岁时达到峰值,约为 3.2L/min,此峰值将稳定地保持到 30 岁左右;女子在 $14 \sim 16$ 岁时达到峰值,其值比男子低 10% 左右(这和男女血液中 Hb 浓度的性别差异有关),此值保持到 25 岁左右。之后,最大摄氧量将随年龄的增长而递减。自然递减的进度受体育锻炼的影响,有运动习惯者,每 10 年约降 5%,而无运动习惯者,则以每 10 年降低 10%。

决定最大摄氧量的中央机制。心脏的泵血功能。最大摄氧量与最大心输出量密切相关,心输出量则与左、右心室泵血功能有关。右心室泵出的血液经肺动脉流到肺部作为肺的灌流量;左心室泵出的血液则分配到全身各组织器官。左、右两心室泵出的血量基本上相等。右心室的心输出量愈多,则肺的灌流量就愈多,肺部氧扩散容量必然增大,这无疑可提高最大摄氧量。耐力运动员静息时和最大运动时的氧扩散容量大于非耐力运动员和无训练者。同样,左心室的心输出量越多,则身体各组织的血液量也会越多。最大运动时通过血液的重新分配,有 90% 以上的心输出量将被分配到活动的肌肉中去,从而使肌肉细胞摄取更多的氧,最大摄氧量也就增大。综上所述得出的规律是:最大心输出量越大,最大摄氧量也就越大。

决定最大摄氧量的外周机制。肌细胞的摄氧能力。人体进行剧烈运动时,一般人的摄氧量为 2.5～3.5L/min,为静息时的 10～12 倍,然而一般人的心输出量只为静息时的 4 倍,优秀选手也不超过 8 倍。由此看来,单位时间内的血液循环并非是影响最大摄氧量的全部机制。在剧烈运动中,90% 以上的氧量是被肌细胞消耗的,肌细胞的摄氧能力是决定最大摄氧量的主要外周机制。肌细胞的摄氧能力与肌肉中的毛细血管密度以及细胞中的线粒体数目和体积有关。研究证明,有训练者肌肉中微血管与肌纤维比率增大,线粒体增多、增大。反映肌细胞摄氧能力的指标是动静脉氧差,如果动静脉氧差越大,证明肌细胞的摄氧量越大。在最大运动时,即使不考虑心输出量的变化,单从腹腔内脏和肾血管的收缩,就可腾出 2.2L 血液分配到活动肌肉中去,从而使每分摄氧量增加 0.5L 左右。而个体的最大摄氧量还与血红蛋白总量、血量和心脏容积有关。

耐力运动成绩与最大摄氧量有高相关性,但决定耐力运动成绩的因素是多方面的,较高的最大摄氧量只是取得耐力运动项目优异成绩的其中一个重要条件。例如,世界马拉松跑冠军的最大摄氧量不如第 4 名或第 5 名选手。

第八章 体温调节的生理基础

人类是地球上环境适应性最强的脊椎动物之一,这可由他们面临极端环境(如炙热的沙漠、高温高湿的热带、冰冷的极地和低压低氧的高原)时展示超强耐受性和生存能力的事实得到证明。人类不具备其他恒温动物的先天性身体适应条件(如鲸脂、皮毛)或策略(如冬眠),主要依赖出汗、寒颤的生理反应进行体温调节。然而,人类具备高度发达的改造环境和适应环境的能力,例如:建设住所、缝制衣服和使用工具等。人类利用这种行为能力保持相当稳定的体核温度。

体核温度(core temperature,Tc)是指机体深部,包括心、肺、脑和腹腔器官的温度,又称深部温度。体核温度比较稳定,通常为(37 ± 1)℃,它会随着运动和情绪而变化。通常口腔温度又比肛温低 0.56℃。人类可以耐受的体温变动范围为 10~42℃,在体核温度为 35~40℃的范围内机体通常能有效地进行调节。尽管存在很大的个体差异和昼夜节律性,年轻人和老年人感觉适宜的平均环境温度分别为(24.9 ± 1.3)℃、(24.5 ± 1.5)℃。

人体代谢会受到体温的影响,核心温度的调节显得尤其重要。人体正常的体温通常是维持在 37℃上下,如果升高至 45℃,酶的结构会遭到破坏,机体无法正常产出 ATP,最终导致人的死亡;如果体温降至 34℃,则会引起代谢迟缓与心脏功能异常,也会导致死亡。

正常情况下,体核温度不因外界环境温度变化而变化,始终保持相对稳定的动物,即为恒温动物。恒定的体核温度维持需要产热和散热机制相互配合,保持平衡,机体可以通过神经和体液机制调控这两个过程,将体温维持在一定的水平。

维持热平衡的挑战不仅是源于机体外部环境施加的热应激,还包括体内代谢热激起的体温大幅度变化,因为多于 70%的代谢能在机械运动过程中转化为热量。体温调节是内外热源之间一个复杂的平衡过程,以确保体温不会变得过高或过低。为了对环境热应激产生适当的行为或生理反应,机体必须能够感知其热状态,这可以通过遍布人体的温度感受器来实现,然后将其整合进行体温调节。

第一节 热平衡

热平衡指同外界接触的物体,其内部温度各处均衡且等于外界温度,机体吸收和释放的热量恰好相等的状况。由图8-1可知人体生热及散热的途径,当生热量等于散热量时,则机体达到热平衡。体温反映着机体的热平衡状态,一旦热平衡被打破,体温必定改变,因此要维持体温的恒定,机体生热和散热之间必需取得平衡。体热来源包括基础代谢、肌肉活动、激素和食物的生热作用、环境影响等。

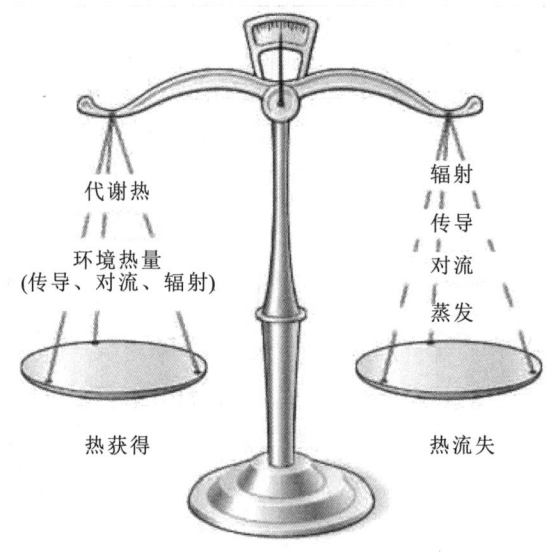

图8-1 热平衡(据Wilmore et al.,2012)

高热不是造成热病的唯一因素,还包括湿度、风速与辐射等。机体过度暴露于热环境下,不但工作(运动)能力受到影响,而且会引起热痉挛、热衰竭与热中暑等热病。运动时,体热的散发主要靠皮肤排汗和蒸发散热,每1g的汗水蒸发可以散热大约0.58cal。机体的比热容(即没有相变化和化学变化时,1kg均相物质温度升高1℃所需的热量)是0.83kCal/(kg·℃$^{-1}$),若一个人体重是70kg,则必须储存58.1kCal的热量才能使体温提高1℃。安静时耗氧量为0.3L/min,1L氧的消耗可产生4.83kCal的热,代谢产热大约为1.45kCal/min或87kCal/hr。如果这种代谢热不散发,体温可能在1h内上升1.5℃。

体温调节的目的是维持体核温度的稳定,通过控制产热量与散热量的比率来达到热平衡。人体温度控制中枢位于下丘脑,其运作就像一个恒温器,体温下降时会增加热产生,体温上升时则增加热散失,如表 8-1 所示。

表 8-1 人体在冷环境和热环境下散热及产热的机制(据 Wilmore et al.,2012)

冷环境下	
降低散热	皮肤血管收缩;降低身体与环境接触的表面积
增加产热	寒战并增加活动;增加甲状腺素及肾上腺素分泌
热环境下	
增加散热	皮下微血管扩张;流汗
降低产热	降低肌肉张力;降低甲状腺素及肾上腺素的分泌

一、产热机制

人体在正常代谢过程中会产生热量。休息时机体有少量的代谢热产生;剧烈运动时,则会产生大量的热。体热产生有两种来源:自主性生热和非自主性生热。人体在运动过程中,有 70%~80% 的能耗会用于产热,20%~30% 能耗用于身体活动。人体暴露于冷环境中时,会出现寒战现象。人体寒战生热量达到正常休息状态的 5 倍。此外,血液中儿茶酚胺和甲状腺素浓度的增加,会促进细胞代谢,这两者结合引起产热的加强,即称为非寒战性生热。

二、散热机制

机制散热有 4 个途径:辐射、传导、对流与蒸发。前 3 种途径依赖皮肤与环境之间的温度梯度而散热,辐射是通过红外线形成热散失效应,它是热量从一物体表面移转到另一个物体表面的过程,不以物体接触方式传导热量(例如太阳经辐射传送热量到地球)。人体处于 21℃ 大气环境中时,有 60% 散热量是通过辐射进行,这是由于皮肤温度高过体外环境温度。艳阳高照时,体外环境温度可能会高过皮肤温度,人体会通过辐射吸收热量。机体热量的散失或获得取决于体内外温度差异。

传导是指机体的热量直接传给与之接触的温度较低物体的一种散热方式。经这种方式发散的热量取决于物体之间的温度差异、接触面积、接触物体的导热性等。一般而言,人体通过传导作用散发少量的热。当人坐在椅子上时,皮肤接触到椅面,此时,椅面温度低于皮肤温度引起热散失效应。

对流是以传导的方式,经由身体接触,将热量传送到空气或水,空气或水会被暖化,并从热源中移出,同时被冷分子取代。试以吹风扇为例,风吹向皮肤时,触发对流热散失效应。在无风的状态下,高速骑车会产生高速对流热散失效应。人在冷水中游泳时,也会产生对流热散失效应。相同温度之下,水的对流散热效率是空气的 25 倍。

蒸发是机体散热的一个重要途径。安静状态下,蒸发占热散失总量的 25%,而在运动时热散失重要的方式。蒸发时,热量从身体转移到皮肤表层水分子,水分子获得足够热量会转变成水蒸气,这样通过蒸发将热量带离身体。蒸发的动力源自于皮肤与空气之间的蒸发压力梯度。运动时,体温高于正常值,神经系统刺激汗腺分泌汗液,汗液蒸发将热量藏到体外,于是皮肤温度下降。

皮肤汗液蒸发受到 3 种因素影响:外部环境(温度与湿度)、对流作用与暴露于环境中的表皮面积。高温环境中,蒸发热散发率取决于相对湿度的高低。高相对湿度会限制机体蒸发热散失作用,相对湿度接近 100% 时,将无法进行蒸发散热。因此,只有在低湿度状态下蒸发散热才是有效率的。然而,为什么高相对湿度会降低蒸发散热率呢?这是因为高相对湿度会降低皮肤表层与环境之间的蒸发压力梯度,空气的湿度与人体皮肤蒸发压力相近,机体蒸发率将明显降低。在高温环境中运动机体将会大量排汗,却无助于散热作用。

运动人体蒸发散热的前提是皮肤蒸发压力必需大于空气蒸气压力,这样机体才能发挥蒸发散热效果。人体在高温和高相对湿度环境中运动会比在低温和低相对湿度的环境中有较少的蒸发散热效率,例如,一位运动选手在空气温度为 30℃ 与相对湿度为 100% 的环境中跑步,其皮肤平均温度是在 33~34℃ 之间,皮肤蒸发压力接近 35mmHg,而空气蒸气压力大约是 32mmHg,皮肤与空气之间的蒸发压力梯度仅为 3mmHg,这样蒸发作用受到很大的限制,机体仅发生些微的冷却效应。运动时,人体通过蒸发作用到底能散发多少热量呢?蒸发 1mL 水分,人体耗掉 0.58kCal 的热量,蒸发 1L 汗水,机体将散失 580kCal 的热量。

机体达热平衡时,体温就维持相对稳定。一般而言,运动时,由于人体散热速度不及产热速度快,体温会升高甚至超过 40℃,而体温超过 40℃ 则会对人体产生不利的影响。人体产热主要是来自肌肉活动,其次是环境温度。在正常情况下,人体各散热方式占有的散热比率是:辐射(60%)、对流(18%)、排汗与蒸发

(22%)。在凉爽、适温环境中运动(不包括游泳),热散失效应主要通过辐射作用。如果空气温度高过皮肤温度时,蒸发就成了唯一的散热方式。

三、热平衡方程

热平衡方程以 W·m^{-2} 表示蓄热速率 $\dot{S}$,它是根据热力学第一定律推导出来的,其中包括热交换的 4 个主要途径(辐射、传导、对流和蒸发),热平衡方程如下:

$$\dot{S}=\dot{M}\pm\dot{W}_k\pm\dot{R}\pm\dot{C}\pm\dot{K}-\dot{E}$$

$\dot{S}$ 的正值代表身体蓄热的增加,体温增加,而负值代表净热损失,体温降低。热平衡方程的每个因子可以是正也可以是负,这取决于人体与环境之间的温度梯度。当环境温度高于人体温度时,辐射、传导和对流的热交换将为正(身体储热),但唯一的例外是蒸发。

$\dot{M}$ 是指代谢产热量,这通常由摄氧量间接测定的。$\dot{W}_k$ 是个体对外做功,通常从总产热量中减去。外部功可以是零(例如:在上自动扶梯时做的外部功),或者在某些情况下肢体移动而没有自主肌肉收缩时是正的,例如:在动力自行车上骑行时。

$\dot{R}$ 是指辐射热交换。这是太阳直接辐射、地面反射辐射和大气分子碰撞产生的漫射辐射的组合。在高温环境中,暴露在阳光下,环境温度超过皮肤温度,从而导致辐射热从环境传递到皮肤。冰雪的高反射率有助于减少辐射热负荷,这解释了在高海拔和低环境温度下,登山者常常身穿短袖的原因。个体的热辐射取决于环境条件。此外,辐射热交换还取决于其他因素,例如身体姿势和暴露于热源的表面积以及所穿衣服的厚薄程度等。

$\dot{C}$ 和 $\dot{K}$ 分别指的是传导和对流。这两种形式的热交换涉及与身体直接接触的介质(固体、液体或气体)之间的热量传递,并且主要取决于身体和接触的介质之间的温度梯度。通常,传导是在与固体表面(如冰或冷金属)直接接触时发生的,而对流通常指的是与液体、气体(如水、空气)的接触时产生的。它们与身体接触的表面积或液体、气体的导热率对热交换有重要影响,水的导热率是空气的 27 倍,这解释了为什么 15℃ 的气温让人感觉是舒适的,但是在 15℃ 的水中浸泡却感觉是冷的,在水中会很快导致体温的降低。同样,由于局部热量损失速度快,徒手与冷金属(高导热性)直接接触容易引起冻伤,而与相同温度的木材或橡胶接触则不会导致皮肤冻伤。对流热交换的另一个重要的影响因素是液体在体表上流动的速度。对流烤箱比传统烤箱加热速度快,这是由于增加了一个风扇,使烤箱中的空气对流循环加快,从而加速热量传递。当人体浸泡在冷水中时,身体会散失热量,加热皮肤附近的水层,从而降低了热交换的温度梯度。但是,当水流动时,温水层会迅速被移除并被冷水取代,从而保持较高的温度梯度,加速了体热损失。在冷水中游泳时,对流热损失将大幅度增加。

$\dot{E}$是指蒸发热交换。传热分为干式(辐射、传导、对流)和湿式(蒸发)热交换两个途径。干式热交换取决于生物体内部(如从核心到外围)以及生物体和环境之间的温度梯度。此外,皮肤血流将热量从核心传输到外围的速率影响到传导和对流热交换的效率。湿式热交换是由水蒸发引起的。与其他热交换不同的是,蒸发热散失主要由身体表面和环境之间的水蒸气压力梯度决定的。空气的载水能力取决于空气温度,并与其大致呈指数增长的方式变化,因此,温暖的空气能够容纳多的水蒸气。

当周围环境的温度与皮肤的温度相同时,如在35~40℃的高温下运动,辐射、传导和对流热交换效率低,散热的主要途径是蒸发。当汗液在皮肤上蒸发时,人体的蒸发散热量加大。由于环境的相对湿度对水蒸气压力的影响,它在确定蒸发热交换效率方面起着重要作用。例如:在"干"热条件下(在沙漠中)具有较高的环境温度,通常具有较低的湿度,这样允许有大量的蒸发散热。相反,在热带地区的"湿"热条件下环境可能具有较高的湿度。空气中较高的水蒸气压会削弱机体蒸发散热能力,从而导致机体高温。如图8-2所示,在30℃和40℃时,100%水为蒸气饱和度气压分别等于4.24kPa和7.37kPa;30℃、70%相对湿度的环境条件水蒸气压为2.97kPa;40℃、20%相对湿度的条件下水蒸气压为

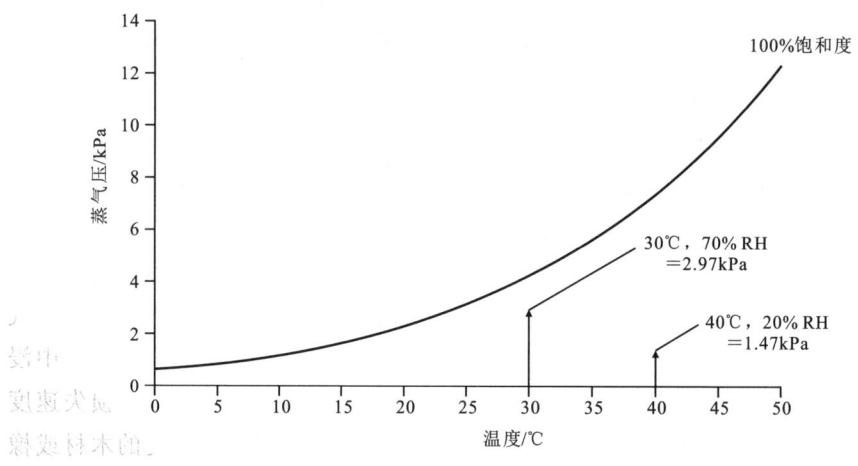

图8-2　饱和空气蒸气压随温度的升高而增加(据Stephen et al.,2010)

注:在空气含水量不变的前提下,温度越高,相对湿度越低,蒸气压越低;在较高的相对湿度下,机体蒸发散热能力会降低。

1.47kPa。后一种情况虽然较热,但允许机体有更高效率的蒸发散热。

第二节 体温调节模型

体温调节是指温度感受器接受体内、外环境温度变化的刺激,通过体温调节中枢的活动,相应地引起内分泌腺、骨骼肌、皮肤血管和汗腺等组织器官活动的改变,从而调节机体的产热和散热过程,使体温保持在相对恒定的水平。人体的体温调节是一个自动控制的过程,其目标是维持体核温度稳定。机体的内、外环境是不断地变化的,许多因素会干扰体核温度的稳定,此时通过反馈系统将干扰信息传递给体温调节中枢,经过它的整合作用,调节受控部分的活动,从而在新的基础上达到体热平衡、体温稳定的效果。

有关人类以及其他哺乳动物的热平衡控制机制存在着争议。热平衡控制可能不局限于特定的组织器官,它是多组织、器官和系统参与的过程。

Hammel(1963)提出了体温调节模型,即"调定点"学说。该学说认为:人体温度调节中枢位于下丘脑。当体温与"调定点"信号不同时,人体将执行校正响应。人体温度设定值大约是37℃。这好比一个家用恒温器,它根据室内温度与设定温度的差异比较来启动制冷或产热过程。不同的是恒温器具有加热或制冷的开关,而人体进行分级的体温调节响应,例如:肌肉寒颤产热强度的可调节性。体温调节需要温度感受器参与此过程,人体温度感受器有两类:一个是位于下丘脑的中枢温度感受器,它可感受流经脑部的血液温度变化,然后活化下丘脑后叶以保热或下丘脑前叶以散热;另一个温度感受器(即末梢感受器)则位于皮肤中。体温调节中枢会同时接收来自皮肤与体核的感受器信号。该模型的实证支持来自于下丘脑冷、热敏感神经元的观察,这两类神经元通过冷、热刺激改变放电频率,从而激活热增益或热损耗响应。

当体外环境温度改变时,皮肤温度感受器首先会检测到变化,接着它会传送神经冲动到下丘脑。其次,位于下丘脑内的温度感受器感受到体核温度的变化。当体核温度高过设定值时,下丘脑会诱发启动一系列扩大热散失量的生理反应。首先,下丘脑会刺激汗腺分泌,提高蒸发散热作用。除此之外,心血管控制中枢调节皮肤的血管收缩张力,促使皮肤血流量增加,进而扩大热散失量。当体核温度恢复正常时,造成排汗与血管舒张的刺激源会同时消失。这是负反馈控制的实际例证,如图8-3所示。当体温降低时,温度调节中枢随即拟定相关反应,一方面将热散失率缩减至最小的程度,同时升高产热率。血管运动中枢发放控制

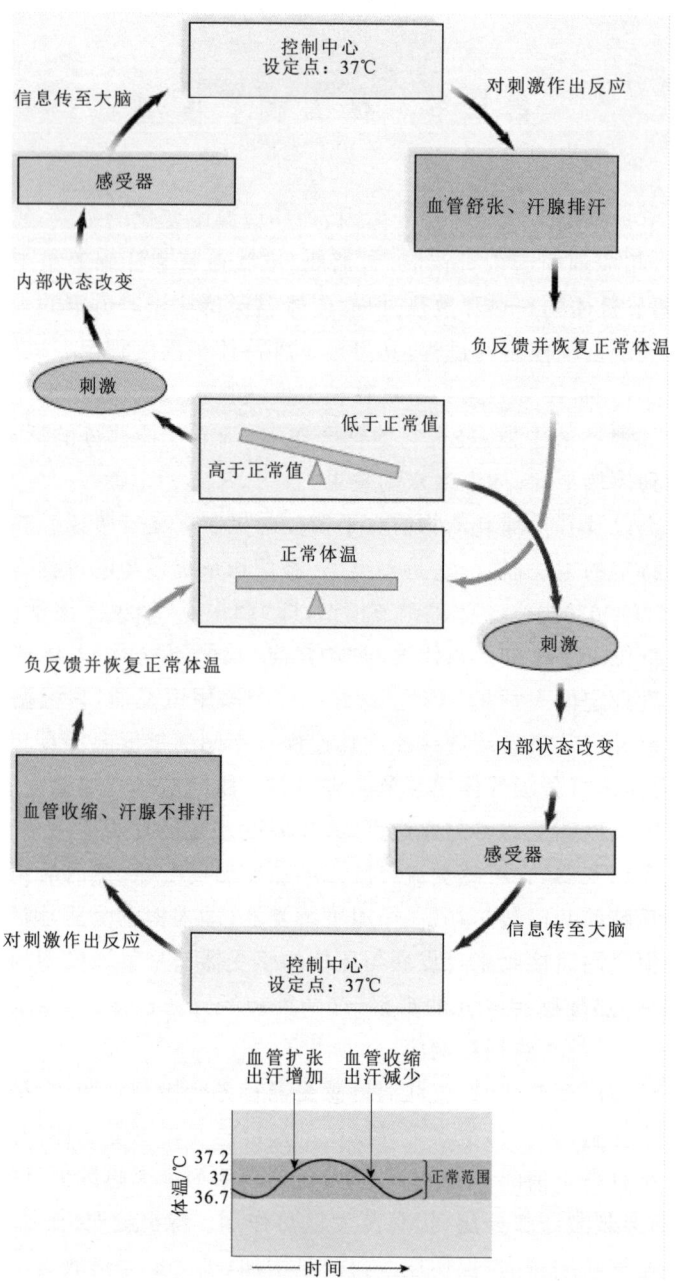

图 8-3 体温调节的负反馈图示（据 Powers et al.，2017）

信号使外周血管收缩,降低热散失率。如果核心温度下降过于明显,机体则出现非自主性寒战生热现象。这一现象会连带引起汗毛中枢的生理反应,全身起鸡皮疙瘩,有汗毛直竖的感觉。同时,下丘脑会增加体内甲状腺素的产生与释放,提高细胞能量代谢效率。下丘脑还会传送信息引起去甲肾上腺素释放,以增加细胞代谢率。

正常机体的产热和散热过程保持着动态平衡。当机体在致热源作用下或体温中枢的功能障碍时,机体产热增加,而散热不能相应地增加,从而使体温大于或等于 37.3℃,称为发热。细菌分泌的毒素可能会促使体温超过正常值。

第三节 热应力测量

热平衡方程各个因子的计算主要是通过间接的测量进行的,直接量化方法是使用量热计测定的。直接量热法需要测定机体代谢产热量。例如,Snellen 空气热量计需要一定的基础设备和高度专业化的环境控制条件,这样才能够量化休息和运动时人与环境之间的热交换量。

一、湿黑球温度

为了量化 4 种热交换途径热应力,20 世纪 50 年代中期有人开发湿黑球温度(wet bulb globe temperature,WBGT)。该指标需要测量 3 个独立的温度值:①干球温度(dry bulb temperature,T_d),它是温度计自由地暴露在空气中测量的温度,但避免辐射和湿气的干扰;②湿球温度(wet bulb temperature,T_w),温度计被包裹在织物里,保持湿润,给出蒸发热交换的指示,湿球温度就是当前环境仅通过蒸发水分能达到的最低温度。相对湿度小于 100% 时,会发生蒸发,因此 $T_w < T_d$;③黑球温度(black globe temperature,T_g),用安装在黑球内的温度计测量,确保辐射的完全吸收和恒定地暴露表面积,而不管辐射热源的位置。黑球温度也叫实感温度,标志着在辐射热环境中人或物体受辐射热作用,以温度表示出来的实际感觉温度,黑球温度值一般比环境温度也就是空气温度值高。然后,根据三者的权重,将 3 个温度读数转换为 WBGT 值:WBGT = $0.7T_w + 0.2T_g + 0.1T_d$。在无明显辐射的情况下,可将方程修改为:WBGT = $0.7T_w + 0.3T_g$。湿黑球温度的测定如图 8-4 所示。

运动性中暑(EHS)是由高温引起的,以体温调节中枢功能障碍、汗腺功能衰

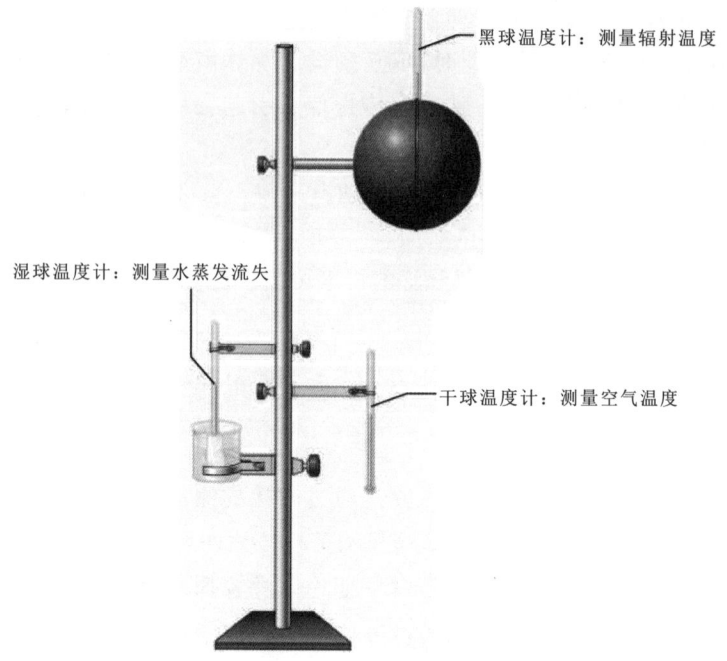

图 8-4 湿黑球温度测定(据 Wilmore et al.,2012)

竭和水、电解质丢失过多为特点的热疾病。人体常在高温、高湿和通风不良的环境中运动时发生中暑。它与普通中暑不完全相同,运动性中暑是在肌肉运动时产生的热超过人体散发的热而造成人体过热状态。根据发病机制和临床表现不同,中暑可分为热射病、热痉挛和热衰竭。WBGT 风险提示如下:WBGT≤10.0℃,机体有失温的风险,EHS 可能发生;WBGT=10~18.3℃,失温和过热的风险低,EHS 可能发生;WBGT=18.4~22.2℃,热疾病风险增加,高热危险的人须接受监控或不参加比赛;WBGT=22.3~25.6℃,过热风险增加;WBGT=25.7~27.8℃,未适应或体能差的人有高风险;WBGT≥27.9℃,机体有极大的过热风险,建议取消或延期比赛。

高热环境因素除了有热伤害的风险外,还将对运动表现造成不利的影响。例如,最好的马拉松跑成绩男子是在 10.6~12.8℃ 的环境温度下,女子是在 11.6~13.6℃ 的环境温度下产生的。较高的环境温度将对运动成绩产生负面的效应,而且在热环境中运动前身体的预冷可增进运动表现。

二、热指数

热指数(heat index,HI)是指在高温环境中,相对湿度增加时,人体真正感受到的温度会超过实际温度。HI 可以评估身体究竟感觉热的程度。HI 是结合空气温度和相对湿度计算身体表面温度的。高湿度的状态下热指数增加。例如:空气温度是 82°F,相对湿度 80%,HI 为 89°F,此时感受的环境温度为 89°F,而非温度 82°F。表 8-2 为相对湿度(%)和温度及其相对应热指数的对照表。

三、风冷指数

热流失的速率受风速的影响。风加速空气与皮肤的接触,进而增加热的流失速率。风冷指数(Wind chill index,WCI)是指受到环境温度与风速综合影响的有效温度。寒冷刮风与无风相比,前者会让人觉得更冷。在冷环境中,除了有体核温度下降的危险之外,大众面临主要的危险是冻伤。为了让大家认识到暴露在冷环境中潜在的危险,保罗·赛普尔和查尔斯·帕赛尔提出了风冷指数这一个概念,并建立了一个计算公式,预测在不同风速以及温度下,热流失的速度,即

$$WCI=[10.45+10v^2-v]\times(33-T_A)$$

式中:WCI 为风冷指数[kCal/(m²·h⁻¹)];v 为风速(m/s);10.45 为常数;33 为 33℃(皮肤温度);T_A 为空气温度(℃)。表 8-3 提供了在各种风速和环境温度下的风冷温度,以及发生冻伤所要的时间。当你跑步、骑车或滑雪时,必须将运动速度加以考虑以评估风冷的影响。

与前面讨论的热指数一样,风冷指数也是一种感知尺度,反映了不同条件下人类和其他生物的温度感知,而不是量化的客观值。相反,无生命的物体(例如金属旗杆、裸露的水管)不能冷却到环境温度以下,因此物体不适用风冷和热指数这一概念。

20 世纪后期,科学家着手解决现有的风冷模型的局限性。装有水的小瓶不能精确地模拟人体组织成分、传导性、内部热源和复杂的生理反应。由于小瓶冷冻的速度比人类皮肤快得多,这样容易高估对流散热的效果。因此,我们需要重新审视现有的风冷概念,更新基础科学知识以及公共卫生信息,相关部门于 2001 年发布了修订后的风冷指数。新的风冷指数有许多更新,包括以下内容:①使用面部冷却模型而不是惰性材料模拟人体皮肤的导热性;②基于 5% 易感人群的危险暴露值进行计算,在实际测试中,脸颊温度往往呈现的是最低值,该

表 8-2　相对湿度、温度和热指数的关系（据 Powers SK, 2017）

温度/°F	相对湿度/%											
	40	45	50	55	60	65	70	75	80	85	90	95	100
110 (47)	136 (58)											
108 (43)	130 (54)	137 (58)										
106 (41)	124 (51)	130 (54)	137 (58)									
104 (40)	119 (48)	124 (51)	131 (55)	137 (58)								
102 (39)	114 (46)	119 (48)	124 (51)	130 (54)	137 (58)							
100 (38)	109 (43)	114 (46)	118 (48)	124 (51)	129 (54)	136 (58)						
98 (37)	105 (41)	109 (43)	113 (45)	117 (47)	123 (51)	128 (53)	134 (57)					
96 (36)	101 (38)	104 (40)	108 (42)	112 (44)	116 (47)	121 (49)	126 (52)	132 (56)				
94 (34)	97 (36)	100 (38)	103 (39)	106 (41)	110 (43)	114 (46)	119 (48)	124 (51)	129 (54)	135 (57)		
92 (33)	94 (34)	96 (36)	99 (37)	101 (38)	105 (41)	108 (42)	112 (44)	116 (47)	121 (49)	126 (52)	131 (55)	
90 (32)	91 (33)	93 (34)	95 (35)	97 (36)	100 (38)	103 (39)	106 (41)	109 (43)	113 (45)	117 (47)	122 (50)	127 (53)	132 (56)
88 (31)	88 (31)	89 (32)	91 (33)	93 (34)	95 (35)	98 (37)	100 (38)	103 (39)	106 (41)	110 (43)	113 (45)	117 (47)	121 (49)
86 (30)	85 (29)	87 (31)	88 (31)	89 (32)	91 (33)	93 (34)	95 (35)	97 (36)	100 (38)	102 (39)	105 (41)	108 (42)	112 (44)
84 (29)	83 (28)	84 (29)	85 (29)	86 (30)	88 (31)	89 (32)	90 (32)	92 (33)	94 (34)	96 (36)	98 (37)	100 (38)	103 (39)
82 (28)	81 (27)	82 (28)	83 (28)	84 (29)	84 (29)	85 (29)	86 (30)	88 (31)	89 (32)	90 (32)	91 (33)	93 (34)	95 (35)
80 (27)	80 (27)	80 (27)	81 (27)	81 (27)	82 (28)	82 (28)	83 (28)	84 (29)	84 (29)	85 (29)	86 (30)	86 (30)	87 (31)

分类	热指数
极端危险	≥130°F（或54℃）
危险	105~129°F（41~54℃）
格外小心	90~105°F（32~41℃）
小心	80~90°F（27~32℃）

第八章 体温调节的生理基础

风冷温度表

风速/mph	温度/°F																	
	40	35	30	25	20	15	10	5	0	−5	−10	−15	−20	−25	−30	−35	−40	−45
无风	40	35	30	25	20	15	10	5	0	−5	−10	−15	−20	−25	−30	−35	−40	−45
5	36	31	25	19	13	7	1	−5	−11	−16	−22	−28	−34	−40	−46	−52	−57	−63
10	34	27	21	15	9	3	−4	−10	−16	−22	−28	−35	−41	−47	−53	−59	−66	−72
15	32	25	19	13	6	0	−7	−13	−19	−26	−32	−39	−45	−51	−58	−64	−71	−77
20	30	24	17	11	4	−2	−9	−15	−22	−29	−35	−42	−48	−55	−61	−68	−74	−81
25	29	23	16	9	3	−4	−11	−17	−24	−31	−37	−44	−51	−58	−64	−71	−78	−84
30	28	22	15	8	1	−5	−12	−19	−26	−33	−39	−46	−53	−60	−67	−73	−80	−87
35	28	21	14	7	0	−7	−14	−21	−27	−34	−41	−48	−55	−62	−69	−76	−82	−89
40	27	20	13	6	−1	−8	−15	−22	−29	−36	−43	−50	−57	−64	−71	−78	−84	−91
45	26	19	12	5	−2	−9	−16	−23	−30	−37	−44	−51	−58	−65	−72	−79	−86	−93
50	26	19	12	4	−3	−10	−17	−24	−31	−38	−45	−52	−60	−67	−74	−81	−88	−95
55	25	18	11	4	−3	−11	−18	−25	−32	−39	−46	−54	−61	−68	−75	−82	−89	−97
60	25	17	10	3	−4	−11	−19	−26	−33	−40	−48	−55	−62	−69	−76	−84	−91	−98

冻僵时间：■ 30min　■ 10min　■ 5min

风冷温度(°F) = $35.74 + 0.621\,5T - 35.75(V^{0.16}) + 0.427\,5T(V^{0.16})$

T = 气温(°F)　　V = 风速(mph)

表8−3　风冷温度表（据Powers et al., 2017）

温度提供保守的冻伤风险评估;③使用类似温度的数字,这样免与实际温度混淆;④增加了明确的公共卫生信息,警示冻伤的危险。尤其重要的是,在暴露 30min、10min、5min 或 2min 时使用从低风险到高风险冻伤相对应的颜色区域。

四、生理应变指数和冷应变指数

许多量化热暴露的指数是基于周围环境条件考虑的。一个固有的限制是个体对设定的环境条件、水合作用、药物效应和运动负荷的反应差异很大,这使得很难预测个体的实际反应。因此,基于最容易受影响的人群建立的安全指南(如 WBGT 指数和风冷指数)通常是高度保守的。一些研究人员提出了基于个体应变(响应)而不是外部应力(例如环境温度)的安全策略。一个挑战是特定的生理学变量的选择,这些变量需要在现场易测量,并可以实时地进行监控。

20 世纪 90 年代提出的生理应变指数(physiological strain index, PSI)。Moran(1998)利用机体代谢(以心率表示)和热应变(以直肠温度表示)的模型模拟运动-热应激反应。

$$PSI = 5(T_{ret} - T_{re0}) \cdot (39.5 - T_{re0})^{-1} + 5(HR_t - HR_0) \cdot (180 - HR_0)^{-1}$$

式中,T_{re} 为直肠温度,HR 为心率,下标 t 和 0 分别代表当前值和基础值;39.5℃ 和 180beats/min 分别代表最高直肠温度和心率。同一研究小组基于核心和皮肤温度设计了冷应变指数(cold strain index, CSI)。

$$CSI = 6.67(T_{core} - T_{core-0}) \cdot (35 - T_{core-0})^{-1} + 3.33(\overline{T}_{sk-t} - \overline{T}_{sk-0}) \cdot (20 - \overline{T}_{sk-0})^{-1}$$

五、运动时体温测量

通常深度体温比体表温度高 1~2℃。深部温度的测量可应用水银温度计、热电偶或热敏电阻以及吞服式核心温度测量丸等设备。直肠是常被用来测量核心温度的部位之一。此外,中耳鼓室是评估脑部温度的部位。食道温度也是评估核心温度的指标之一。虽然直肠、鼓室和食道温度可以轻易地在实验室中完成测量,但是在实际场地中进行测量则有很大的限制性。吞服式温度遥测系统可被用于实际的深度温度测量。这些测量体温的感应器是以低功率射频发送信号,并与温度监测仪进行通信的。这已被证实能有效地评估训练中的美式足球运动员的核心温度。在实验室中,皮肤温度是可以用来评估组织深部与皮肤之间的温度梯度的指标,其大小对于机体热散失非常重要。至于皮肤温度的测量,可利用温度感应器（热敏电阻感应器）黏贴于全身各部位的皮肤上，量取皮肤温度。接着，再将量取温度总和除以皮肤测量点总数，即可取得平均皮肤温度值。

尽管数十年以来科学家一直致力于研究人体如何精细地调节热稳态，还是有许多科学问题亟待解决。虽然温度感受器遍布于全身，但它们之间如何互连和整合以产生热损失或热增益的机制仍有待探索。从热平衡方程和热应力指数的讨论中可以看出，开发简单而准确的冷、热应变模型，是人众维持健康与安全的重要组成内容。

第九章　热应激

人在一定的环境温度范围内只需依靠简单调节就可以维持正常的体温。如果超过一定范围,环境温度持续升高,人体的散热能力将受阻,需启动多种体温调节方式。当这些调节都不能有效地维持体内热平衡时,机体将产生一系列应激反应,这就是热应激。热应激是机体对超过自身体温调节能力的热刺激产生的非特异性应答反应。人体在高温刺激作用下,若没有采取有效的降温措施,将出现一系列生理应激变化。热应激被认为是在军事、探矿、采矿、消防和危险的废物处理等活动过程限制工作能力的一个重要的因素。

高温、热衰竭和中暑已被公认为在炎热环境中运动的主要风险因子。日最高气温达到35℃时称为高温,连续3d以上的高温天气称为高温热浪(也称为高温酷暑)。炎热的环境刺激会严重损害运动能力,促使热疾病的风险增加。气候变暖,加上越来越多的人参加极限户外活动导致全球严重的热疾病发生率增加。本章主要介绍了在高温环境中运动时人体主要的生理反应,限制运动能力的潜在机制以及提高机体耐热性的策略。

第一节　热环境中运动时生理应答

在高温条件下比在低温条件下运动难度大,有研究表明,20℃与10℃环境温度相比,运动耐受性降低。目前正在探索的高温条件下运动疲劳发生的主要机制如图9-1所示。一个主要的观点认为疲劳的发生是由于心血管系统供血不足导致的,流向活动肌肉和皮肤的血流两者进行竞争。但自20世纪90年代中期以来,科学家们主要关注体温对运动能力的直接影响,研究发现个人自主终止运动时体核温度具有惊人的一致性。疲劳时体核温度是否具有一致性起初不是研究的主要关注点。有3个实验室独立地使用动物和人体模型对这一主题进行深入研究。这些研究通过冷却或加热改变初始体核温度,随后以设定的强度进行运动,达到自主衰竭的程度。尽管起始体核温度与储热速率或皮肤温度存在一定的差异性,但疲劳时呈现非常一致的体核温度值。这些研究认为在生物体中有一个"安全开关",在高温造成灾难性损伤发生之前,它将自主引起运动终止。随着对这一"安全开关"存在的普遍共识,研究主要调查引发自主终止运动的不同触发机制。

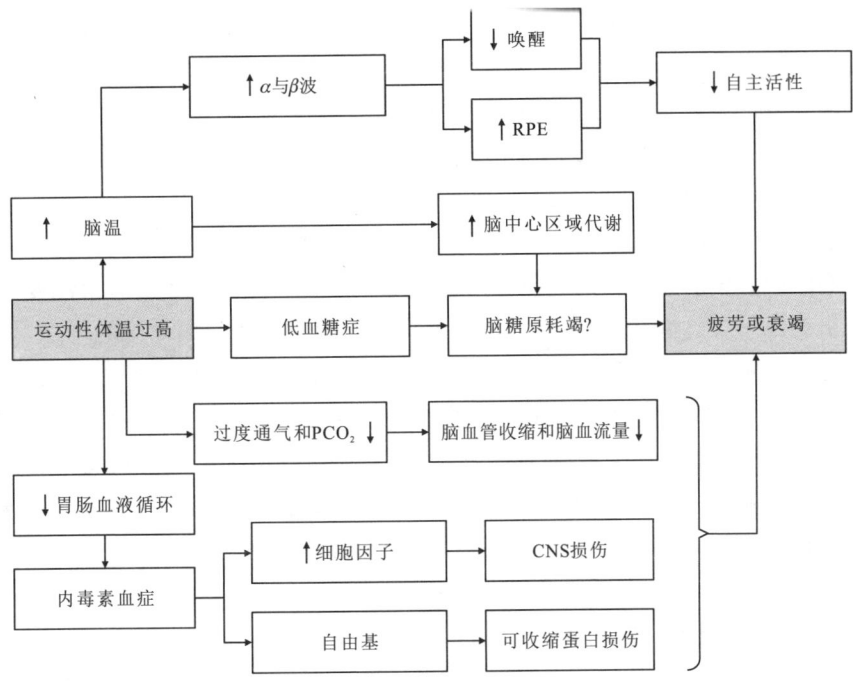

图 9-1 高温环境中运动时疲劳发生和运动能力下降的机制(据 Stephen et al.,2010)

在许多运动(如美式足球、赛车)中,都需要穿戴防护服来保护运动员免受伤害。防护服通常有多层,体积庞大且厚重,这样增加了身体负荷,增高了代谢成本。同时,衣物上有限的水蒸气渗透性进一步降低了蒸发热交换的效率。热应激时人体生理功能的变化如下:

一、神经肌肉功能

唤醒是指个体受到刺激而产生的感知觉的过程,它可分为生理唤醒与心理唤醒。生理唤醒是生理的激活或自主性反应。热浪中一种常见的现象是嗜睡,精神活动或敏锐度会因体温过高而受损,进而妨碍中枢神经系统对运动的调节。

研究人员检查了热应激时脑电波模式。据报道,被动加热的灵长类动物脑电频率降低,士兵在高温训练时脑电信号对刺激的反应变慢。低频($\alpha=8\sim13\,\text{Hz}$)和高频($\beta=13\sim30\,\text{Hz}$)脑波的比率可以作为衡量唤醒的指标之一。在热应激状态下,β波逐渐减少,α与β波比率增加。这类似于人在睡眠期间发生的情况,这可能反映高热促使大脑唤醒水平降低。脑电活动改变的生理意义尚待研究,值得注意的是,它与运动过程中主观疲劳感觉等级(RPE)的变化有关。这是一个非常有意义的研究主题,但在推进该领域研究过程中尚存在许多技术方面的难题。一个主要问题是在运动过程中脑电信号采集的困难,而通常这要求受试者保持静止状态。即使在仪器设备的小型化和遥测技术方面取得了很大进展的情况下,现场的脑电信号采集还难以实现。

温度对肌肉功能的影响具有两面性。运动前进行的热身从某种程度上是基于提高肌肉温度的原理。高热诱导的神经募集肌肉的能力下降是运动性疲劳的潜在机制之一。总的来说,虽然适当的肌肉升温可以促进肌肉力量的增加,但是通过运动引发的机体高温可能导致肌肉激活能力和最大肌力受损。有实验室开发了一种身体被动加热模式,系统地测试了体核温度逐渐升高时的神经肌肉功能。当体核温度达到39.5℃时逐步降温,研究人员测试神经肌肉功能。肌肉的最大自主收缩能力和自主募集肌肉的神经活性随着直肠温度的升高而逐渐降低。当核心冷却时,肌肉力量和自主激活水平逐渐恢复到基线值。

二、神经内分泌功能

在高温、高热辐射环境中运动,中枢神经系统先兴奋后抑制。随着体温升高,兴奋性神经突触后电位的幅度明显减弱;突触反射的潜伏期延长,兴奋性下降,味觉敏感阈增高;视觉敏感性下降,视觉-运动反应的潜伏期随环境温度升高而延长,且恢复变慢。因此,在这种情况下人会出现注意力不集中,操作错误次数增多,肌肉活动能力降低,动作的准确性和协调性差,反应迟钝、疲乏、失眠等现象,这容易引起意外伤害事故的发生。

热应激时,下丘脑-垂体-肾上腺皮质系统功能增强,肾素-血管紧张素Ⅱ-醛固酮系统被激活。高温抑制甲状腺素分泌,可促进血清T_3含量升高50%以上,而T_4变化甚少,T_4/T_3值降低,这是热应激导致机体内环境稳态失衡的生理反应,这可加速蛋白质的分解,引起氧耗量和产热量的增加。热应激时血清睾酮含量,血清睾酮含量和血清皮质醇含量的比值下降,分解代谢显著增强,这是反映体力明显下降的主要内分泌指标之一。急性热暴露时交感肾上腺髓质系统功能得到加强,慢性热衰竭时儿茶酚胺分泌不足。热应激可增加抗利尿激素的合成和分泌。在长期高温作用下,生长激素分泌减少,催乳素、性激素分泌增加。因此,热带居民身材比较矮小,性成熟较平原居民早。

体温变化会改变神经递质的活性和敏感性。大脑神经递质,尤其是5-羟色胺(5-HT)活性的降低被认为与中枢疲劳有关。5-HT水平升高可能会导致感知的努力程度增加。通过使用激动剂或拮抗剂药物改变人鼠脑中的5-HT含量,这将损害(激动剂)或增强(拮抗剂)的耐力表现。

多巴胺是另一种调节高热疲劳的神经递质。多巴胺水平在运动过程中分泌增加,并且多巴胺水平的急剧下降与早期疲劳出现时间上相吻合。

三、代谢功能

热应激时,人体消化功能呈抑制状态。高温具有强烈抑制胃肠运动的作用。血乳酸含量明显增加,可能是抑制胃肠运动的原因之一。血液重新分配引起消化道血量减少,而大量排汗和氯化物的损失,使血液中形成胃酸必需的氯离子储备量显著减少。因此,在高温环境中运动时消化道分泌会减弱,唾液、肠液,尤其是胃液分泌减少,分泌的潜伏期延长而分泌期缩短;唾液淀粉酶、胰酶、肠酶活性和胃液酸度降低,胃黏液蛋白减少;胃收缩和蠕动减弱,固体食物排空减慢,水排空加速;小肠运动抑制,吸收营养物质的速度减慢;脱水抑制摄食中枢和大量饮水冲淡胃液等,都可能引起运动者食欲减退,消化不良和胃肠道疾患的发病率增高。

气温为25~35℃时,能量代谢略降;超过35℃时,能量代谢随环境温度增高而加快。肛温从37℃增至42℃时,每升高1℃,代谢率增加10%~20%;体核温度增加1.5℃时,静息代谢率会增加约23%,小脑和下丘脑等代谢活动会增强。体核温度增加会给维持大脑血糖正常的供应带来压力,这将加剧疲劳的发生。

四、循环功能

在热环境中运动,热刺激引起皮肤血管的交感神经活动减弱,血管网高度扩张;内脏血管的交感神经活动增强,血管收缩,血液重新分配;支配心脏的神经末梢释放儿茶酚胺类物质作用于心肌细胞的β受体,心肌收缩频率和强度增加,心肌氧耗量增加,每搏输出量和心输出量增加;体内热量通过血液循环向体外发散,汗腺活动增强。高温环境中运动时,心输出量的增加主要通过心率增加进行补偿,而心率增加主要是由于外周温度感受器与控制心脏活动的神经元之间的反射作用引起的,中枢温度感受器也可促使心率加快,且与热强度、运动强度直接相关。心率增加时,心舒期缩短,冠脉流量将不能满足心肌活动需要。出汗量大时,血液浓缩,黏稠度增高,每搏输出量和心输出量都将降低。

在高温作用下,末梢血管紧张度降低,血压变化视身体活动的升压作用和高温的降压作用之间拮抗而定。强体力活动超过高温作用,收缩压升高,舒张压变化不大,脉压趋向增加。高温刺激时,心电图 T 波倒置,S-T 段压低,P 波增宽,P-R 间期延长,T 波和 R 波电压增高等。

五、泌尿功能

高温环境中运动时,肾血流量减少,肾小球滤过率降低。由于尿液浓缩,肾脏负荷将加重,有时可出现轻度肾功能不全,尿蛋白和尿血等现象。

肾血流量减少和少尿是急性热应激的早期反应。高温下运动,水分主要经汗腺排出,经肾脏排出量大幅度减少。由于出汗丢失的水分比盐分多,血浆渗透压将升高,这将刺激下丘脑的渗透压感受器,引起视上核和室旁核分泌抗利尿激素,作用于肾脏远曲小管和集合管上皮细胞上的受体,加强肾小管对水分的重吸收作用。大量出汗和脱水,刺激肾上腺皮质球状带分泌醛固酮;高温对机体的直接刺激可引起醛固酮分泌增加。醛固酮可以起到保钠排钾的作用。

第二节　热环境中运动时热量平衡

迪尔的研究团队在哈佛疲劳实验室进行了许多有关人体热应激的研究。体温调节的目的是维持核心温度的稳定。核心温度要维持稳定,热散失量必须等于热产生量。如果热散失量低于热产生量,体温升高;反之,体温降低。

持续在湿热环境中运动,维持正常的体温与体液平衡状态对于人体而言是具有挑战性的。高温与高湿会降低人体的辐射、对流与蒸发热散失能力。在这种情境之下发生的散热失能将导致核心温度升高,以及排汗量增加。体液丢失与核心增温交互作用,会对运动产生不利的影响。同时,核心温度大幅升高会增加热伤害的发生概率。

一、运动时的热储存

运动中产生的热大多来自于工作肌肉,若热未散失则会在体内蓄积。运动时获得的热量等于热产生量与热散失量的差值。体温上升需要的热量会因体格大小而有差异。人体的比热为每千克体重 0.83kCal。因此,体温上升 1℃ 所需的热量可以用下列公式计算:体温上升 1℃ 所需的热量 = 0.83kCal × 体重(kg)。

二、运动时的热排出

人体通过汗腺分泌来增加排汗率,以加强蒸发作用。在热环境中从事训练或竞赛活动,排汗率会大幅度提升。然而,排汗率有很大的个体差异。例如,热适应良好的人在运动中易流汗。体型较大的会比体型娇小的人有较高的排汗率。排汗率受遗传的影响,即使是体格相当并且有同样热适应能力的人,排汗率可能不同。

在湿热环境下进行长时间、非最大强度运动,运动表现会受到不利的影响;进行间歇性、高强度的运动,运动表现也同样受到影响。肌肉代谢、心血管功能/体液平衡,以及中枢神经系统功能的变化都不利于运动员的运动表现。运动中肌肉代谢的许多变化都会对运动表现造成负面的影响,如肌糖原消耗与乳酸堆积等。

热环境造成的肌肉疲劳,与运动增加自由基的产生有关。活动肌肉产生的自由基会损害肌肉收缩蛋白结构,并降低肌肉收缩蛋白效能。热应激会减少肌肉血流,这不会影响轻度或中等强度运动耐力表现,因为在发生脱水前,肌肉血流基本可满足代谢需求,而在湿热环境下从事高强度运动,肌肉血流会减少,这会对运动表现产生负面影响。体温过高和脱水会直接影响到中枢神经系统的功能。

综合上述,在热环境中运动会加速肌肉疲劳而影响运动表现。高热造成的疲劳是多个因素综合作用的结果。运动员可以通过许多方式来改善热环境下运动的耐受性。例如,运动员可通过热适应以及运动补水,以保持运动表现的最佳化。20 世纪 60 年代,人们认为女性在热环境下的耐受力比男性低。然而,当女性在身体组成与热适应方面的特征与男性相匹配时,男女之间对于热的耐受力,性别上的差异就变得微不足道。关于"年龄不同的个人在热环境中的运动表现是否也会呈现出明显的差异"?这类议题至今仍争论不休。老年人静态生活的体温调节能力会受到老化的影响，而有运动训练的老年人与青年人之间的体温调节功能呈现微小的差异。

第三节　热环境中运动的散热策略

机体产生的热量，随着血液循环均匀地分布于全身的组织器官。当血液流经皮肤时，全部热量的 90% 由皮肤散发，因此皮肤是人体散热的主要部位。还有一小部分热量，通过肺、肾和消化道等途径，随着呼气、尿和粪便排出体外。不管高温导致运动伤害的实际机制是什么，进行户外运动时，将降温作为一种人体工学的辅助手段来消除高热的风险应该放在安全卫生策略的首要地位。

一、运动前预冷

预冷是指机体的初始温度迅速降至适合温度的过程。由于在运动过程中不能降温，在运动前采用预冷的方式降温就受到特别的重视。这一方式的有效性获得 1996 年亚特兰大奥运会的澳大利亚赛艇队的支持，他们在比赛前热身时使用了冰背心。自此以后，赛前预冷变得流行起来，包括田径、游泳和自行车等项目。在临床实践中，为了最大程度地减少神经损伤，病人心脏骤停时使用冷却头盔来快速降低脑部温度。一些运动员采用头部预冷的方式提高主观热耐受性。

在持续高强度的运动中，较低的体温可以通过延迟身体热量蓄积，达到提高运动成绩的目的。运动前预先减少热量蓄积可以提高运动耐力。在预冷的情况下储热速率可能保持不变，但是基础体温的下调可以使体核温度随长时间运动而保持在较低的水平，从而延迟达到临界体核温度的时间。预冷可以减少机体对热应激的感知，从而促进主观耐受性。这种现象在优秀的跑步运动员和赛艇运动员中都有体现。

二、小气候调节系统应用

在可行的情况下，运动员佩戴小气候调节系统（microclimate conditioning systems，MCS）可以改善热感知，降低热量储存率。但是，配有 MCS 的防护服在实际中的应用仅限于非常轻的工作，因为运动时高的产热率和防护服低的散热率会很快导致无法代偿的热应激出现。目前，大多数 MCS 依靠气体、液体介质或相变材料进行传导性热交换。

当前一般的 MCS 仅具有简单的手动控制功能，它们可以均匀地冷却整个身体，而不是针对特定的高热部位，其冷却效率相对较低。然而，MCS 自动控制的设计是一项艰巨的任务，因为该系统应该是为特定部位提供冷却服务的并适合不同类型的运动。这需要识别身体热状态的指标，以便调节冷却控制。最佳的自动控制系统能够快速响应佩戴者热舒适性和运动需求。从人体生理学和人体工学的角度来看，MCS 的设计目标是最大限度地提高冷却效率，以尽可能维持运动员热舒适性。这种进步需要一种跨学科的方法，即将服装设计中的人体工程学科（如生物医学、机械电子）与人体生理学结合起来加以运用。

三、运动时间歇性降温

在某些工作环境中，外部温度过高，易引起热病的发生，而穿保护服不可行，这样需要运动间歇降温的方式来防止高热风险。然而，运动间歇的降温需要考虑其科学性和实用性。尽管大型设备冷却效果好，但它不容易搬运。工作者定期摘掉头套和橡胶手套可以延长在高温下的工作耐受性，但这种措施实用性都很低。休息时，运动员将手和前臂浸入冷水或温水（10~20℃）中 10~20min，可以显著降低体核温度，并延长他们在湿热环境中的工作耐受性。另一种运动时间歇性降温的方法是运动员在休息时进行面部喷雾，这种简单的策略在一些高强度间歇性运动中被证明是有效的。

四、热病体温冷却

在罹患热病的情况下，医护人员必须优先考虑病人体核温度的快速降低，因为热病的严重程度涉及到高热的幅度和持续时间。由于水的高导热性，通常病人被建议浸入冷水中进行快速冷却。但是理想的水温值一直存在争议。快速冷却的需要与冷刺激引起心血管休克的可能性之间需取得平衡，而且必须避免患者在冷水中浸泡时间太长而致过度冷却。研究表明，26℃温水与较低温度的冷水一样有效。运动员另一种普遍使用的冷却方案是运动后冷水浸泡。需要注意的是，冷水浸泡引起的外周血管高度收缩可能导致血液在肢体中蓄积，从而降低代谢恢复的速率，但是冷水和温水之间交替沐浴可以减轻血液蓄积量。

第十章　运动时水分和电解质的补充

水分与电解质是维持人体健康必需的重要物质。电解质如 Na^+ 与 Cl^-，对于许多人体功能，以及保持细胞内外的体液平衡是必需的。体内水分的流失和电解质含量的减少会降低运动表现水平。因此，维持稳定的体内水分和电解质平衡是至关重要的。在热环境中，运动员需要考虑到热应激的不利影响，适当的应对策略可降低其风险。除了降温干预之外，关键是确保在炎热的环境中充足的水分和电解质补充。中等强度运动时运动员出汗率通常超过 1L/h，美国选手阿尔伯特·萨拉查在1984年奥运会马拉松跑热身时记录到的最高出汗率为 3.7L/h。饮水中枢无法及时检测到体重2%以内的脱水。即使具备较好的饮水条件，运动员水分补充的速率难以与水分流失的速率相匹配，通常会在运动或热暴露过程中逐渐引起机体脱水。

机体脱水会影响到心血管功能和活动表现。人们普遍认为，较低的机体水合状态不利于运动表现，但"充分水合状态"一词的界定尚不明确。在实验室和运动现场，如何简单、有效地测量和监控机体水合状况及其变化？一个人在运动过程中应喝多少水以降低脱水或低血钠症的危险？运动员应该饮用清水还是含有糖、电解质这些物质组合的特殊饮料？补水指南在不同的持续时间和强度的运动项目之间会有区别吗？本章的目的是介绍当前有关运动或热应激时水分和电解质补充的知识，分析水分和电解质补充潜在的科学基础，提出需要持续调查研究的科学问题。

第一节　水

水与其他的营养物质相比它对生命的意义显得尤为突出。人体每天对水分的需求大于对其他营养物质的需求，在没有水分补充时人仅能存活数天，而缺乏其他的营养物质像糖、脂和蛋白质，人则可以存活数星期。水约占人体体重的60%，约占瘦体重的75%，以及约占体脂重的25%，较高比例的瘦体重或较低比例的体脂重会导致机体有较高比例的水重。一般来说,妇女、肥胖者以及老年人体内水的占比会偏低,这是因为他们的瘦体重比偏低,体脂重偏高。

水占体重如此高的比例,它一定为机体提供许多重要的功能,包括:构成血液,运输营养物、代谢物和血细胞;维持血量;参与代谢反应;充当调节剂;形成汗液;运输热量;构成关节润滑剂;构成脊髓液和眼液;怀孕时,构成羊水。水在体内提供如此多重要的功能,维持正常水摄取和水流失的平衡是相当重要的。

一、水平衡

在正常情况下,机体的含水量是相当稳定的,水摄入量等于水排出量。人体每天摄入的水量大约60%是从饮用的液体中而来,30%是从食物中而来,10%是由细胞在代谢中产生的。每天代谢产生的水有150~250mL,高的代谢率产生多的代谢水。人体水的摄取量平均约为33mL/(kg·d^{-1})。水的排出有4个途径:皮肤蒸发、呼吸道蒸发、尿液排出和粪便排出。水从皮肤和呼吸道蒸发是在无感情况下发生的。正常情况下,人体日水摄取和水流失情况如表10-1所示。水分的摄取会因运动、环境温度以及湿度的变化而异,水的摄取要与能耗相关联。

表10-1 典型的身体水分日流失量和摄取量(据Kraemer et al.,2011)

水分流失量/mL	水分摄取量/mL
尿液:500~1400	液体:500~1500
汗水:400~900(运动时)	食物:700~1000
排泄物:150	代谢水:200~300
无感流汗:350	—
总量:1400~2800	总量:1400~2800

为了维持体内水平衡,水分摄取量需与水分流失量相等。若摄水量增加,人体就会通过增加尿液排泄的方式维持正常的水合状态。若摄水量小于流失量,低水合状态发生会影响到身体机能和运动机能。运动会加速水的流失,如表10-2所示。运动产热主要是依靠汗液蒸发而散失的。当体温升高时,流汗增加以防止身体过热,在剧烈的运动中,代谢产生的水相较于大量流汗而引起的脱水只是起到一个微不足道的缓冲作用。

表 10-2　冷环境下休息和长时间运动时水从身体流失的量(据 Wilmore et al.,2012)

流失途径	休息		长时间运动	
	流失量/(mL·h^{-1})	总数/%	流失量/(mL·h^{-1})	总数/%
皮肤(无感流失)	15	15	15	1
呼吸(无感流失)	15	15	100	7
流汗	4	5	1200	91
尿液	58	60	10	1
粪便	4	5	—	0
总量	96	100	1325	100

通常汗液生成量取决于环境温度、辐射强度、湿度、空气流速、体格大小和代谢率等。这些因素影响身体热的储存和散失。热从高温区域流向低温区域,人体热的散失会因环境高温、高湿度及空气不流动因素的影响而变差。身材高大的人通常要消耗多的能量去完成赋予的工作,他们一般有高的代谢率,从而产生多的热量。不过由于他们具有较大的皮肤表面积,他们可通过汗水蒸发的方式散发热量。当运动强度增加时,代谢率也升高,这会增加机体产热,增加汗液分泌。为了储留水分,机体会减少肾血流量,以减少尿液生成量。在热环境中进行高强度运动时,流汗蒸发和呼吸蒸发可引起水分流失增加。在干冷的环境中,呼吸蒸发成了身体水分流失的主要途径之一。

二、脱水

脱水是指由于人体流失大量水分,不能得到及时补充而造成新陈代谢障碍的一种症状,严重时会引起虚脱,甚至死亡。根据其血钠或渗透压的变化,脱水分为低渗性脱水(即细胞外液减少合并低血钠),高渗性脱水(即细胞外液减少合并高血钠)等渗性脱水(即细胞外液减少而血钠正常)。与水合状态有关的两个术语:脱水和低水合经常被错误地使用。脱水是指体内水分的动态损失过程,而低水合是指身体失去一定量水分的状态。例如,举重运动员可以通过运动以及严格控制水的摄入使身体脱水,处于低水合状态,从而达到一定的体重级别。运动脱水主要是因为运动流汗引起的水分流失,而流汗是为了应对机体能量消耗增加而使产热增加,汗液分泌增加而汗水蒸发散热在低温度条件下才显著。

（一）脱水的生理反应

运动脱水会引起血浆量减少，而肌肉对心输出量需求增加。脱水时初始的心血管反应是皮肤血流量减少，胃肠道、肾脏和其他内脏器官血流减少，这样可以维持正常的静脉回流和血压稳定。在高温环境中机体运动时将产生应激性生理反应，这是由于运动肌肉代谢需求和皮肤散热需求增加所致。

在运动强度不变的情况下，首先观察到的是应激引起心率的逐渐升高，这种现象被称为心血管循环转变，它主要是由血量减少及血液向周围血管再分配增加以散热引起的。静脉回流受此影响，导致心脏舒张末期容积和每搏输出量减少。因此，机体需要增加心率以维持运动肌肉稳定的血流量。在炎热的环境中，较高的出汗率可能会加剧心血管循环转变的程度。在监测心率时，我们要意识到心率的这种潜在变化，因为心血管循环转变可能导致高估实际训练强度。

脱水会引起体温调节能力的改变。下丘脑中的热敏神经元对渗透压的变化敏感，尤其是 Na^+ 浓度的改变，这表明水合作用可能会影响到体温调节能力。虽然将生理反应归因于单个变量很有诱惑力，但是血量和渗透压的变化有可能产生叠加效应。体液过少会损害蒸发散热能力，这既会增加机体发汗温度阈，又会降低发汗敏感性。

相关研究探讨了渐进性脱水对心血管功能的影响。受试者在 33℃（50%相对湿度）的环境中运动 2h，不接受液体补充或接受相当于预估出汗率 20%、50% 和 80% 的液体补充。在不同的水化速率的情况下，没有观察到出汗率有明显的不同，这反映了在 4 种条件下一致的运动强度引起了相似水平的产热量。然而，血浆渗透压随着补液量的增加而逐渐降低。该研究表明，轻微的脱水有可能导致机体疲劳，并增加运动性中暑的风险。这直接促成了学界关于补液立场的共识，即饮用足量的液体可以抵消预期的出汗量。

运动引起的胃排空和肠道吸收的减少会影响人体摄取液体和营养物质的能力。这需要运动员在运动早期就进行物质补充。在热环境中，运动会显著降低运动员胃排空速率，而不管热适应状态如何。在严重的脱水情况下，胃肠道缺血会改变胃肠道通透性，易导致内毒素血症的发生。

（二）脱水对运动成绩的影响

脱水会对运动表现产生负面的影响。运动员经常通过自主脱水来达到比赛一定的体重级别。关于低水合作用对短时间高强度运动能力的影响，研究者已经提出了相互矛盾的观点。随着运动强度的降低和运动时间的延长，体温调节能力对运动耐力的影响显得尤为突出,脱水的不利影响越发明显,脱水可以引起最大摄氧量明显的降低。而热应激会加剧这种损害。在炎热的环境中,低水合作用造成的应激会损害运动能力。因此,运动前的低水合状态会抵消热习服增强运动能力的益处。在运动前我们需要确保人体处于适当的水化状态。

运动员初始水化不足会损害其运动能力,即使后期充分补液也不能弥补体液平衡能力的下降,因此,在运动开始前保持适当的水合状态是至关重要的。虽然低水合作用对无氧代谢能力没有很大的影响,但是它对有氧运动能力的影响通常是负面的。目前的共识是,运动补水需将脱水的程度限制在体重2%以内,同时注意保持电解质平衡。

1. 脱水对有氧工作能力的影响

脱水会影响有氧工作能力,田径选手脱水达总体重的2%时,5000m与10 000m跑步的成绩分别会下降约5%和3%,赛艇选手2000m竞速成绩会下滑22.7s。有氧能力是通过一定的心输出量来维持的,通过输送氧气至活动组织以及移除代谢废物,维持正常的工作能力,热的移除及相应地代谢受质提供也是必需的。活动时,机体流汗速率由环境而定,在湿热的环境中,多数人可高达2L/h。

脱水引起的血管收缩会导致全身血管阻力上升,例如在马拉松比赛时,心脏为了维持正常的心输出量就必须有较高的作功。因脱水导致1%的体重下降时,每分钟心率增加3～5次。

另一个因脱水而影响有氧工作能力的因素为体温的增加。脱水时,皮肤的血流量下降流汗量也会因此降低,这两个因素都会导致热的排除受阻,从而引起体温增加。脱水与体温过高在运动中会产生叠加效应,这两者对心血管功能造成负面的影响。脱水还可以引起代谢功能改变,脱水引起肌肉中乳酸脱氢酶活性增加以及乳酸生成的增加,这两者会导致疲劳的发生,引起运动耐力的下降。

脱水时相同的做功自觉努力程度(ratings of perceived exertion,RPE)增加,认知功能也会受脱水影响,而自觉努力程度的增加与认知功能的下降会影响比赛行为,像配速策略。脱水引起上述的因素会交互作用从而来降低耐力表现。在湿热的环境中,脱水程度高于2%或3%的体重时,有氧工作能力就会下降,然而在冷环境中,像越野滑雪,脱水程度达3%的体重时则对有氧运动表现影响不大。

2. 脱水对无氧能力的影响

关于脱水对无氧工作能力的影响,观点不一致。从趋势上来看,脱水程度的上升伴随着无氧工作能力的下降。一般来说,当脱水程度低于体重的5%时,肌力的下降不明显,然而脱水程度高于体重的5%时,肌力呈现显著的下降。体重5%的脱水状态下,持续30s最大努力的无氧表现无显著变化,因此相较于有氧能力,无氧能力较少受到脱水的影响。

有许多原因可以解释为何脱水引起的有氧与无氧能力的变化是不一致的。脱水导致的血浆量下降与心输出量减少会对有氧能力造成负面影响,但不会影响无氧能力,因为肌肉摄氧不是那么的重要。此外,考虑到脱水与体温过高的共伴效应,在湿热的环境中运动时需要谨慎对待。脱水对运动表现的影响如表10-3所示。

表 10-3　2%体重的脱水引起的生理功能和运动表现的改变(据 Wilmore et al.,2012)

心血管	
血液量/血浆量	减少
心输出量	减少
每搏输出量	减少
心率	增加
有氧能力($V_{O_2 max}$)	没改变或降低
血乳酸峰值	降低
血液缓冲能力	降低
乳酸阈	降低
肌肉和肝脏糖原储量	减少
运动中血糖浓度	可能降低
蛋白质供能比例	可能增加
体温调节和体液平衡	
电解质含量	减少
运动时的核心温度	提高
流汗速率	降低,延迟发生
皮肤血流	减少
运动表现	
肌力	没改变或降低
肌耐力	没改变或降低
移动速度	没改变或降低
跑至衰竭的时间	降低
总做功	降低
集中注意力	降低
一些技能表现水准	降低

三、口渴的机制

口渴是一种有意识要喝水的需求,口渴的机制则是由下视丘控制的,是通过接收血浆渗透压信息来进行调控的。当机体的水分流失时,渗透压增加刺激相应的控制中枢。当机体摄取液体以后,血浆渗透压会回归至正常值,口渴的感觉就会消失。脱水的第一个征兆是"干嘴巴"。当你感受到口渴时,机体脱水就已经发生了。运动后3h内一般来说只能补充60%~70%的体液流失量。

然而,人体无法精确及时地判断脱水状况,必须等到脱水到一定程度时才会感觉到口渴。当人们按照他们口渴的指令喝水时,需要24~48h才能完全补充因大量出汗而流失的水分。为了防止慢性脱水,建议运动前喝水,在运动前要有策略地摄取水分。

四、水分补充指南

维持适当的水化状态有助于提高运动表现,这要求运动员在运动前、运动中和运动后都恰当地进行水分补充。许多因素会影响水分补充策略。在有体重分级的比赛中,运动员急性控体重的方式容易导致脱水的发生。

专业团队建立了运动员水分补充指南,如表10-4所示。提出通用的补水指南是有困难的,因为脱水会受到许多因素影响,包括:个体差异性、运动类型、衣着、训练状态以及环境因素(如温度、湿度和风速)等。该指南应视为发展个人补水策略以应对运动需求的基础。

表 10-4 水分补充指南(据 Kraemer et al., 2011)

运动时间	美国运动医学学会(ACSM)	美国运动伤害防护协会(NATA)
运动前	运动前 4h,每千克体重摄取水分 5~7mL;运动前 2h 每小时摄取 3~5L 的水分	运动前 2~3h 摄取 500~600mL;运动前 10~20min 摄取 200~300mL
运动中	在激烈运动中,每小时摄取 0.4~0.8L 的水分	每 10~20min,摄取 200~300mL
运动后	每减少 1 千克体重摄取约 1.5L 液体	在 2h 内,摄取液体以补充流失的水分以高于 25%~50% 的流汗量进行快速水分补充

五、评估水分补充的方法

脱水会对运动员的表现和健康造成负面的影响,了解体内的水化状态是相当重要的。日常生活中常用来监视体内水化状态的方法是体重的测量以及尿液颜色的观察。虽然这两种方法都有一定的局限性,但是可提供便捷且非侵入的方式来监测体内的水化状态。

(一)运动现场检测

体重减轻在1%的范围内代表机体未脱水,高于1%体重以上代表脱水(表10-5)。为了精准地测量体重,需在进食喝水以及排尿之后进行连续3次裸体体重的测量。体重测量应在冲澡以后,测量裸体的重量,而运动前后体变化百分比以公式(运动前的体重-运动后的体重)/运动前的体重×100进行计算。尿液的颜色是判定机体水化状态的一般性指标,尿液颜色光亮代表机体水分状态充分,而颜色深暗则代表脱水程度大。但这种判定方法有许多局限性,一些补品,像维生素的摄取会引起尿液颜色变暗。建议采用晨起尿液或是运动后复水的尿液作为评估样本。

表10-5 水化状态:体重变化与尿液颜色(据Kraemer et al.,2011)

水化状态	体重变化/%	尿液颜色
良好的水化状态	±1	1 或 2
轻微的脱水	-3～-1	3 或 4
明显的脱水	-5～-3	5 或 6
严重的脱水	-5	大于 6

(二)实验室检测

通过血浆渗透压检测机体水化状态是精准、有依据且敏感的方法。尿液量可以作为检测机体脱水状态的一般性指标,但这会被液体摄取以及其他因素影响,然而尿液比重以及尿液渗透压的测量对脱水状态评估是可以量化且常被使用的方式,这需要有良好业务能力的人来执行这样的测验。

第二节 电解质

体内水是均衡分布的,溶解在体液中的物质与水分维持以及体内水流动的控制密切相关,为了维持体内水的稳定以及控制水在细胞间的流动必需调节电解质的流动。何为电解质呢?当矿物质结晶,如 NaCl 溶解在水中时,它就会分离出带电的离子,即带正电的 Na^+ 与带负电的 Cl^-。矿物质结晶溶解在水中并形成的离子就称为电解质,电解质对可兴奋性细胞,像神经元与肌纤维的兴奋是必需的。细胞膜的通透性是有选择的,一些离子,如 Na^+、Ca^{2+}、Cl^- 在细胞外大量存在,而 Mg^{2+} 与 K^+ 则在细胞内大量存在。

电解质影响到细胞内水分的保留以及细胞间水分的流动。水移动通过细胞膜是因为带有较高浓度的电解质驱动直到细胞膜内外的电解质浓度相等为止。细胞本身无法直接控制水的移动但可以通过电解质控制细胞内外水的流动。

一、电解质平衡

机体必须保持适度的电解质浓度才能维持正常的细胞功能,而体内电解质平衡主要由肾脏和胃肠道控制的。假设体内 Na^+ 浓度过低,肾脏就会通过 Na^+ 的重吸收作用来控制其浓度。此外,当 Na^+ 被重吸收时,K^+ 就会被释放,肾脏的功能是由激素调控的,像肾上腺分泌醛固酮来刺激 Na^+ 的重吸收。

胃肠道中的矿物质可通过小肠的吸收送至血管中以满足机体的需求。假设体内某一种特殊的矿物质浓度较低时,小肠对这种矿物质的吸收就会增加,肾脏也会为体内的电解质平衡提供支持。运动流汗导致电解质的流失会迫使机体在维持电解质平衡上作出努力。当机体电解质平衡能力受损时,机体功能会受到影响,通过预防性的饮食可以调整增补,从而加强机体维持电解质平衡的能力。

(一)汗液中的电解质

汗水是血浆的过滤物,其中包括许多电解质,如 Na^+、Cl^-、K^+、Mg^{2+}、Ca^{2+} 等。虽然汗水尝起来是咸的,但是其包含的矿物质远比血浆和其他体液少。事实上,汗水含有 99% 的水,Na^+、Cl^- 是汗水中含量最多的离子。如表 10-6 所示,汗水中 Na^+ 和 Cl^- 浓度大约是血浆的 1/3,是肌肉的 5 倍之多。汗水中电解质浓度的个体差异相当大,它深受遗传、流汗速率、训练状态以及热适应等因素的影响。

表 10-6　在热环境下运动 2h,男子的汗水、血浆和肌肉中电解质浓度及渗透压大小

(据 Wilmore et al.,2012)

	电解质/(mEq·L^{-1})				渗透压/(mOsm·L^{-1})
	Na$^+$	Cl$^-$	K$^+$	Mg^{2+}	
汗水	40~60	30~50	4~6	1.5~5	80~185
血浆	140	101	4	1.5	295
肌肉	9	6	162	31	295

注:mEq·L^{-1}(毫当量/升)=每升1毫当量(每升含千分之一克的溶质)。

汗水是一种低渗溶液,表示它有着比血液更低的渗透压。在高温高湿环境下进行高强度运动,人的流汗率会达到 3~4L/h,人体的热适应包括:较容易开始流汗、较高的流汗率、安静血浆量增加以及汗水中电解质含量降低等。

一般情形下,流汗不需额外补盐(一般食物中含大量的盐)。如果在高温下从事长时间持续性运动,如铁人三项或马拉松跑,可以通过食物或含有电解质的运动饮料摄取盐分,因汗水导致的电解质流失会因胃肠道与肾脏对电解质的保留而获得抵消。运动员在湿热的环境下从事 20d 的路跑,在没有额外的矿物质增补的情况下,而能维持血浆正常的矿物质浓度就是一个例子,这依赖的就是机体对电解质的节省机制。

当电解质随汗水流失时,剩余的电解质在组织细胞中重新分布。肌纤维收缩时,K$^+$从活动的肌纤维扩散进入细胞外液。但是细胞外液 K$^+$增加量不等于活动肌肉释放出的钾量,这是因为活动肌群流失的 K$^+$同时被没活动的肌群和其他组织吸收。在恢复期间,细胞内的 K$^+$含量迅速恢复正常。一些研究者提出运动中肌肉钾的扰乱现象可能会造成疲劳,它是通过改变神经和肌肉的膜电位使得神经冲动传导变得困难所致的。

(二)尿液中的电解质

肾脏除了负责将代谢废物从血液中清除以及调节体内水含量以外,它也调节机体的电解质含量。休息时,尿液的排放是电解质流失的主要路径。但是在运动中机体的水分流失增加时,尿的生成量减少,目的是尽力保住水分,这样由于生成的尿液量极少,使得以此路径流失的电解质的量减至最低。肾脏在电解质的管理上负有另一项角色。假如一个人吃进 250 毫当量的盐(NaCl),正常情况下肾脏会将 250 毫当量的电解质排除掉以维持体内 NaCl 含量的稳定。然而,大量流汗时,醛固酮激素分泌增加。此激素刺激肾脏回收 Na$^+$,结果在一次长

时间运动之后的数天内,机体会比平时保留更多的 Na^+。这种情况下会增加血浆 Na^+ 的浓度。Na^+ 含量增加引起口渴,迫使人体摄取更多的水。血浆量扩增不会有负面的影响,它只是暂时的现象。

运动强度与 Na^+ 排放量之间具有负的线性相关关系。最大强度运动时机体仅有安静时 Na^+ 排放量的 10%~20%。Na^+ 排放的减少有两个主要的原因:一个是尿液中有较少的 Na^+,另一个在中强度以及高强度运动时尿液排放量会减少。事实上,这是训练以及在热环境运动适应引起血浆容量增加的主要机制之一,若没有再运动,机体液体含量会在运动结束以后 48~72h 内恢复正常。

二、低血钠症

虽然水分摄取不足会导致脱水,摄取过多的水分也会有负面的效应。低血钠症,也称为"水中毒",是血液中 Na^+ 浓度过低的一种现象,一般是由于摄取过多水分所致的。摄水过多会引起渗透压改变,导致水分移至脑内。早期的症候包括:浮肿、喘气、恶心、呕吐以及头痛等。当严重性增加时,形成脑水肿,症状包括:精神错乱、定向力障碍、焦虑、肺水肿、癫痫发作、昏迷以及死亡。低血钠症是如何发生的?一些专家认为发生血液 Na^+ 浓度过低现象的原因是在数小时内饮用过多低钠含量的液体所导致的,而这会因为流汗引发 Na^+ 流失而加剧。这就是为何补充的饮料时要添加 Na^+ 的原因,如运动饮料可以减少低血钠症状的发生概率。其他的专家认为储存在血液中的 Na^+ 渗透至组织细胞间,导致血液中 Na^+ 浓度降低。通过避免过多的液体摄取可以防止低血钠症的发生。女性相较于男性在马拉松或超级马拉松赛事中有较高的危险发生低血钠症,有许多生理和心理上的因素解释为何女性有较高的危险性,但实际的原因目前仍不清楚。

第十一章　运动与冷环境

人体的冷热刺激涉及到生理调节和行为变化。由于在冬季运动员参与运动竞赛次数的增加,这激发了有关冷环境与运动的研究兴趣。另外,一些从业人员和军人被要求在冷环境中工作,而这种环境常会限制其身体机能表现。因此,冷刺激的生理反应和健康风险,在运动科学中是一个非常重要的议题。

体温下降会提供信息给体温调节中枢,启动体热储留及产热增加的机制。机体为避免过多热散失,冷刺激时感受器通过皮肤血管收缩,非寒战产热及寒战产热等方式调节体温。这些机制无法满足体温调节需求时,人体就需要通过行为变化(身体蜷缩成团,增加衣物等)的方式阻止热的散失。皮肤血管收缩是因为交感神经刺激皮肤小动脉引起血管平滑肌收缩,降低皮肤血流量,从而减少热散失。皮肤血管张力的持续调节,可补偿体内热量散失,而仅有皮肤血流改变,不足以继续阻止热散失。非寒战产热是通过交感神经系统刺激能量代谢系统以增加产热的。对抗体温下降的另一道防线就是寒战产热,它是骨骼肌自主收缩及舒张的循环,可以使机体产热率增加 4~5 倍。

在冷环境中,热量散失引起的体核温度偏低是人体面临的主要危险之一。在户外,决定最佳的环境中工作表现的一个关键因素是手动功能的维持。手动功能受损会大大增加安全风险并引发危险情况。

与热病相比,冻伤对普通人来说不是一个特别难以克服的问题,但对于特定人群(如军人)来说事实并非如此。严寒的天气会使一支正在行进的军队停滞不前,并因此改变历史进程的著名例子就是拿破仑和希特勒分别入侵俄国和苏联时的情景。

第一节　冷应激

应激通常是指机体受到频率较高,持续时间较长或时间虽较短但变化剧烈的刺激引起的生理反应,这种反应表现在机体内环境稳定性、生理和行为等方面的变化。应激引起机体的非特异性变化被称为全身适应综合征,引起机体出现这种症候的刺激即为应激源。湿黑球温度10℃以下的冷环境易引起人体失温。失温是指人体热量散失大于热量补给,从而造成人体核心温度降低,产生一系列寒战和心肺功能衰竭等症状,甚至造成死亡的病症。失温时核心温度低于35℃。冷空气可以从多个途径促使失温的发生:首先,空气温度低于皮肤温度产生对流热流失的梯度,而生理调节促使外周血管收缩、寒战产热对抗热流失;其次,冷空气中较低的水蒸气压促使皮肤水分的蒸发,从而进一步降低体温。上述两个因素的合并效应可能是致命的。

失温可根据体核温度进行判定。轻微失温:35℃-寒战,34℃-记忆丧失,缺乏判断力;中等失温:33℃-运动失调,无情感,31℃-停止寒战、瞳孔放大,29℃-无意识;严重失温:28℃-心室纤维颤动,26℃-对痛觉无反应,24℃-低血压,心跳徐缓,19℃-脑电波沉寂,13.7℃-成人存活的最低体温。失温的因素包括:环境特征(如气温、蒸气压、风速);绝缘特征(如着装和皮下脂肪);个体特征(如年龄、性别、产热能力)。失温的原因是热流失大于热产生,而传导、对流以及辐射作用与皮肤—环境的温度梯度相关,温度梯度越大,则热流失率越高。因此,环境温度不需要低于冰点以下就足以引起失温。事实上,其他环境的因素会与环境温度交互作用,助长失温的危险状况,这些因素包括风速和空气湿度。

在冷环境中运动,我们需要强化机体防止热散失的能力,降低冻伤发生的概率。一般而言,在冷环境中短时间运动或工作,我们只要添加足够的衣物,基本上可避免失温的发生。但是,在冷环境中长时间运动将导致人体持续不断的热流失,且热流失速率会高于热产生速率。当发生失温时必须予以正确处理。轻微失温:移除潮湿的衣物;用温暖干燥衣物或毛毯覆盖(戴好帽子);将人移至可遮蔽风雨的温暖环境;加温躯干以及其他可以传热的部位(腋下、胸壁与腹股沟),进食温暖且不含酒精,含6%~8%糖的液体及食物。中等/严重失温:确认是否需实施心肺复苏术,并启动急救医疗系统;移除潮湿的服装;用温暖干燥服装或毛毯保暖,覆盖头部,将人移至可遮雨的温暖环境;复温只针对躯干以及热转移的部位(腋窝、胸壁和腹股沟);立即实施复温策略,并在运送途中持续进行复温;在运送/治疗过程中,持续监控生命迹象。

第二节　冷诱导血管扩张

人体暴露于冷环境时,四肢皮肤的温度会呈指数式迅速下降,接近环境温度的水平。冷刺激引起的皮肤血管收缩是人体一种本能反应,以维持机体重要核心器官的温度。然而皮肤温度经过短暂的降低以后,出现一个看似矛盾的暂时性回升。在这个回温过程中,皮肤温度可上升10℃,并会以"下降—上升—下降"的方式发生。这种现象是由托马斯·刘易斯于1930年首先发现的,他将其称为Handing反应,也被称为"冷诱导血管扩张"(cold-induced vasodilatation, CIVD),即当我们给予哺乳类动物皮肤冷刺激时,皮肤血管出现收缩,血流量显著减少,皮肤温度急剧下降,但不久皮肤血管扩张,皮肤温度出现上升,如图11-1所示。自刘易斯首次报告手指发生CIVD现象以来,研究人员已在身体的其他部位(包括面部、前臂和腿脚)观察到这种反应。一般认为,CIVD具有保护作用,它可以维持组织完整性并降低冻伤的风险。而且血流量增加有助于在冷环境中维持正常的手动功能。

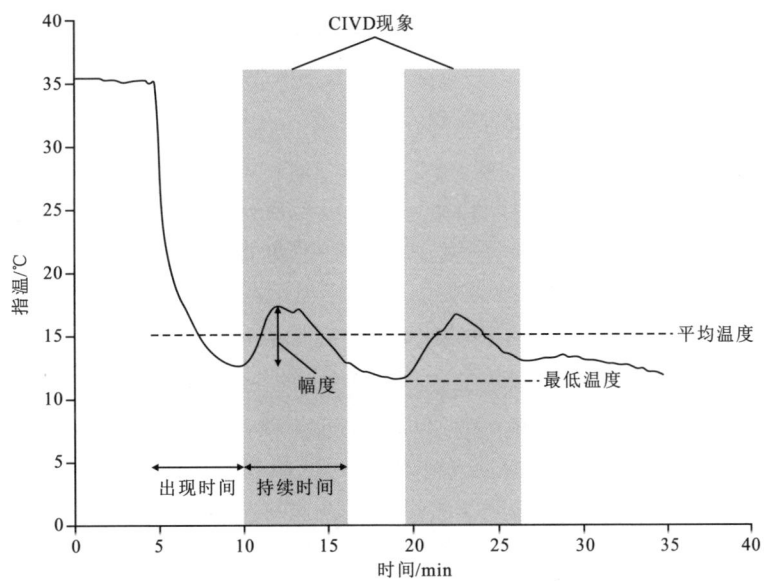

图11-1 冷诱导的血管舒张(据Stephen,2010)

一、CIVD发生的机制

尽管相关研究人员进行了几十年的研究,但是CIVD现象的控制机制仍不明了。在人体许多部位,如手指、脚趾、唇、鼻、外耳等,小动脉和小静脉可直接相通,形成动静脉吻合,这种吻合具有缩短循环途径,调节局部血流量和体温的作用。动静脉吻合被认为是 CIVD 反应的结构基础。在交感神经系统的控制下,动静脉吻合可以迅速收缩,从而降低机体的热量流失。CIVD 反应发生的部位有高度密集的动静脉吻合现象支持了这种假说,研究人员通过测定手指和四肢其他部位动静脉吻合数量,提出了有力的数据来支持四肢 CIVD 现象的高发性。然而,量化这些结构的困难导致人们对 CIVD 是否具有固定的或适应性结构基础提出了质疑。如果动静脉吻合是 CIVD 的结构基础,随着冷适应,其结构密度或对冷刺激的敏感性会发生变化吗?有人还提出了其他多种机制解释 CIVD 现象:

(1)轴突反射。轴突反射亦称假反射,在末梢神经的单一轴突的分枝,一枝产生的兴奋通过分枝部位传到另一枝,有时从那里再移向其他神经元。由于来自皮肤的向中纤维分支分布于皮肤附近的血管上,刺激皮肤产生的局部发红现象即是轴突反射。CIVD 是轴突反射的结果,冷刺激可以导致反射性血管舒张。然而,有研究反对这种观点。例如:在体温正常的情况下,一只浸在温水中的手进行刺激会引起皮肤血管扩张,但这不能通过另一只浸在冷水中的手进行刺激来实现。

(2)血液中血管扩张物质的作用。强有力的血管活性物质,如 NO 可以引起血管扩张,在冷刺激的反应中特异性地作用于皮肤血管。然而,NO 和 CIVD 之间的关联性仍然没有得到实验证实。有研究显示,手在 8℃ 水中连续两周的局部浸泡没有改变血液中 NO、内皮素-1 或儿茶酚胺的浓度。

(3)去甲肾上腺素的控制效应。交感神经系统的活动可以引起皮肤血管收缩,交感神经递质去甲肾上腺素分泌的增加可以减弱或消除 CIVD 反应。已知可以加强交感神经活动的应激源(例如运动,低温和情绪应激)可降低 CIVD 的发生率和反应强度,进一步证明了去甲肾上腺素的控制效应。然而,尽管该理论有助于解释 CIVD 的适应性调节,但是它没有阐述 CIVD 的发生机制。

(4)冷刺激对皮肤血管系统的直接作用。长时间的冷刺激可以导致皮肤血管持续收缩,引起平滑肌疲劳,致使血管收缩张力减弱,这样我们就可以观察到皮肤血流量增加的现象。然而,这种理论不能完整地解释 CIVD 发生的机制。

二、CIVD 反应的可训练性

与生活在热环境中的人相比,生活在冷环境中的人具有较高的 CIVD 反应能力,其特点是反应时间短而且程度高。例如,因纽特人和拉普人等北极圈附近生活的人平均手指温度和 CIVD 反应能力通常比温带地区人群高。反复暴露于冷环境中的渔民有类似情况。然而,这类研究是有局限性的,比较两个不同的组,几乎不能提供任何适应寒冷的时间进程或机制方面的信息,不能提供接受 CIVD 训练和提高其反应能力方面的信息。热带居民暴露于北极环境 7 周后,外周血流量和 CIVD 反应能力均有所改善,但这仍低于北极当地人的水平,这表明完全适应需要更长的暴露时间。但是,相反的数据是在另一项研究中获得的,研究对象在两周的冷暴露后血管收缩性增强,这表明冻伤的风险可能随着反复的冷暴露而增加。为了加强变量的控制,研究在实验室中进行。然而,实验获取模棱两可的结果。与未经训练的手指相比,食指每天 4 次浸入冰水中一个月可引起 CIVD 反应加快,疼痛减轻。然而,大多数研究表明每天在 8℃的水中手脚浸泡,2~3 周以后,CIVD 反应能力没有明显的变化。因此,只有通过非常严格的适应训练才能改进 CIVD 反应能力。

三、CIVD 反应的可预测性

正如前面叙述的,生活在寒冷地区的人有强大的 CIVD 反应能力,基因因素和长期的冷适应可能有助于增强这种保护效应。是否有可能为那些容易冻伤的人开发一种预测模型或者简单的筛选测试方法?一种尝试性筛选工具是由吉村和饭田(1950)开发的抗冻伤指数。它是根据一个手指浸入冰水中最低的手指温度以及 CIVD 起始时间计算的。简单的筛查测试可以提供对冷伤害易感性的预测。但是,冻伤不是单独系统上生理差异造成的。

在冷环境中手指因其构造特征而处于不利的地位,设计者对于针对冷暴露维持手动功能的防护服开发特别感兴趣。虽然加热是一个直接的维持手动功能方式,但是一个关键问题涉及到有效的供热地点选择,特别是在电力供应受限的情况下。还是我们应该直接给手指、手部或手臂加热吗?或者同时加热躯干?在冷环境中,保持全身热平衡是正常手指血流和手动功能维持的关键对策。穿上防护服的研究对象暴露在 −20℃环境中 2h,持续接受手指温度和手动功能的监测。一种情况是在冷暴露前体核温度升高 0.5℃,另一种情况则没有加热,而是在整个冷暴露过程中加热将体温维持在热中性值。与不加热情况相比,这两种情况均能保持较稳定的手指温度和手动功能。因此,通过事先的躯干预热与冷刺激时加热一样有效。躯干加热有许多好处,包括保持体核温度稳定、较大的加热表面积,以及躯干加热时不会造成手动功能的损害。

第三节　冷环境中运动的健康风险

在冷环境中进行长时间剧烈运动是否会对身体保持热平衡的能力产生负面的影响呢？例如在登山或南极科考以及密集的军事训练过程中，许多因素包括运动性疲劳、糖和脂储存减少以及睡眠不足都会影响身体感知寒冷和产热的能力。登山运动员面临着环境低氧的刺激，这些因素会损害体温调节能力、认知功能，从而增加错误决策或事故的风险。因此在冬季长时间进行户外运动的人要意识到这一点，需采取措施降低风险，那么在冷环境中身体运动的反应特征如何呢？

一、失温

虽然人可从直肠温度低于 18℃ 冷应激中恢复但是致命的体温是在 23～25℃ 之间。一旦核心温度低于 34.5℃，下视丘将部分失去调节体温的能力，核心温度下降到 29.5℃ 时，下视丘就会完全丧失体温调节能力。

二、心肺功能

冷刺激可影响到窦房结的活性，降低窦性心律。吸气时，即使空气温度低于 −25℃ 冷空气经过口腔、鼻腔及气管时会迅速被暖化。口腔呼吸常在运动时发生，冷空气刺激口腔、咽喉、气管和支气管，从而影响到呼吸功能。运动性哮喘是影响到 50% 冬季运动选手的常见问题之一。有许多因素决定运动员是否会出现哮喘，但是哮喘的主要诱因是运动时高呼吸频率呼吸造成呼吸道温度下降，呼吸道狭窄，这使得运动员呼吸短促，可以通过使用药物例如 β-阻断剂来预防。

三、代谢功能

在冷环境中，机体代谢速率增加，这会导致能量物质消耗加快，机体难以提供充足的燃料满足运动的需求。从这个角度来看，探讨特定的化合物（如咖啡因和麻黄碱）是否可以提高机体耐寒性是一个有意义的主题。它们可能通过增加产热的速率或血管舒缩张力来减少机体热量损失。这些化合物可以在冷环境中有针对性地使用,以备应急之需。在冷环境中,儿茶酚胺分泌显著增加,但游离脂肪酸的浓度没有比在温暖环境中增加明显。冷刺激时,血管收缩会降低游离脂肪酸动员区域的血流量。因此,游离脂肪酸无法像儿茶酚胺一样明显地增加。

在冷环境中,血糖浓度过低抑制寒颤,从而显著降低体核温度。肌糖原在冷环境中的利用率显著高于在暖环境中的利用率。在冷环境中,肌糖原消耗会加速,因人体依赖糖供能来促进寒颤。在冷暴露期间,估计总代谢能量50%以上由糖提供,而脂质代谢的速率略有增加。有研究显示在寒冷和温暖条件下肌内甘油三酯的利用率没有显著性差异。总的来说,人体长期暴露在寒冷环境中需要增加糖的摄入。

四、肌肉功能

在冷环境中运动,正常肌纤维募集模式会发生改变,收缩力量和速度降低,动作效率变差。正常的机体代谢维持能有效地稳定运动员的体核温度。然而,机体疲劳开始、肌肉活动变慢时,体热产生会逐渐减少。在冷环境中参与长跑、游泳和滑雪会有这些情形的发生。运动开始时机体尚可维持稳定的体温,然而在运动末期,能量储存降低,运动强度下降,而体热产生减少,因此体温出现下降。这样,运动员会面临到潜在的失温危险。当手指肌肉变冷时,手动功能会受到影响。

失温是一个严重的问题,但这一情况的前兆通常是手动功能的损害或丧失。大多数手动工作取决于双手正确操作物体的能力。想一想在太空行走需要双手精细操作的宇航员。或者登山者,当他们手动功能受损以至于无法拉上衣服的拉链时,危险就已经降临。因此,关于冷暴露对人类行为影响的研究主要集中手动功能监测以及保持手部温度和手动功能的对策方面。

手指和脚趾的解剖结构特征和循环控制的方式均使其无法持久蓄热。手部约占身体总表面积的9%,细长的手指致使其表面积与体积比相对较高。同时,低的肌肉质量和脂肪量提供了弱的生热和保温能力,这增加了手部热量损失的可能性。手、脚有很强的调节血流的能力。在冷暴露初期,血管收缩会迅速地减少四肢的血流,并将血液转移到心脏和大脑等重要的器官。因此,非冻结性冻伤(人体长时间处于0~10℃的低温潮湿环境造成的冻伤,包括战壕足、浸足和冻疮),以及冻结性冻伤(指局部冻伤和全身冻伤/冻僵)大多发生在人体接触冰点以下的低温时,主要表现为四肢的冻伤。在寒冷环境中工作时,我们需要重点关注手部的循环、蓄热和肌肉功能。由于皮下遍布毛细血管,以及血管舒缩张力变化的快速性,手指已被当作为监测局部和全身体热状态的重要部位。

五、四肢冻伤

当环境温度低于0℃时,暴露的皮肤就有可能发生冻结冻伤。皮肤循环血量降低致使组织缺乏氧气与营养供应而坏死,称为冻伤。如果不尽早处置,冻伤会加重。冻伤可由寒冷—干燥或寒冷—潮湿刺激引起。环境低温不是造成冻伤的唯一因素。其他因素,包括风速和湿度也可能增加冻伤的风险。此外,种群和适应水平等也会影响冻伤的风险。因此,我们仍然难预测个人冻伤的易感性,这使得对冻伤诱发因素的认知和预防冻伤计划的制订变得极其复杂。

(一)寒冷—潮湿损伤

冷湿损伤的主要部位是腿和脚,这通常是由于四肢长时间浸泡在冷水中引起的。棘手的情况通常称为战壕足,该术语源于第一次世界大战期间,士兵在泥泞的山地和战壕中生活和战斗,引起身体局部的一种非冻结性组织损伤。因此,冷湿伤害的主要预测指标是水温和接触时间。冻疮和战壕足分别代表了冷湿伤害从起始阶段发展到严重阶段的过程。

(1)冻疮:冷湿损伤的最初表现是手部和足背侧表面存在病变。这表示浅表血管受到损害,从而导致局部水肿和炎症,包括发红、肿胀、瘙痒和疼痛等。在病情恶化的情况下,冻疮可以发展成水泡或溃疡,这可能需要几个月甚至几年的时间症状才会消失。

(2)战壕足:它是冷湿损伤最坏的结果,战壕足会对局部脉管和神经造成严重损伤。充血前阶段肢体麻木、肿胀和变色;充血阶段肢体出现严重溃疡、疼痛和坏疽感染,甚至在康复后,症状可能会持续到患者的余生。

(二)寒冷-干燥损伤

与冷湿损伤不同,寒冷—干燥损伤是指细胞因冷冻结晶而受到的实际破坏,其发病比冷湿损伤更快。

(1)亚冻伤:表皮和浅表皮肤组织的冻结出现疼痛、肿胀感,通常不会造成长期损害。但浅表毛细血管和神经有可能受损。

(2)冻伤:组织细胞持续的冷冻会导致结晶的形成,受损区域出现蜡质化现象,触摸不敏感。剧烈的疼痛,发炎和坏疽其表现的是主要的临床问题。由于存在感染风险,需要在医疗环境中进行复温和冻伤治疗,而不是在野外进行,明白这一点是至关重要的。

第四节 冷适应

人体长时间暴露于冷环境中会发生3种主要的冷适应现象。第一,冷适应会降低开始发生寒战的皮肤温度阈值,即发生冷适应现象的人,其开始寒战的皮肤温度阈值,会低于没有发生冷适应的人。第二,已有冷适应的人暴露于低温环境中时,其手、脚温度比未发生冷适应的人要来得高,冷适应明显增进手、脚血流量。第三,冷适应改善在冷环境下睡眠的能力。未适应低温环境的人,睡觉时,往往会冷得寒战不已,进入睡眠非常困难,但冷适应良好的人,情况正好相反,因为冷适应良好者可以提高机体寒战生热能力。冷适应的影响因素具体如下。

一、绝热性

在相同温度下,机体在水中散热的速率是在空气中的25倍。发生船难后人在冷水中只需要几个小时就会死亡。这是因为皮肤与水之间没有绝热,热迅速从体内流失。

体热流失的速率与人体—环境之间的绝缘性呈负相关。绝热的特性涉及皮下脂肪的厚度、服装隔热性以及服装的干湿状态。

(一)皮下脂肪

评价人体绝热性的指标是单位体表面积皮下脂肪的平均厚度。有研究指出,一个胖的人可以在16℃的水中游泳7h,体核温度无变化,而瘦的人在水中30min,核心温度降至34.5℃,需要迅速离开水面。长距离游泳选手往往较短距离游泳选手胖,较胖的体型有助于维持稳定的体温,且有较大的浮力,只需要消耗较少的能量就可达到设定的游泳速度。

(二)服装

防护服通过阻止水蒸气穿过防护层,在其建立一个潮湿温暖的微环境,从而提高皮肤上的水蒸气压力。这样可以减少皮肤与微环境之间的蒸气压力梯度,降低蒸发散热的速率。尽管机体排汗增加,但是大部分汗水被截留在覆盖其上面防护层中。汗水浸湿衣物会影响其热传递效率。在服装微环境中,一部分热量来自环境而不是身体,从而降低蒸发热传递的效率。由于服装的动态特性,其热交换建模变得非常复杂,服装的隔热性和透气性的量化测试通常是在使用新服装的静态模型上完成的,而不是在穿旧服装运动过程中完成的。

二、呼吸热交换率

除皮肤以外,呼吸道也是机体传导、对流和蒸发散热的主要途径之一。运动时人的通气速率可能超过150L/min。吸入干燥的冷空气被呼吸道加热和加湿。这个过程是非常高效的,即使空气温度低于0℃,它到达肺泡时接近体温。由于呼出空气的温度与体温相同并且被水蒸气饱和,因此呼吸成了在干冷空气环境中热量和水分流失的主要方式之一。实际上,呼吸面罩用于在冷环境中过滤呼出的空气以捕获热量和水分。因此,为了准确模拟人体热交换状况,有必要测量通气率以及吸入空气的温度和湿度。

三、热产生率

一个肥胖的男子(体脂27.6%)分别浸泡在20℃、24℃、28℃的水中1h,摄氧量以及核心温度与在相同温度空气中测量的结果没有差异,而一个瘦弱的男子(体脂<16.8%),其摄氧量增加,核心温度下降。在冷水中运动时,机体每分钟需要消耗1.7L氧气,体温的下降才可以避免或延迟,这说明高产热速率避免失温的重要性。寒战可以增加耗氧量,而脂肪是寒战产热的主要燃料之一。然而,糖储存量不足可能导致低血糖,这会影响寒战产热的能力。此外,剧烈的寒战还可以导致肌糖原耗损。因此,补充充足的糖量有利于降低机体失温的风险。

四、性别

与相同体重和年龄的男性相比,女性具有较高比例的体脂重、较少的瘦体重以及较高的体表面积与质量比。在安静状态下,即使两者皮脂厚度相同,女性比男性更快降低体温。男、女性在冷环境中核心温度的差异可由其身体组成差异加以解释。

五、年龄

一般而言,老年人皮肤血管收缩能力以及身体保热能力出现下降,他们在冷环境中的耐受能力可能较年轻人低。他们对温度下降的反应能力也降低。与成年人相比,儿童具有较大的体表面积-质量比以及较少的皮下脂肪,这将导致儿童暴露在冷环境中时,核心温度下降加快,有较高的失温风险。

第五节 冷环境中运动的注意事项

对于运动员来说,冬季的户外运动危机重重,因为过低的环境温度会增加运动伤害的风险。冷空气吸入是否会损害呼吸道或肺组织,是否会引发运动性哮喘呢?一般而言,在冷环境中进行运动的风险可能被高估了,只要穿戴好足够的衣物,上述的风险可以降到最低的水平。然而,在冷环境中运动,一个潜在的危险是呼吸道的高反应性,这可以导致哮喘发作。运动会引起呼吸困难,冷空气刺激会加重支气管收缩反应。哮喘患者吸入冷空气会引发呼吸困难和运动能力下降。冷空气刺激引发呼吸困难的确切机制仍不清楚。不同温度的气体吸入对个体运动能力的影响以及保暖口罩的应用是否成为一种有效的干预手段,至今仍不明了。

吸入冷且干燥的空气引出的另一个问题是从呼气中回收的水分和热量减少。因此,运动时,高换气率会导致大量热量损失和脱水。休息时呼吸引起的热量损失达到代谢产热的30%,运动时达到代谢产热的15%~20%。增强运动耐力的一项潜在策略可能是使用防护面罩保留机体热量和水分。这样的面罩必须有较好的透气性,不会增加呼吸阻力,以及引起水分在面罩上的积聚。

总之,在冷环境中运动没有引起呼吸困难或哮喘的,可以持续地运动,出现重大健康风险的概率低。而那些因吸入冷空气加重呼吸问题的,需要采取适当的预防措施。需要注意这样的预防要点:衣物着装要考虑到运动强度和环境温度,过多的衣物易导致热应激;在高风速条件下应减小裸露的皮肤面积;特别注意手动功能维持;增加糖分摄入,以确保有充足的能量底物可用于寒战生热。

在冷环境中运动给运动员体温调节带来挑战。加速的热量损失提高了能量底物的利用率和运动代谢的成本,从而在长时间的户外探险中增加了营养摄入的需求。手动功能的维持是冷环境中运动的一个关键问题,需要进一步加深对急性和慢性暴露于冷应激下四肢血流变化的了解,以最大程度地降低四肢冻伤的风险。

第六节 冷水浸泡

海难事故时有发生,而且经常是突发的,这会引起遇险者心理极大的恐慌。海上作业固有的风险对特定人群,例如从事海洋运输、渔业以及天然气勘探和开采的人员构成重大威胁。据统计,全球每年有超过1000万人次搭乘直升机往返于海上钻井平台,与固定翼飞机相比,直升机发生事故的概率增加了10倍。1912年泰坦尼克号(约1500人死亡)和1994年爱沙尼亚号渡轮(852人死亡)等特大海难事故,直接将海上作业的风险带入了公众视野。有许多的科学家和安全管理人员将海难事故中人员的死亡简单地归因为人体失温。不同水温对海难者存活时间的影响如图11-1所示。许多海难者的一个明显的共同点是其体核温度极低。但我们逐渐认识到,此类死因是多方面的,事故初始阶段正确的处理对海难者的存活是至关重要的。海难事故至少可以分为相互独立且关联的4个阶段,每个阶段都有其固有的危险性。这4个阶段包括:突然的冷水浸入和冷休克、肌肉失能或游泳自救失败、失温、救援后崩溃。

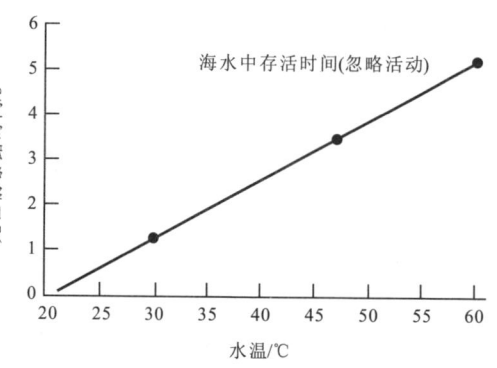

图11-1 不同水温对船难生还者的影响
(据Stephens et al.,2010)

海难事故一个的危险因素是溺水,因为只要大约150mL的水进入肺部就足以致人死亡。海难事故的第一个危险阶段是入水的最初几分钟,在这一阶段,海难者除了心理上的恐慌之外,其面临主要的危险包括难以自控的呼吸、心动过速,从而易导致溺水。第二阶段是持续10~60min的冷水浸泡,低温会迅速损害肌肉功能,这促使遇险者难以执行必要的生存自救任务,如游泳或爬上救生筏,发送求救信号等。第三阶段是产热和散热之间的拮抗过程。这一阶段的结果在很大程度上取决于第二阶段的行动策略。显然,我们对遇险者幸存时间进行精确的评估是极其困难的,因为这受到个体因素(如体重、体型和年龄)和环境因素(如水温)的影响。海难事故的危险还发生在获救后的最初阶段,大量报告表明,在救援时,遇险者是有表达能力的,但在救援或复温阶段他们可能突然崩溃。这种突然崩溃的生理学机制可能源于心血管系统承受额外的应激,这种应激由于复温而加剧。科学界讨论过的一个概念是"体温后降效应",即人体处在极端冰冷的环境中时,在加温的早期,四肢、身体表面温度下降很快,如果此时加温四肢,可加速四肢血液流动,冰冷的血液会从身体外周流向中心,核心温度反而会继续下降,且对内脏造成损害,尤其是心脏,严重时可致心脏跳骤停。

一、突然的冷水浸入和冷休克

假如你在海面上航行,沿着甲板行走时,突然一阵狂风致使船只倾斜,你便失去了稳定的立足点而掉进了温度为1℃的海水中。突然浸入冷水中引起人体直接的生理反应通常是骤然的心动过速和强烈的过度换气。呼吸频率从静息值跃升超过30beats/min,通气量达到80L/min,心率达到150beats/min。显然,这种强烈的过度换气对于那些试图通过屏住呼吸并浮出水面的人来说是极其不利的。有潜在心血管问题的人可能会因此诱发心脏病发作。此外,突然浸入冷水中的心理应激会引起呼吸和心动频率的急剧增长。不能自控的过度换气是冷水浸入和冷休克初始阶段的普遍特征,海难者很难阻止冷水进入胃或气道中,这可能导致其失温之前溺水而亡。海难事故的遇险者需要为应对休克做好心理准备,除非自己能快速逃脱险境,否则不要在落水后1～3min时间内尝试自救。

冷休克反应是冷水浸泡引起皮肤温度的快速下降,触发交感神经系统的强烈反应,血液中儿茶酚胺浓度迅速增加,体核温度迅速下降。有研究发现,水下屏气时间与冷暴露的体表面积、冷暴露的时间以及水温密切相关。Hayward(1984)让受试者浸入温度为0～35℃的水中,建立水下屏气时间与水温的回归方程:屏气时间(s)=15.01+0.92×水温(℃)。公共卫生教育应要求学员"分阶段"进入冷水中,而不是突然的冷水浸泡。

我们可以通过训练减小冷休克反应激烈程度吗?一个重要的发现是:浸入15℃水中,每次3min,持续6d,可以显著降低(但不能消除)在10℃水中的过度换气和心动过速反应,而且这样短暂的训练产生了长期的适应性。

人体水下屏气的生理特征包括血液和肺泡中CO_2水平急增,直至刺激换气的临界值,在初始阶段中,抑制自主呼吸的阻力小。但是,超过阈值时则必需抵抗换气的冲动,相比之下,屏气后期时间的长短主要由耐受呼吸暂停不适的心理能力决定的。

长时间屏气是在花样游泳和自由潜水项目中取得优异竞赛成绩的必要条件之一。一般来说普通人屏气时间在 5min 以内，有过专门训练的人屏气时间可达到 5～10min，瑟沃·林森水下屏气时间达 22min22s，他创造了世界纪录。一项研究探讨了屏气时间与体能训练的关系，并指出两个月的有氧训练没有影响屏气时测量的生理指标值，但明显增强了受试者的心理耐受能力。

即使直升机是非灾难性水上迫降（即飞机没有解体），未受撞击的乘机人员存活率也是很低的。这其中一个重要原因是乘机人员水下屏气时间不长，他们难以从水下直升机内逃生。在过去数十年里，航空应急系统的研制取得了长足的进步，该系统可以提供少量的压缩空气，它解除了水下屏气时间的限制，增强了乘机人员的逃生能力。

与头部以下部位浸没引起的冷休克反应不同，头部浸没会引起屏气时间延长和心动减缓。皮肤温度下降产生的剧烈的交感神经驱动是冷休克反应的主要刺激。冷水浸泡和屏气训练会提高生存概率。

有关海中哺乳动物研究已探明长期自主性呼吸暂停的一个潜在的生理机制是红细胞的储存库（即脾脏）发挥了重要的作用。海豹在长时间的潜行中会收缩其脾脏，将红细胞挤入循环系统中，从因而升高血红蛋白浓度和红细压积。

假设海难遇险者能够从水下直升飞机中逃脱，那么接下来 10min 对于遇险者的生存至关重要，在此期间正确的决策会提高其生存的概率。

由于遇险者意识到失温的危险，他们会努力摆脱这种危境，否则就有可能因失温而致死。遇险者强烈的逃生欲望致使其在冷休克反应最强烈的阶段中试图立即离开水面，此时高的心率和呼吸频率以及恐慌的心理使得其动作变得僵硬。短期失温的危险被夸大了，因为人体不可能在冷水浸泡的几分钟时间内使体核温度骤降至致死的水平。

虽然逃生自救窗口时间确实是有限的，但它可延伸至冷休克后 10min 的时间。在 10～15℃ 的水温下，人游泳的能力可以保持 45～60min。失温可严重影响运动功能，以至于人根本无法完成自救。遇险者往往由于无法保持呼吸道畅通而溺水，或者长时间的冷水浸泡而使失温成为主要的危险因素。总的来说，正确的自救策略是避免过度消耗体能。遇险者在心理上要为冷休克反应做好准备，在 1～2min 以内减缓呼吸频率和心率。在这段时间内，遇险者要建立信心，并在剩余的窗口时间规划自救行动。

二、肌肉失能或游泳自救失败

冷水浸泡对游泳能力造成的影响不可低估。皮肤血管强烈的收缩和肌肉血流减少致使血流向核心分配，肌肉变得僵硬，游泳能力受到损害(如图 11-2)，肌肉失能以至于无法维持适当的游速是长时间冷水浸泡而致溺亡的主要原因之一。事实上，冷适应能力和身体肥胖程度很少能影响到游泳的距离。

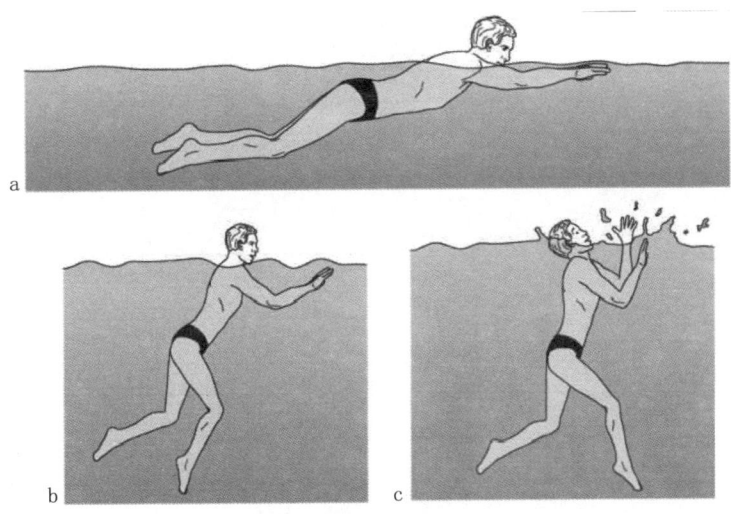

图 11-2 游泳自救失败图示(据 Stephens et al.,2010)
a.游泳者在水中正常的姿势；b.随着腿部肌力减弱，游速减慢，从而导致的垂直身体姿势；c.当发生游泳自救失败时，在水中的身体姿势是垂直的，即使挣扎也无法将手臂抬起至水面之上

在冷水中，幸存者需要作出决策：保持相对静止并等待救援还是游向陆地或安全地带以进行自救。在冷水中游泳由于身体上水流速度的增加而提升对流热损失率。此外，骨骼肌血液再灌注可降低机体的绝热性。迪沙尔姆(DuCharme)和劳恩斯伯里(Louns-bury)(2007)研究显示在冷水(10~15℃)中穿着救生衣游泳的距离为 800~1500m，持续时间约为 45min。如果允许遇险者有时间减弱冷休克反应程度，则游泳距离会大大增加。冷休克反应的最初几分钟是评估紧急情况和选择适当行为的最佳时间。除了考虑到冷水中游泳的时间和距离，以及外部救援以外，遇险者需要考虑到海岸的距离。然而，海浪和头部位置这两个因素使得我们准确估算海岸距离变得极其困难。遇险者倾向于高估实际距离，预估的距离可能是实际距离的 3 倍。这样，评估距离的偏差将加剧游泳自救的

恐惧感,海难事故发生时遇险者正确的决策过程如图 11-3 所示。

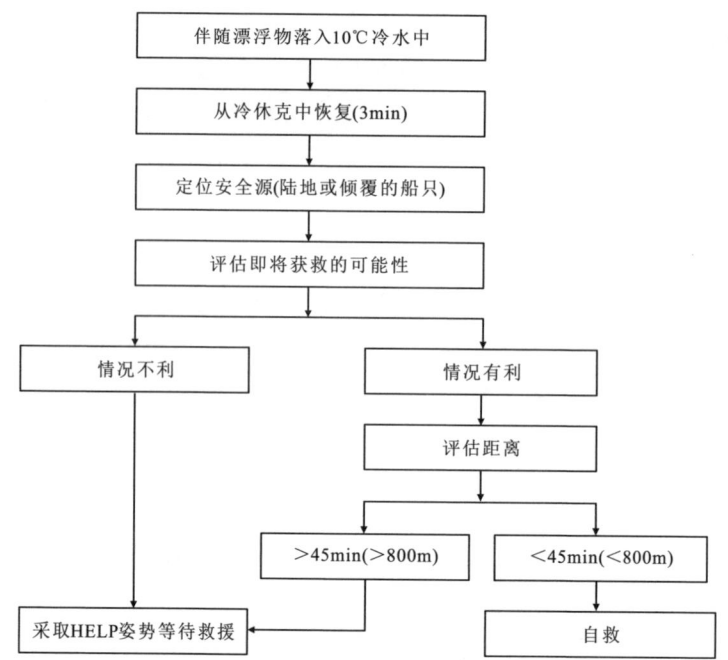

图 11-3　海难事故发生时遇险者正确的决策过程(据 Stephens et al., 2010)

研究显示,在 3min 的冷水浸泡过程中,大多数受试者(86%)能够相当准确地预估在冷水中游泳的距离。然而,当他们在冷水中浸泡 30min 后被询问时,这个比例急剧下降到 32%。这表明我们应该严格遵守落水时最初作出的决定,而不轻易改变。四肢尤其是手臂冷却和肌肉失能是游泳自救失败的主要原因之一。我们使用手臂划水会增加对流热损失率。因此,我们需要调查不同游泳方式的潜在优势和局限。例如,我们仅使用腿来推进可降低热损失率,其缺点是较慢的游速和较多的氧耗成本。游泳距离取决于游泳能力、水温和救生衣设计以及游泳姿势等。

等待救援会导致遇险者被困在事故现场并长期浸泡在冷水中。显然,这种状态是不可长久持续的,最终需要得到救援。海沃德(Hayward)等(1975)研究了在长期冷水浸泡中不同自救策略,包括从穿着救生衣和保持"HELP"姿势(例如,身体最大限度地暴露在水面上,四肢弯曲)到群体拥抱在一起,如图 11-4 所示。此外,在没有穿救生衣的情况下,遇险者可以通过主动踩水或"防溺水"方式来维持身体的漂浮状态,后者指的是采取周期性潜水和被动漂浮的方式进行自救。减小身体对流热交换表面积对减小热量损失是至关重要的。与保持开放的身体姿势相比,保持海沃德"HELP"姿势有助于自救。但是,这种姿势在波涛汹涌的海面上很难保持,因为救生衣的浮力会导致人体的倾斜和侧翻。

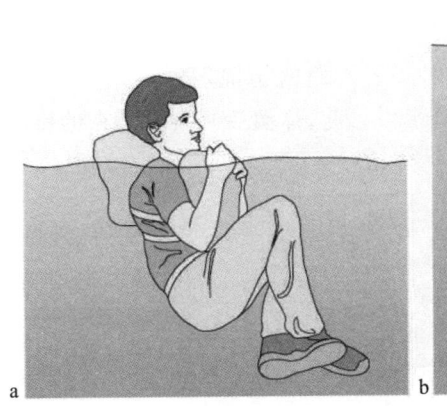

图 11-4 冷水浸泡过程中降低热损失率的方法(据 Stephen et al.,2010)
a.保持减少热量散失的姿势(HELP)。这是由 Hayward 提出的,四肢蜷缩,保护热量散失区;b.相互抱在一起,这具有提供心理支持的作用

大多数海上运输是将救生筏作为应急救援工具的。尽管有的国家已经制定了救生筏生产标准,但是没有出台相关的热测试标准。

三、失温

当体温下降至 32℃时,人体尚能通过体温调节保持体核温度的稳定。人体浸泡在 15℃水中时,直肠温度每小时下降 2.1℃。如果水温低于 4℃时,直肠温度每小时下降 3.2℃。如果水是流动的,还会加速体热流失。如果机体代谢率低,即使人体在适温的水中也会导致失温,而运动会增加代谢率,补偿流失的热量。对于运动竞赛及训练来说,水温保持在 23.9~27.8℃是适宜的。

四、救援后崩溃

冷水浸泡的第 4 个危险阶段是在救援时发生的。在许多案例中,我们看到海难者可以挥手向救援人员发出求救信号,甚至在救援的最初几分钟内他们尚能协助救援,然而在其被直升机或船只带到安全区域以后不久就陷入昏迷或死亡。对此类现象的调查将引导救援人员正确地制订营救策略以提高海难者的生存概率。

研究中我们观察到一个现象,在复温的最初几分钟,受试者的直肠温度下降得非常快。这通常超过在实际冷却时下降的速率,在复温 5~10min 以内,直肠温度可以下降 1~2℃。即使受试者浸入热水中,皮肤迅速回暖,感觉舒适并停止寒战,情况也是如此。这样的观察引起了人们的担忧,身体已经处于低温状态,核心进一步地冷却会导致心血管衰竭。目前,体温后降现象潜在的机制有如下两个方面:

（一）血液动力学机制

当人体暴露在寒冷的环境中时,冷诱导的心血管反应包括外周血管收缩,这将导致血液及热量向体核区域聚集,因此四肢皮肤的温度会比通过直肠或食道探测到的"核心"温度要低得多。在被外部热源（如温水浴）复温时,皮肤温度迅速增加,外周血管舒张。这导致四肢血管的开放,使得来自核心"温暖"的血液循环到较冷的四肢。这些血液迅速变冷,然后又回到核心,从而产生体核温度的后降现象。

研究人员强调了在复温期间血流突然重新分布的可能威胁。事实上,心血管应激可能是救援后崩溃的主要催化剂。在长时间冷水浸泡的情况下,由于仰卧或半仰卧的姿势,身体活动减少。这种情况在营救时发生了戏剧性的变化。经过长时间的不活动,幸存者尚能向救援人员挥手或进行自主活动（向救援船游过去或爬上梯子）。幸存者被救援时,身体从水平位到垂直位突然转变。体位改变可能导致血压突然下降,即使短暂地立位也会导致身体瘫软,因此救援人员应尽量减少救援时遇险者的活动。

（二）生物物理学机制

格尔顿和哈维（1977）在研究中论证了这一机制,它主要依赖于热力学原理阐释体温后降现象。在冷刺激中,外周血管收缩,血液和热量向核心聚集。在复温时,皮肤变暖导致持续的外周血管收缩性和向核心聚集的动力消失。当这种情况发生时,核心和外周之间将建立热梯度。根据热力学定律,来自较暖核心的血液必将向外流至四肢,导致一个持续的体核温度后降,直到这个热梯度被消除。后降机制的一个逻辑延伸是,体温后降不是一种通过复温而可控的现象。

第十二章 潜水生理

法国著名的海洋探险家雅克·库斯托(Jacques Cousteau)和其他水下探险家在20世纪中叶率先使用水肺型潜水器,这使得普通的大众可以较容易地潜入深海。在那之前,水下环境很大程度上是商业潜水的领域。与人类在太空取得的成就形成鲜明对比的是,海洋水下环境尚未完全开发。2000年,俄罗斯库尔斯克核潜艇事故给人留下沉痛的印象。由于潜艇在爆炸中受损,搁浅在大约100m深的海底,被困的潜艇员无法逃生,大约一周后,外部援助船只抵达时,潜艇内的人员都已死亡。

潜水作为人类进入水下环境以谋取生活资料的一种重要手段,它在远古时代即已出现。最初的潜水方式是自由裸潜,发展到现代潜水已成为经济建设、军事作业、科学研究以及体育运动中一种不可或缺的专业技术门类,并得到广泛应用。一般的潜水过程是指人体主动没入江河湖海的水面以下,向深处进发,到达水底或某目的物的深度,在该处逗留一段时间以从事一定的活动或作业,活动结束后从水底或所潜深度离开,经过一定的步骤向浅处或水面返回,最后露出水面,回到常压。适合于大深度和长时间作业的饱和潜水过程是:进入饱和居住舱将舱压加至饱和深度,在该深度生活停留满24h,经居住舱-潜水钟对口连接通道进入潜水钟,潜水钟与居住舱脱开起吊,放入水中,钟内加压至海底深度后,潜水员着装离钟,在海底作业点活动,作业结束从海底回到钟内,钟内减压至饱和深度与居住舱对接,潜水员经对口连接通道回到舱内;潜水员在舱内生活休息,从饱和深度每天可按上述程序多次到海底巡潜作业,并可连续进行很多天;任务结束或换班时,在居住舱内减压,直至常压。

潜水员直接到水下作业会遇到许多生理学和医学问题,一个新的学科分支-水下(潜水、高气压)生理学和潜水医学得以产生,它在发展过程中汲取和应用了许多其他学科的有关理论和技术方法,形成了一门多学科交叉渗透的综合性学科,作为潜水科学的组成部分相应地有了长足的发展,还有了新的突破。迄今为止,人类直接承压的潜水深度是很有限的。以空气为呼吸介质的常规潜水,有效作业的深度为50~60m;用混合气体(氮氧或氦氮氧)作为呼吸介质,采用饱和潜水-巡回潜水技术进行潜水作业,实际潜水的深度为300m左右。在科学研究方面,模拟加压舱内深潜,呼吸人工配比的混合气达到701m;海上实际饱和潜水为500m,巡潜为520.9m。

第一节 水下环境的特点

水下环境对于人类来说是一个完全不同于大气的特殊环境,即它是一个高压、寒冷、黑暗以及复杂多变的环境。

一、高压

海平面上的大气压标准化为760mmHg或1个大气压(ATA),而在水面以下还有"静水压"。水面以下不同深处,物体单位面积上承受的水的重力即为该物体的静水压,它的大小取决于水的密度和深度。10m深海水(淡水为10.3m)的压力相当于一个1ATA。潜水员在水下承受的压强是由两个作用力引起的,即水的重力和作用于水面上的大气的重力。水是相对不可压缩的,因此潜水压力与深度直接相关。

在水中,潜水者的胸廓由于受到水的挤压,不可能像在大气中一样自由地呼吸。因此,深潜时必须通过潜水装具呼吸与所在深度压力相等的高压气体,使胸廓内外压力平衡,才能进行正常的呼吸。静水压的变化是机体发生生理和病理变化的最主要因素之一。在一定的高压下,N_2、O_2、CO_2对机体都是有毒的。环境压力急剧变化,可引起减压病、挤压伤、气压伤、高压神经综合征等潜水疾病的风险增高。压力升高,呼吸气体的相对密度增大,可影响呼吸的正常进行,降低作业能力。潜水结束返回水面时,由呼吸较高氧分压的气体转为呼吸常压气体,在短暂时间内可能会出现低氧症状。

二、寒冷

海水的温度受水深、地域、纬度、日照、季节、气候、海流等因素的影响会有很大差异。水的表面因吸收了太阳的辐射热而具有相对较高的温度。水温受气温影响,水的比热比空气大,海水温度的增减比空气缓慢一天中,中午气温最高,而水温要到下午2时以后才达到最高点。太阳的辐射热通过水的传导可达到浅表的深度。一般 10m 以浅,温度较高,且相对稳定;10~20m 温度下降幅度大;30~40m 以深,水温有较大幅度的降低,到 200m 深度水温终年保持在 4~6℃;300m 海底水温为 2.5~2.8℃;1000m 以深的水温接近 0℃。赤道附近水面温度可达 30℃,而南北极地区水面温度接近 0℃,冬季可降到 -2℃。因此,在水下进行潜水作业,不论在什么海区,机体都处于一个低温环境中。当水温在 24~28℃时,大多数人可舒适地游泳,但长时间保持休息状态就会感到寒冷。由于水的比热是空气的 4 倍,水的导热系数比空气大 25 倍。当温度相同时,人体在水中的散热量要比在空气中快得多。人在水中主要是以传导方式散失机体的热量。由于压缩气体的比热和导热性都高于常压气体,在潜水时经呼吸道散失的热量大幅度增多,甚至可以成为维持体温恒定的主要威胁之一。在大深度潜水时(超过 200m),必须注意将供潜水员吸入的气体加热到合适的温度。在高压下呼吸冷气体,除引起直肠温度下降外,冷气体刺激呼吸道黏膜,可分泌大量黏液,冷气体如深达支气管分支,会引起细支气管收缩,影响气体的扩散。

直肠温度 35℃被界定为寒冷暴露必须遵循的下限,低于此值就会因失温而引起严重的后果。当体温从 37℃降至 36℃时即称低体温,出现生理功能失调,应停止潜水作业。在寒冷的水中,潜水须采取保暖加热措施,穿着保暖性能较好的潜水衣。

三、黑暗

在海洋中,由于阳光被反射和吸收,在 40~50m 深的水下基本上能见度等于零。至于像黄河这样的水域,由于上游水土流失,泥沙含量大,只要头部没入水面以下就会伸手不见五指。即使在较清澈的水域,使用功率较高的水下照明,视距也极其有限。在海水中色觉鉴别能力差。因此,潜水员在水下主要是靠触觉摸索着进行作业,视觉基本上发挥不了作用。活动范围和工作效率受到较大限制,在水下辨别物体有着诸多的困难。

四、水的阻力与浮力

由于水的密度要比空气大 774 倍,人在水中活动用手在水中来回划动时,可感知到一种阻碍运动的力,即水的阻力,这是与水分子碰撞、摩擦造成的,加之水流以及潜水员活动时激起的水流,都可形成阻力。水的阻力大小与物体的相对运动速度,物体的形状以及物体与水接触的面积大小有关。潜水员在水中活动的幅度越大,速度越快,则阻力越大。湍急的水流会给潜水员的活动带来极大的困难,如在流速较快的水中逆行时,可能完全不能移动,无法进行水下有效的作业。潜水员在水中即使是步行,为了克服水的阻力,要比在陆地上额外消耗更多的热量,因此,潜水作业实际上是一种相当繁重的体力劳动。潜水员在水中的移动速度远比在陆地上慢,效能也较低。水中的浮力,对潜水员的下潜、上升以及在水中保持一定的体位和稳定性会带来负面的影响。潜水员着潜水装具下潜时,由于体积增加大于质量增加,造成正浮力无法下潜,潜水员必须佩挂重物以获得一定的负浮力。如浮力调节不当,潜水员可被动失控上升,冲出水面,可导致减压病、外伤。

五、定向差

人在水中,前庭器官能保持对重力的感知,基本上可与在大气中一样,但着潜水服时,肌肉、关节的本体感受器对体位的调节却起不到同样的效果。人在水中,输入中枢神经系统的本体感觉信号经常失真,定向力明显减退。例如:本来要求潜水员沿某一水平方向巡回潜水,但他会不知不觉地游到了水底,或向上游超越了允许上升的安全范围。潜水员辨别音源方向存在困难。但是,有经验的潜水员能通过感知细微变化,精确地判断出体位的变化。

六、呼吸气体的特殊性

潜水员不可能直接从水中获得氧气,必需依靠供气设备。目前,使用的供气途径有两种:①自身携带气源,用高压气瓶充装,由于气瓶容量及携带数量有限,使用时间受到制约;②通过供气软管(或潜水员脐带)从水面母船上的供气站直接(或经潜水钟的配气盘)获得供气。根据潜水深度不同,呼吸的气体各异。常用的呼吸气体为压缩空气,可由母船供气站的空气压缩机提供,气压必须与潜水作业深度相适应。由于氮气在一定高压下具有明显的麻醉作用(称为氮麻醉),潜水员的判断力和定向力因而受到影响而不能有效地作业。潜水员使用压缩空气进行潜水,极限深度为50~60m以浅,超过这一深度就必需使用无麻醉作用或麻醉程度较轻的惰性气体替代氮气,需要人工配制一定的混合气体。氧气在高压条件下具有一定的毒性(称氧中毒),必须严格控制吸入氧气的分压(混合气中各成分在人体内的生理作用,不取决于它们在混合气中的含量百分比,而取决于该气体的分压)。在大气或人工混合气中,除氧以外吸入的其他惰性气体均作为氧气的稀释剂。一切吸入气体的纯度标准必须符合国家卫生标准。为防止氮麻醉及氧中毒,多采用没有麻醉作用的氦气作为稀释剂,同时根据潜水深度、安全用氧的分压范围(氧的浓度随深度增大而降低)配制氦氧混合气。但氦具有很高的导热性,会使体热迅速散失。另外,它可引起语音变化,使通信受到影响,而且价格昂贵。

此外,吸入气中还要严格控制 CO_2 分压,适当补充水分,因为含水过多会增加呼吸阻力,并可引起水分聚积;含水过少可致上呼吸道干燥不适。混合气潜水主要限制因素是在经济上而不是操作上。人工配制混合气需要严格的操作程序,潜水装具方面有相应的要求,安全保障方面有其特殊要求。

七、通信困难

潜水员在水中,如不使用潜水装具就无法讲话,原始的通信联系是靠系在潜水员腰间的信号绳来实现的,规定水面拉绳索几下代表什么含义。即使潜水员使用了潜水装具也会在语音上出现障碍,可造成潜水员之间、潜水员与水面指挥人员之间沟通存在问题,会造成潜水员心理上的不安全感。没有有效的通信联络很难想象潜水员在水下能按作业要求顺利地进行工作。

八、水下生物伤

水中生物经常会伤害到潜水员,从而造成潜水员心理上的压力。海蛇是有毒的,水母、海胆、刺珊瑚以及一些有毒的鱼类都能伤人。

潜水过程的安全,要重视的不仅仅是水中暴露阶段。由于体内过多惰性气体的排出一直要持续到潜水结束后的 12h 以上,直至体内外惰性气体的张力(分压)达到平衡为止。在这一段时间内,如果环境氮分压进一步降低,如登山、搭乘飞机,就会遇到潜水减压出现的类似问题。现代飞机高空飞行时都采用加压座舱技术,机舱内保持相当于 2400m 高空环境中的压力,这一降压足以导致体内组织中氮气泡的形成,引起减压病,因此,潜水后的飞行或登山是十分危险的,应注意避免。

上述种种因素不仅限制了人在水下活动的自由,如果这些因素的作用超过了机体的生理限度,可引起对健康不利的反应,这会阻碍潜水作业的顺利进行。

第二节 潜水装具

潜水装具是为适应水下环境而佩戴在潜水员身上的器械统称,通常包括水下呼吸器、潜水服、头盔或面镜及其他器材,它是潜水员开展水下活动必不可少的装备。潜水装具应具备解决潜水员在水下遇到的呼吸气体持续供给与更新、安全防护、御寒保暖、通信联络、压力平衡、维持适当浮力以确保体态稳定等基本的医学和生理学问题。潜水设备是保证潜水作业能安全顺利进行的水面器材和用具的总称,包括压缩气体制备和存储系统、供气控制系统、加压舱、潜水钟等。常将潜水装具和潜水设备统称为潜水装备。潜水装具可按照功能、气源、呼吸回路、耐压能力等不同标准进行分类。

一、自携式潜水装具

自携式潜水装具是呼吸气源由潜水员携带入水的,它又被称为轻潜水装具。常规自携式潜水的深度一般限制在40m以浅。自携式潜水装具的核心组成是自携式水下呼吸器,呼吸器使用供气调节器,能随潜水深度和呼吸动作的改变而自动调节供气量。自携式水下呼吸器可采用开放式、闭合式和半闭合式供气环路。

(一)开放式

供给气体呼吸一次就排至呼吸器外的称为开放式回路呼吸器。使用开式呼吸器,一般不会发生CO_2中毒、低氧等情况。并且由于该装具通常以压缩空气作为呼吸气体,可避免高分压氧对人体的毒性作用。

(二)闭合式

供给气体呼出后并不废弃,而是在呼吸器内部经过密闭循环环路系统加以处理再供给潜水员呼吸,称为闭合式呼吸器。闭合式呼吸器的特点在于呼吸气体在人体的肺部和呼吸器之间组成的闭合回路,将潜水员呼出气中的CO_2清除,同时补充消耗掉的O_2,因而可极大地减少气体消耗,显著延长水下停留时间。除可以有较少气体消耗外,闭式呼吸器可以在不发生氧中毒的情况下将氧分压控制在较高水平,从而减少体内惰性气体的溶解,缩短减压时间。此外,使用这种装具潜水时,潜水员呼出气不直接排入水中,无气泡产生,噪声低,因此具有很好的隐蔽性,特别适合水下特殊行动的需要。闭合式呼吸器结构复杂,潜水员必需经过相关培训后才能使用。此外,这种呼吸器造价高,维护成本高。

(三)半闭合式

半闭合式呼吸器介于开式和闭式之间,即呼出气体只有部分排至呼吸器外,剩余部分经密闭循环系统处理,继续供潜水员呼吸,同时向循环回路中补充与排出气量相等的新鲜气体。半闭合式呼吸器通常使用氧浓度较高的混合气,可在一定程度上节约呼吸气体,增加潜水时间;同时避免闭式氧气呼吸器的深度限制和闭式混合气呼吸器设备复杂的缺点。

二、管供式潜水装具

通过供气管接受来自水面或水下潜水钟的呼吸气体的装具,即为管供式潜水装具,由于气源充足,可维持长时间水下作业。因为有供气管入水途径,该装具还可以让潜水员与水面进行实时语音通话联络,它已成为职业潜水作业中常用的潜水装具。实践中,管供式潜水气源基本都来自水面,称为"水面供气式"潜水,目前主要采用通风式和需供式两类装具。

(一)通风式装具

通风式潜水装具是一种需要对由头盔与潜水服组成密闭系统进行连续不断的气体更新的装具。由于需要气体更新的空间相对较大,这需要消耗大量的气体。同样由于具有很大的储气空间,装具整体的浮力较大,必须借助更大的压重以克服浮力的影响,装具整体的质量很大,被称为重潜水装具。

(二)需供式装具

需供式潜水装具使用按需供气调节器,只有潜水员吸气时才供给气体,比通风式装具的耗气量要少得多。呼出气体排至呼吸器外,不会导致代谢产生的 CO_2 在装具内蓄积。如果潜水员呼吸氦气等较昂贵的气体,可以采用带有气体回收功能的装具。装具的总重量相对较轻,除了通常采用干式或湿式水暖服外,其他装具与自携式类似。装具还配备应急气瓶,供紧急情况时使用。该类装具使用范围广泛,既可使用压缩空气,又可使用混合气;既可进行常规潜水,又可进行饱和潜水。根据面罩式样的不同,该类装具又可分为头戴式面罩和头盔式面罩两种,它们的供气原理完全相同,差别仅在于对头部的保护方式。

三、常压潜水装具

常压潜水装具是完全密闭的金属坚固壳体,固壳能耐受一定的外压,也被称为"硬质潜水服"或"铠甲式潜水服"。常压潜水服实质上是一个压力恒定的密闭舱室。载人深潜器也属于一种常压潜水装具,只不过它能容纳多人,而潜艇则是一种大型常压潜水装备。

第三节　潜水相关的物理定律

人体主要是由水组成的,潜水深度和压力对体成分没有直接影响。诸如减压病(decompression sickness,DCS)和气压伤等问题不是由于人体细胞或器官被挤压或压缩引起的。潜水主要的问题是由于人体的许多组织和器官系统中都具有大的气腔,以及人类对呼吸空气的需求。相对较大的气腔包括呼吸道、肺和胃肠道,在头部、鼻窦和中耳也有气腔。大多数组织(包括骨骼)中都存在小气孔。这些气腔空间是有限且受约束的,只有很小的改变或扩张是可能的,而不会造成严重的损害。正是空气和水之间的这种压缩性差异,以及空气成分压力和体积的不均衡,才成为与超高压相关的许多医学问题的基础。

一、波义耳定律

在17世纪,罗伯特·波义耳(Robert Boyle)首先概述了压强与气体体积之间的关系。他提出:密闭容器中的定量气体,在恒温下,气体的压强和体积成反比关系。简而言之,当压强翻倍时,气体体积减小一半。使用自携式水下呼吸器可在水下环境呼吸空气。因此,在2个大气压的作用下,假设有相同的通气量,空气利用率将是地面压力(1个大气压)下的2倍,这意味着潜水员可以在水下操作的时间将减半。不同气腔压力之间的不平衡造成许多潜水医学问题,包括空气栓塞、气胸和其他气压伤。

二、亨利定律

威廉·亨利(William Henry)提出与高压生理学高度相关的另一种气体定律,可表述为:在等温等压下,某种挥发性溶质(一般为气体)在溶液中的溶解度与液面上该溶质的平衡压力成正比。简单来说,气体分压越高,溶解在液体中的气体量就越大。另外,溶解的气体量也取决于气体在该液体中的溶解度。CO_2在水中的溶解度比O_2要高得多,这解释了为什么CO_2的动静脉压差比O_2要小得多。当压力急剧变化时,结合波义耳定律和亨利定律进行分析,N_2在人体组织中的溶解变化成为减压病的主要诱因。

第四节 潜水相关的生理医学问题

潜水员到水下作业,会遇到一系列生理医学问题。这是因为潜水环境条件十分复杂,作业难度大,安全要求高。

一、气压伤

气压的快速变化对潜水员安全作业构成直接的危险。使用自携式水下呼吸器潜水时主要的安全规则是:切勿屏住呼吸!屏气潜水不会在水下进行呼吸,肺中空气量保持恒定。根据波义耳定律,增加的静水压力会压缩肺部容积,但是当上升时容积增加,并在水面恢复至正常。然而,由于自携式水下呼吸器的设计是将吸入的空气调节到环境压力水平,在水下环境肺容积在2个大气压下是满的。如果在上升时屏住呼吸,根据波义耳定律压力减半时,肺部气体的体积将翻倍,从而造成肺组织的破裂和塌陷(气胸),还因大量空气释放进入肺循环而引起了空气栓塞。气泡在全身迅速膨胀,如果到达脑脊液和头骨坚硬外壳内的颅腔,就特别危险了。除了不适当的上升造成空气栓塞外,气压伤可能发生在下降过程中快速压缩以及无法平衡压力的情况下。与潜水相关的临床气压伤主要包括以下情况:

(1)肺部挤压。肺部挤压与呼吸腔室的压缩有关。屏气潜水时,静水压随深度增加而压缩肺组织,肺总量有可能被压缩至正常气压条件肺余气量水平以下。如果发生这种情况,肺组织和肺泡可能会受损,肺毛细血管破裂,血液和液体渗漏入肺部并造成溺水。

(2) 面罩挤压。潜水面罩内的容积和压力必须在潜水深度变化时保持内外平衡。眼睛是高度敏感的器官,有着丰富的血液供应,在下降过程中有可能会发生毛细血管破裂。通过鼻子呼吸可以实现压力均衡。因此,潜水员使用水下呼吸器潜水时不能用普通的泳镜。

(3) 耳气压伤。鼓膜(耳膜)是耳道内一层薄而敏感的膜,它将中耳和外耳分开,潜水时这两个空间的压力必须相等。常见的方法是强迫空气通过咽鼓管,就像搭乘飞机下降时的做法一样。然而,在严重的情况下,鼓膜破裂。

(4) 鼻窦气压伤。鼻窦是鼻腔周围骨壁间的含气腔室,通过狭窄的通道与鼻腔相通。若鼻窦开口处黏膜发生急性炎症、肿胀、鼻息肉或鼻甲肥大等情况,其通道会阻塞,在潜水时外界压强发生变化时,窦内气压不能随之增减,就有可能造成鼻窦气压伤。如果下潜时外界水压增高而窦腔内压相对过低,鼻窦内黏膜血管扩张、破裂,出现黏膜及黏膜下出血、血肿或出血性水泡,水泡破裂可引起鼻窦腔内出血。这种情况引起的出血,一般不会从鼻窦内流出,而在减压时,因窦腔内气体膨胀,血液才被挤压出鼻腔。潜水员下潜发生的气压伤,有可能导致上升时窦内气体不能排出,引起剧痛。鼻窦内息肉、囊肿等有可能会起到活瓣作用,下潜时它们允许气体进入,但上升时气体无法排出,鼻腔内气压增高超过周围组织血管内压,引起局部组织缺血,并且局部组织可能会被拉伸、移位,甚至撕裂。由于潜水员上升时鼻窦内气体较容易通过窦口排出,上升过程中发生鼻窦气压伤的概率较小。

(5) 头罩挤压。头罩挤压是由潜水头罩引起的,潜水头罩在耳廓周围形成紧密的封闭。大量的空气被截留在外耳道中,随着下降过程中外部压力的增加,这部分空气挤压鼓膜到破裂的程度。不管鼓膜破裂是由于中耳挤压还是头罩挤压,都是由水的涌入造成的。当水包围耳朵的内部结构并冷却咽鼓管部分时,前庭系统会出现损伤,潜水员因而失去空间意识并迷失方向。

二、减压病

机体因环境减压速度过快,导致减压前溶于体内的气体超过了饱和极限,从而逸出,形成气泡而引起不适的症状和体征,称为减压病。减压不当可发生在返潜的过程中:潜水员借潜水装具呼吸压缩气体,在一定深度逗留一段时间后,上升过快。减压不当既可发生在从常压到低压过程中,也可发生在从常压进入高压返回常压的过程中。当然,从高压返回常压又进入低压环境(潜水后乘坐飞行器或登高），易引起减压病。在严重的情况下，受害者可能会经历全身剧烈疼痛、神经紊乱、心脏骤停。潜水主要的风险是体内压力变化过快。

三、惰性气体麻醉

惰性气体麻醉是指机体在高分压惰性气体作用下出现的一种以智力、神经肌肉协调性受损，以及情绪、行为改变为特征的病理状态。这种病理状态一般在机体脱离高分压惰性气体暴露之后，即可完全恢复。在潜水作业过程中潜水员如果发生惰性气体麻醉，需要及时进行处理，否则很容易引起更危险的其他潜水疾病，从而引发潜水事故危及生命。

在相当长的时间里，人们认为惰性气体对机体的生理过程没有影响，不参与机体的代谢过程，因此称为"生理性惰性气体"，从19世纪前半叶到20世纪初，人们陆续发现，当潜水深度超过30m时，部分潜水员或高气压作业人员会出现欣快、动作不协调、判断迟钝等类似醉酒的表现。当时，人们不清楚发生这种现象的确切原因。直到20世纪30年代，人们才认识到是压缩空气中的高分压惰性气体的作用引起潜水员上述异常表现。通过实验研究，研究人员证明其他一些惰性气体包括氮、氖、氩、氦、氙等，达到一定分压时，它们都会产生麻醉效应。氮麻醉最早由朱诺于1835年报告的，他发现呼吸压缩空气进行潜水作业，出现类似醉酒的表现。格林于1861年描述了氮麻醉的另外一些表现，如嗜睡、幻觉、判断力下降等。在研究中，陆续描述了氮麻醉的其他一些症状与体征，包括过度自信、精神异常、记忆力下降、快速决策困难和意识障碍等。上述氮麻醉表现的一系列研究表明，人体暴露于高分压惰性气体中，会产生一系列复杂的生物学效应，甚至影响机体的代谢过程，这种生物学效应在一定的压力范围内完全可逆。随着人们对这种高压惰性气体中毒原因的认识，潜水法规建议除非在极端情况下，否则不要使用在6个大气压以上的压缩空气进行潜水。

惰性气体的化学结构在体内是不变的。惰性气体包括临床麻醉剂一氧化二氮、乙烯和环丙烷，以及氮气、氙气、氩气、氪气、氖气和氦气。在惰性气体中，一些（例如氙、氪和氮）在1个大气压下就具有麻醉性的，氮在超过1个大气压力下是具有麻醉性的，而氦和氖比氮的麻醉性要小得多。惰性气体麻醉的主要危险来自其对精神敏锐度和功能的影响，这使得潜水员很难遵循工作计划或适应新的情况。因此，潜水前我们要制订详细的工作计划，并进行相关的培训。在整个任务期间潜水员必须与基地之间保持的有效沟通。氦气已替代氮气被广泛用于深度饱和潜水中。

惰性气体麻醉确切的机制仍存在争议。由于惰性气体的非化学反应性，研究人员已经强调了惰性气体麻醉的生物物理原因而不是生物化学原因。早期观察到麻醉剂或稀有气体在脂质中的溶解度与其麻醉效力之间有很强的相关性，一种理论认为麻醉作用的部位在脂质膜内。因此，麻醉作用可能源自惰性气体溶入脂质膜区域，从而导致膜的扩张和功能的破坏。神经膜的膨胀会改变离子在膜上传导的能力，从而导致动作电位的传播发生变化。相反，静水压力可能通过脂质膜的压缩而抵消了惰性气体扩张和麻醉作用。在这两个因素之间提出直接相反的作用方式很有吸引力。惰性气体麻醉作用的其他机制包括突触前终末递质释放改变或突触后电生成减少。

四、高压神经综合征

机体受高气压作用时出现与神经系统功能障碍有关的一系列症状和体征，称为高压神经综合征（high pressure nervous syndrome，HPNS）。HPNS的起始症状包括脑电图变化、视觉障碍、嗜睡、眩晕、恶心和疲劳，进一步发展为运动功能障碍（如肌肉抽搐、震颤、恶心和癫痫发作），认知能力也会受到损害。HPNS的严重程度与加压值和加压速度密切关系，通常在压力值为1.5～2.5MPa（150～250m水深）以上才出现。目前HPNS发病机制可能与高压下突触可塑性改变有关。HPNS引发的危险不仅来自于症状本身，还来自于受害者自处高压环境中的事实，这使得通过减压或依靠及时的医疗支持进行救助极为困难。HPNS的病理生理学机制与减压病不同。减压病主要发生于股骨、肱骨和胫骨，缓慢演变的缺血性骨或骨关节损害为减压性骨坏死。DCS仅在潜水上升到地表时才发生，而HPNS发生在下降阶段，与神经作用相关。HPNS可能是由过快的下降（压缩）速率引起的，从而影响神经元膜内特定离子通道和转运蛋白的结构完整性，最终导致神经元过度兴奋。

第十三章　中海拔高地的训练和竞技表现

1968年第19届夏季奥运会在墨西哥城举办。选择墨西哥城作为本届奥运会的主办城市颇具争议性，因为这座城市海拔达到2240m，空气含氧量比海平面少30%，这对于参赛运动员而言构成了极大的挑战。10月18日，男子跳远决赛在数万名观众的注视下，鲍勃·比蒙以百米冲刺速度跑向起跳板，腾空起跳，一个"神话般的世界纪录"(8.90m)诞生了，这将旧的世界纪录提高了55cm。此次提高幅度在世界田径史上是极其罕见的。与此同时，受来自肯尼亚和埃塞俄比亚的高原本地人在中长跑项目中占据主导地位的启发，人们开始关注高原的运动表现，科学家、教练员和运动员就如何提高高原最佳的运动表现产生了浓厚的兴趣。许多人就思考何种海拔高度可以产生惊人的竞技效果，以及高原训练有何潜在益处。高原低氧刺激红细胞生成，从而增加血液携氧能力，从1968年夏季奥运会以来，学界掀起了高原生理学研究的热潮。

高原的大气压比海平面低，但高原的大气成分与海平面上的几乎相同。低大气压意味着吸入气体中的氧分压较低，从而限制了肺部的氧气扩散和运输。这会严重降低肌肉中氧的利用率，导致氧化代谢能力受损。高原低氧分压是限制耐力运动表现的主要因素之一。虽然人体能承受氧分压的微小波动，但大幅变动会产生一系列问题。在登山过程中，低氧分压会破坏运动机能表现。本章将着重探讨中等海拔高地的生理反应、竞技表现以及高原适应、高原训练等。

第一节　高原气候特点

高原气候的主要特点是：空气稀薄气压低、散热快速气温低、大气干燥湿度低、日照充足辐射强、气候恶劣灾害多。高原气候与高原疾患密切相关，它是高原生理学医学关注的一个重要因素。高原的划分标准如下：①接近海平面（海拔低于500m）：身体功能和运动机能不受此高度的影响。②低海拔（500~2000m）：健康风险低，运动表现可能下降，尤其是高于1500m时，不过表现降低可通过适应来克服。③中海拔(2000～3000m)：适应不良者的健康受到影响，还有运动耐力表现下降。④高海拔(3000～5500m)：对大多数人的健康产生负面影响(如急性高山病)，即使完全适应，运动表现仍会明显降低。⑤超过海拔(超过5500m)：严重地低氧，人类最高的定居高度为5200～5800m。高原气候特点从如下几个方面加以介绍：

一、气压

低氧和低温是高原影响人体最主要的因素。低氧是大气压和氧分压下降的结果。大气压随着海拔的升高而降低，即海拔愈高，气压愈小。在登山或飞行时，可根据大气压的差异计算出上升的高度，常用的计算公式是：

$$H = 1600 \times (B - B_0)/(B + B_0)(1 + 0.004t)$$

式中，H 为上升高度；B 为起点气压；B_0 为到达点气压；t 为上升距离两点的平均气温。

高原低氧引起的身体机能变化，主要取决于人体进入高原的速度、低氧的程度和持续的时间，同时也取决于大气压的高低，这是因为氧分压随大气压的降低而降低，但肺泡中的水蒸气压(47mmHg)和 CO_2 分压(40mmHg)却不随之降低。因此，若在15 000m时，大气压为87mmHg，刚好与肺泡中水蒸气和 CO_2 压力和相等，此时即使供应纯氧气，也无法进行气体交换。

二、气温

气温受海拔和地形地貌的影响大。太阳辐射能穿过大气时，只将大气加温0.015～0.02℃，被地面吸收转变为热能。由于大气热源位于地面，因而气温随高度增加而降低，即海拔每升高1000m，平均气温降低6℃。在赤道上，海拔5000～6000m的高山，可以垂直分布着赤道、热带、温带、寒带、极地等不同的气候带。纬度较低的热带山区气温的季节性变化小，而昼夜温差大，纬度较高的地方则相反。高原气温与太阳辐射有关。在高原上，阳光直射地向阳面热，背阴面凉，差异悬殊，因此，我们难以就气温和高度的关系作出明确的界定。高原气温与风速有关：强风的作用恰与日照的作用相反，它不仅降低气温，而且还提高暴露部位皮肤表面水分的蒸发率，致使皮肤散热加快。

三、气湿

气湿是表示大气中水蒸气的含量或大气潮湿的程度。在大气中的水蒸气含量愈多,其压力就愈大。空气中水蒸气含量是有限度的,这个限度即为该温度的最大水蒸气含量,它的水蒸气压为饱和水蒸气。大气中的水蒸气与温度、海拔高度以及距离海岸线的远近有关,气温愈低、海拔愈高、距离越远,则水蒸气压就愈低。在高原上,绝对湿度随高度增加而降低,在2000m高度降低一半。相对湿度是大气中实际的水蒸气压与该温度下饱和水蒸气压的百分比。高原相对湿度随高度上升而增大,所以高山云雨较低地更多。但云雨带以上雨量渐减,相对湿度一般为50%左右,冬季有的地区常为零,故气候干燥。由于高原湿度较低,人体吸入的空气干燥,通气时失水增加,尤其是在珠峰近顶处,通气量为平原时的5倍,因而失水更多。加之空气干燥,人体出汗增加,从表面上看,在高原似乎不易出汗,事实上一出汗就蒸发了,只不过不易觉察罢了。在高原上脱水时,并不像平原那样感到口渴,所以稍感口渴就要大量饮水。总之,湿度是影响机体蒸发散热的一个重要因素。潮湿地区,出汗要困难得多;反之,在干燥地区,人体会大量出汗。

四、气流

大气水平方向、垂直方向或不规则的运动称为气流,尤指空气的垂直运动。气流是由于大气受热不均匀产生温差,热空气轻而上升,冷空气气流来补充,形成对流。风是气流的一种表现形式。各地的风日、风压、风向,除取决于大气内部的矛盾运动外,纬度、海陆、地形、高度均对其有一定影响。高原地区的气流特点是风日多、风压强、风力大、风速快。年风日一般为200d以上,有些地区几乎每日必风。多数地区头年10月至次年5月的冬、春两季多大风,风中常夹带砂砾,有时大风之时尘沙飞扬、遮天蔽日。高原对大气环流不仅产生重要的动力作用,而且也产生一定的热力作用。由于高原地面夏季接受太阳辐射量大,冬季地面散热冷却快,造成了高原与同高度的周围大气的温度差异,因而形成大气环流;夏、秋两季,由于高原平均地温高于平均气温,故而形成反气旋。高原内部的气流,由于风力、风速、风向受地形地貌的制约,气流复杂。总之,风日、风力、风速随海拔升高而增加。

五、辐射

辐射指的是由场源发出的电磁能量中一部分脱离场源向远处传播,而后不再返回场源的现象,能量以电磁波或粒子的形式向外扩散。辐射增强是高原环境的特征之一。

(一)太阳辐射

太阳辐射是指太阳以电磁波的形式向外传递能量。太阳辐射传递的能量,称太阳辐射能。地球接受到的太阳辐射能虽然仅为太阳向宇宙空间传递总辐射能量的二十二亿分之一,但它是地球大气运动的主要能量源泉,也是地球光热能的主要来源。2017年,世界卫生组织公布的致癌物清单初步整理参考中,太阳辐射被列入一类致癌物清单中。人体吸收太阳辐射能的大小,首先取决于日照时间。其次取决于热能吸收。在高原上,由于空气稀薄,水汽、尘埃较少,太阳辐射的吸收和漫射减弱,太阳辐射强度增强。再次,取决于热能反射。积雪对太阳辐射热能的反射率高。冬季的高原,由于冰雪覆盖,人体吸收的辐射能量增加。

(二)紫外线辐射

紫外线辐射(波长100～400nm)也被列入一类致癌物清单中。但是,高原紫外线辐射的增强,有极其重要的生理医学意义,例如有杀菌和治疗作用。

(三)电离辐射

高原电离辐射增强是高原环境的又一特点,原因是宇宙射线通过大气层时吸收减少。在海拔3000m高原上,一年的宇宙射线量比北温带地域大3倍,但高原宇宙射线增强的危害及生物学效应尚无充足的证据。

第二节 高原的生理反应

当人到中海拔高原时,会产生一些生理应激,如心率增加,血压升高,儿苯酚胺分泌增加的反应,机体试图维持生理稳定。

一、肺换气量

在高原运动时,肺换气量会随着氧需求量上升而增加。安静时的换气量不会上升,除非攀高至3048m。为了补偿氧分压下降,肺换气量会随着高原应激而增加。在安静状态下,通常高原应激会增加潮气量或呼吸深度,但不会增加呼吸频率。运动时,换气量和换气率会提高,这有利于扩大氧气的利用。最大运动时,高原的换气量和海平面相似。显然,不论是在高原或海平面上进行最大强度运动,肺换气量都会有一定的限制。在高原上,人体内环境偏碱性,呼吸增加会移除更多的CO_2,导致血液pH值超过7.4。此刻肾脏提高重碳酸盐(酸性缓冲液)的分泌量帮助机体恢复至酸碱平衡状态。此外,在高原上,肺换气量的反应随海拔高度增加而增加。与海平面居住者相比较,居住高原者经过长期适应有较少的高原反应征候和换气量的改变。

二、最大摄氧量

最大摄氧量会随着海拔高度上升而下降,耐力运动表现也会衰退。目前有一个重要的问题尚未被厘清,就是最大摄氧量下降的最低海拔高度是多少?最大摄氧量有很多不同的影响因素,像高原的适应程度、训练状态、测验的需求以及个体差异性。研究显示,最大摄氧量开始下滑的点出现在海拔2200m。

三、血红蛋白浓度和红细胞压积

暴露于高原的主要生理变化是血红蛋白浓度和红细胞压积增加。事实上,这些现象起因于脱水和血浆量降低的结果。然而,经过至少3周的时间长期暴露,骨髓生成更多的红细胞,红细胞压积上升是海拔高度增加过程中产生的适应性结果。急性暴露于高原,机体相当依赖糖的代谢,导致乳酸浓度上升。这可解释为何高海拔造成儿茶酚胺浓度增加,具体来说,这是肾上腺素促进糖原使用的结果。在中海拔高度时,适应者比未适应者在非最大运动强度下运动会利用更多的脂质进行代谢。

在不同海拔暴露的反应程度会有所不同。高原的急性反应包括:化学感受器检测到PO_2下降而增加心率和换气量;血红蛋白含氧饱和浓度降低而减少氧气的运输;休息时的潮气量增加,呼吸频率随着活动强度和海拔高度增加而上升;增加肺换气量从而降低血中 PCO_2,导致血液 pH 增加值超过 7.4,pH 值增加导致血液碱性化,氧血红蛋白饱和解离曲线向左移,这可让更多的氧气与血红蛋白结合补偿 PO_2 的不足;恶性反应初期,心率增加是为了补偿每搏输出量的减少,在非最大工作负荷时机体增加对无氧酵解的依赖;与海平面比较时,高原的最大运动时,每搏输出量和心率减小,心输出量和摄氧量减少,进而耐力运动表现降低。

第三节 高原的健身与竞技运动表现

大部分竞技比赛是在中海拔高原举行,每年会有很多的运动员面临这种海拔高度的挑战。一般而言,只有登山者、滑雪和滑雪板的爱好者才会到高海拔的高原进行运动。

一、短时间的运动表现

1968 年墨西哥城的奥运会让很多短跑和跳远的运动员缔造了世界纪录或奥运纪录。这些如神话般创造的纪录与高原稀薄空气有关,因为稀薄空气具有无氧运动绝佳的优势。如果竞赛或活动不需要依赖有氧代谢,那么高原训练的效果就会减弱。虽然稀薄的空气可能在某些运动项目中扮演重要角色,但是赛前的准备、专注和其他心理因素才是提升短时间运动表现的关键因素。除此之外,很多训练场的游泳池和跑道的海拔高度与墨西哥城市的海拔高度相当,但有些比赛纪录不是在这些高海拔场地创造的。许多无氧和爆发力类型的竞赛在比赛回合之间都会有适当的休息,例如短跑、跳跃和投掷类型的运动,它们很少依赖有氧系统。高海拔空气密度低,对于高速运动产生空气阻力较小。持续时间较短的无氧运动,如田赛(铁饼、跳高等)和空气动力学相关的运动(跑步、自行车骑行等),都可能从高原训练中获益。

二、长时间的运动表现

与短时间的无氧运动不同,2min 以上运动项目的运动成绩,主要取决于氧气的供应与运输能力,因此高海拔环境将对长时间有氧运动表现产生负面影响。在海平面测得高最大摄氧量的运动员在高原拥有耐力项目的竞争优势。有氧能力随着高原适应获得了改善(例如血红蛋白浓度上升),因而研究者提出让耐力运动员到高原训练的观点。

三、最大有氧能力与高原环境

海拔高度增加对最大有氧能力的影响如同运动员停止运动训练,最大有氧能力将显著下降。与海平面相比,最大摄氧量在海拔高度2400m降低12%,在海拔高度3100m时降低20%,在4000m时降低27%。对于最大有氧能力下降将影响耐力性运动表现的事实不令人惊讶,但为什么最大摄氧量会下降呢?

(一)心血管功能

最大摄氧量是最大心输出量与最大动静脉含氧差的乘积。最大摄氧量随海拔增高而降低的原因是心输出量降低或者氧萃取率降低。最大心输出量只有在较高海拔时才会明显减小。氧萃取率的降低可能由于动脉血含氧量降低或是静脉血含氧量增高所致,但实际上,主要的原因还是高海拔环境氧分压减低使得动脉血中氧饱和浓度不足所致。空气中的氧分压降低,肺泡中的氧分压也随之降低。这将导致肺泡和肺毛细血管间氧扩散的气压梯度降低,最终使动脉血中氧分压降低。随着动脉氧分压下降,血红蛋白结合氧的量也会随之减少。在海平面高度时,血红蛋白结合氧的饱和度介于96%～98%之间,海拔为2300m与4000m时,饱和度分别下降为88%和71%。尽管在快速上升到4000m时最大心输出量不会有太大的变化,但是动脉血中氧饱和浓度的下降将使得血液输送到肌肉的氧气量出现不足。由高海拔诱发的心率降低现象显示心脏低氧可能引发心率降低,最终导致心肌工作的氧需求下降。

短时间处于高海拔环境中,每搏输出量略微下降,但长时间处于高海拔环境中,血浆容量减少,由此导致心舒末期容积和每搏输出量降低。这意味着随着海拔高度的递增,在血红蛋白氧饱和度下降以及最大心输出量下降的共同作用下,最大摄氧量将随海拔高度递增而快速下降。高海拔环境中,动脉血含氧饱和度不足不仅影响最大摄氧量,同时也影响心血管功能。由于血液携氧能力降低,心脏必需输出更多的血液以弥补含氧量的不足。但是由于每搏输出量已经达到极限,只能依靠增加心率来传送更多血液携带氧气。对于普通人群来说,在高海拔环境下进行运动必须注意运动强度,心率需控制在合适的范围内。

(二)呼吸功能

高原空气会变得较为稀薄,这意味着空气中氧含量减少。如果要在高原环境中供应与海平面相同的氧气量,必须增加肺换气。在高原环境中,肺换气增加。这种换气反应增加了呼吸肌的作功,特别是横膈膜,因此呼吸肌肉易产生疲劳。

第四节 高原环境适应

初到高原时最大摄氧量下降,随着暴露于低氧环境时间的延长有些许进步。虽然有高原暴露经历的运动员对低氧环境的忍受能力较强,但他们的最大摄氧量与运动表现不会因高原适应而显著提升。或许这些训练有素的运动员已经获得最大的训练适应,因此无法进一步增强适应以回应高原暴露的刺激;或许高原环境的氧分压降低,使得他们难以用海平面的运动强度和负荷量进行训练。

一、肺适应

安静时,肺换气量增加是重要的高原适应之一。在海拔4000m的高原逗留3~4d后,休息时的换气率约比海平面时的换气率增加40%,非最大运动的换气率也高出约50%。运动时换气量增加的现象,在运动强度越高时就越显著。

二、血液适应

到达高原的最初两周,循环中的红细胞数量会增加。高原环境的氧气不足会刺激肾脏释放促红细胞生成素(EPO),运动员来到高原的3h内,血液中EPO浓度增加,并会持续上升2~3d。虽然一个月后血液的EPO浓度会恢复到基准值,但红细胞增多症的现象能维持长达3个月或更久。居住在4000m的高原6个月左右,总血量将增加10%,这不仅是因为高原刺激红细胞生成,也是由血浆量扩增所致。当红细胞数量增加时,血红蛋白成分也会相应地增加,随居住的高度成比例地增加。这些适应现象有助于提升血液的携氧能力。

短期高原暴露使血浆量下降,致使心输出量降低。但抵达高原数周后,血浆量将随着适应回升,加上红细胞的持续增加,最大心输出量也会增加,但终究恢复不到海平面的水准。因此，整体的氧气运输能力随着适应而提升。适应是否通过改变氧合血红蛋白解离曲线的线形或位置，使血液中的氧气运输发生变化，始终存在争议。红细胞中 2,3 -二磷酸甘油酸盐（2,3 - DPG）的浓度上升使曲线右移，有利于组织中氧气的卸载。

三、肌肉适应

虽然较少研究探讨高原暴露时的肌肉变化，然而现有的资料已足以说明随着海拔高度的提升，肌肉会产生结构性与代谢性方面的明显改变。研究显示探险队队员经过 4～6 周长期低氧暴露后，肌纤维横断面积减少，故肌肉围度缩小；肌肉中的微血管密度增加，它让更多的氧气输送到肌纤维。肌肉功能在高原无法满足运动需求，可能与肌肉质量变小及 ATP 生成能力变差有关。抵达高原的前几天到几周，肌纤维横断面积变小的成因不是很清楚。长期高原暴露常导致食欲不振或明显的体重减轻。这表示细胞外液量的整体下降，不过一般都感受到肌肉量明显减少。而肌肉量下降如此之多，合理推测与食欲不振及肌肉蛋白质的消耗有关。在海拔 2500m 以上停留数周将降低肌肉代谢能力，此现象在海拔较低处或许不会发生。在高原环境停留 4 周后，腿部肌肉（股外侧肌和腓肠肌）的线粒体功能与糖酵解活性都会明显下降，这表示除了获取的氧气量变少外，肌肉会丧失部分氧化磷酸与产生 ATP 的能力。

第五节 高原训练

高原训练是指利用自然环境中空气含氧量较少的高原地带进行系统训练的过程，主要通过高原低氧和运动低氧的双重刺激，发展运动员有氧耐力、无氧耐力、力量耐力。高原训练主要包括以下 3 种方式。

一、高住高练

传统的高原训练意味着运动员需要转移到高原训练基地，在那里生活和训练数周或更长时间，然后返回平原进行比赛。这种高住高练（living high training high, LHTH）方案是最早采用的高原训练方法，因为在便携式低氧设备出现之前，这种方案是现实的选择。在评估与 LHTH 相关文献时，我们必须考虑可能会增强运动表现的而与高原本身无关的因素。也就是说，即使对国家级运动员来说，这种高原训练营也是一种独特的体验，因为他们可以获得充分的支持条件，包括营养、技术、设备以及训练伙伴等。尽管 LHTH 应用有着很长的历史，但是，无论是在科学文献中还是在实际应用中，它对平原运动表现的影响仍然是不明确的。

二、高住低练

在 20 世纪 90 年代后期，高原训练有了新的模式。有人提出了高住低练 (living high - training low, HiLo) 的高原训练模式。它是让运动员居住在高原上或人工低氧环境里，运动员在休息过程中会经历被动性低氧，以促进红细胞生成和低氧适应，通常在 2000～2700m 的高度下每天适应 8～10h；训练在平原或较低高度的地方，通常海拔高度小于 1000m。从理论上讲，用这种方法既可以通过低氧刺激提高机体运送和利用氧气能力，又可以解决传统的高原训练法中的许多不足，如肌肉因长期低氧造成的萎缩，最大摄氧量下降造成的训练强度降低，以及过度训练等问题，从而保证一定的运动强度和运动量，以提高骨骼肌的运动能力。高住低练一经提出，立即引起有关专家、学者们的注意。从发展来看，高住低练大有取代传统高原训练法的趋势。最初，高住低练是在自然环境中进行的，运动员在平原训练点和高原基地之间往返转移，这仍然需要大量时间和组织管理工作的投入。然而，随着低氧设施的日益普及和盛行，高住低练已经进入大多数精英运动员甚至业余运动员的活动范畴，使其成为当前高原训练和研究的主要模式。与其他高原训练模式一样，大量的研究未能证明高住低练有明显的促进造血的功能。

三、低住高练

低住高练 (living low - training high, LoHi) 是在传统高原训练和 HiLo 训练法基础上发展起来的一种能有效提高有氧耐力的科学训练方法。在平原地区利用人工制造低氧环境，让受训人员在低氧环境和平原环境中以一定的运动强度和时间进行交替性训练，晚上睡在平原的一种新的模拟低氧训练方法。这种训练法是继 HiLo 后一种既能克服传统高原训练的缺点，又能弥补 HiLo 训练中不能提高运动员心肺功能的一种训练方法。如急性暴露于低氧或高原环境中会导致一系列生理变化和运动能力受损。根据最初的观察，运动员在低氧环境中训练会产生积极的训练效果,因为在高原训练会产生大的训练刺激。然而,由于人体的高度适应性,运动过程中的低氧应激可以作为额外刺激引起机体的代偿性适应。低住高练这种训练模式是容易实施的,低氧相对容易实现,而不需要在高原建立训练基地,从实践的角度来看是可取的。

在运动期间诱导低氧应激的方法包括呼吸准备好的低氧气体和使用氧过滤或氮稀释方法来降低吸入的 O_2 含量。现有的有关低住高练的相关研究主要倾向于其训练效益最小化的观点。从实践的角度来看,高原训练和低氧训练的主要局限性之一是运动员训练受限于高原训练基地或实验环境。虽然这种控制很容易通过动物模型来实现,但运动员完全在人工实验室环境中训练是不切实际的。例如,运动员很少有动机在固定的测力计或跑步机上记录大量的训练时间,而不是在自然环境中运动。

迄今为止,低氧训练效果尚不明确,但对于特定的人群来说,低氧训练仍然是一种实用的训练方式,例如,平原运动员准备参加高原比赛,士兵被派遣到高原进行快速部署,运动员准备登高海拔山峰。在常压低氧环境中进行短时间的运动,可能会减弱初到高原的应激反应程度。这是一种预适应,它可以缩短完全适应高原所需的时间,从而能够在到达高原时快速地恢复工作能力。鉴于登山探险,尤其是需要导游的探险活动(例如登珠穆朗玛峰)涉及很高的组织管理成本,因此,个别登山者通过低氧训练进行的预适应有助于减少总体探险的持续时间,并且还可能对潜在的急性高山病风险高的个体进行筛查。

第六节　高原训练应用的思考

对于运动员、教练和运动科学家来说,即使拥有高原训练的大量文献,以及多种可用的测试工具,他们回答一个看似简单的问题变得非常困难,即运动员应该利用多高的高原和多长时间来实现基本的或最佳的适应?这显然受个人诸多因素的影响,如个人适应能力、竞赛需求、竞赛高度和训练状况。高原训练的功效不适用于所有项目的运动员,但由于其普遍感知的功效(或大众认为它是良性的,至少没有大的副作用)和合法性,高原训练很可能在优秀运动员中继续流行。本节简要总结了高原训练需要考虑的几个关键问题。

一、高度阈值

在高原训练盛行的早期(20世纪50～60年代)高原训练者选择的范围较大,从1000m至4000m均有。在20世纪70年代初期,则多选择在1500～2000m,从80年代起,训练高度提至2000～2700m。埃塞俄比亚的高原世居运动员将赛前高原训练提至2700～3000m。在总结大量研究成果的基础上,国际上已基本认同世居平原的运动员高原训练的最佳高度为2000～2500m,低于2000m,低压低氧刺激较小,不利于充分挖掘机体的潜力;高于2500m,则机体难以承受较大的训练负荷,并且不利于训练恢复。而世居高原的运动员进行高原训练的最佳高度要根据其长期居住的海拔而定,但在这方面尚缺乏研究。

二、高原训练的强度控制

这是决定高原训练成败的关键。运动强度过低,刺激小,难以收到成效;强度过高,刺激大,对机体适应和恢复不利。一般高原训练强度的控制可遵循以下原则:①根据运动员训练水平的高低而定,水平高的强度可大些;训练水平低的,强度则适当减小。②根据比赛的强度而定,要安排部分接近比赛强度的训练。③强度安排必须考虑与上高原前、下高原后的强度衔接起来,上高原前要做充分的有氧耐力训练,下高原后平原训练的强度要高于高原训练的强度。④根据有机体对高原的适应阶段来安排训练强度。因此,在高原训练期间,我们应随时进行运动员身体机能的生理生化监测,以调整训练计划,控制训练强度。

三、高原训练的持续时间

早期的高原训练持续时间为2～3周。有研究表明,最适宜的持续时间应为4～6周。高原训练时间过短,不利于机体产生适应性变化;高原训练持续时间过长,则不利于运动员返回平原后的适应性改变。

四、高原适应的衰减

在获得高原适应性反应以后,另一个需要考虑的重要因素是,改进后的运动机能可维持多久?这是影响比赛成绩和观察高原训练效果的重要环节。在这个问题上没有达成一致或共识,因为个体的差异很大,而且缺乏明确的作用机制。一些研究表明,在低氧暴露结束1周内,改善的性能会迅速衰减。由于不同个体对高原-平原环境的适应能力不同及高原训练的负荷不同,返回平原产生最佳的高原训练效果的时间也不一致。因此,关于返回平原何时参加比赛,一直没有统一的看法。目前,普遍认同的观点是:长跑、马拉松项目的最佳比赛时间为下平原后4~5d;中长距离项目10~14d;短距离项目20~26d。我国游泳项目则多采取下平原后5~6周参加比赛,以保证下平原后能有较多的时间加强速度和力量训练。

五、高原训练的伦理观

红细胞数量增加的相对优势导致了一些运动员和参与体育运动的人对高原训练的滥用。这种情况主要出现在耐力项目中,涉及血液兴奋剂或人工促红细胞生成素的非法使用。高原训练和血液兴奋剂在操纵造血的生理机制趋同。一些组织机构考虑管制或禁止使用低氧帐篷。然而,高原低氧终究是一种自然环境因素,因此监管部门不可能对此进行管控,但高原训练引起监管部门关于运动员安全性和比赛、公平性的关注。有一种观点认为,如果低氧装置单独用于提高竞赛成绩,这违背了体育运动精神。目前,世界反兴奋剂机构对低氧的潜在健康风险表示担忧,但并未明确禁止使用。但自2000年悉尼奥运会以来,国际奥委会已经禁止在奥运村和其他体育场馆使用模拟高原装置。

氧气对于人类的生存是至关重要的,氧分压随海拔高度的变化对维持机体稳态提出了挑战。反过来,机体尝试适应低氧条件。这些适应被运动员用作提高他们在平原比赛成绩的一种手段。一个主要的适应是通过增加红细胞数量以增加血液的携氧能力。其他潜在的适应机制可能包括肌肉功能、乳酸缓冲能力的改变,以及代谢效率和运动经济性的改善。低氧训练可以通过自然暴露于高原,或者通过使用人工低氧装置来模拟高原环境。

第十四章　登山和高海拔生理

当我们想到登山时,大多与登山的名人有关,例如希拉里和诺盖,他们在1953年成为登上珠穆朗玛峰的第一梯队成员。其他著名的登山名人包括莱因霍尔德·梅斯纳和彼得·哈伯勒,1978年他们创造奇迹,他们在不携带供氧设备的情况下成功登顶珠峰,震惊了世界,创造了人类登山史,20世纪高海拔登山纪录如图14-1所示。自20世纪80年代中期以来,随着向导式探险的建立和普及,登山运动员和探险爱好者可以成功地抵达高海拔地区,但有时会有悲剧发生。每年都出现登山人员的伤亡事故。高地不只是探险者的领地,据估计,全球有1.4亿人永久居住在海拔2500m以上的地方。安第斯山脉中最高有人居住的地区位于海拔5000m的高度。高地可以对人体形成独特的应激,使其成为研究人体生理极限的绝佳环境。人类在整个进化史中暴露于各种各样的海拔高

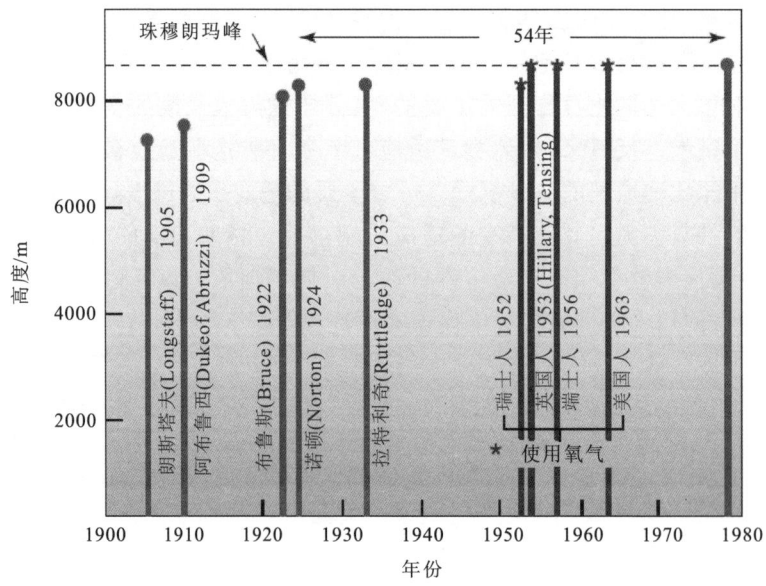

图14-1　20世纪高海拔登山纪录(据 Powers et al.,2017)

地。本章着重探讨高海拔(>3000m)高地对运动能力的影响以及一些常见的高原(高山)疾病。

第一节 高山(原)反应和适应

从事高海拔登山活动的通常是健康的登山运动员。随着海拔高度的增加氧分压的降低,运动能力显著下降的根本原因是低氧血症,它最终导致血液向肌肉输送氧气的效率降低。高山反应是指由于登上空气稀薄的高原地区而发生的反应,一般健康人在海拔 4000 米以上有头痛、头晕、恶心、呼吸困难、心跳加快等症状。而高山适应的速度和程度存在个体差异。随着多次的登山实践,人体适应能力可得到改善。登山新手无论多么健康,与以前登过山的人相比反应更大。机体适应的速度与其适应的能力没有必然的联系,适应慢的人有可能成为好的适应者。高山适应可借助于海拔 4572m 以下的训练及高糖膳食来改善。高山衰退(high-altitude deterioration)是指长期停留在高山时,人的脑力和体力发生衰退的现象,超过海拔 5334m 的高度机体就会出现高山衰退现象。长期停留在海拔 5791m 的人,尽管有良好的生活条件,但仍会引起高山衰退,表现为食欲减退和体重下降。在海拔 5334m,登山者要接近于高原世居者的体能水平,他们需要很长的适应时间。虽然在这样的高度未观察到工作能力降低,脑力活动也表现为正常,但有间发感染的倾向和体力不足的情况发生。海拔越高,机能衰退就越显著。我们从如下几个方面讨论登山的反应和适应过程:

一、心肺功能

(一)心脏

低氧是影响冠脉血流强有力的因素,它可使冠脉血流较正常水平提高 5 倍,冠脉血流的增加是小动脉扩张的结果。然而,实际上,在高山的冠脉血流是有所降低的,而且这种降低不能被红细胞压积或动脉血氧含量的增加所代偿。尽管这种血流和氧供有所降低,心肌的氧合作用是充分的。没有适应的人在 3048m 高度以上,直到 4267m,安静时的心率呈逐渐地增加。一般身体情况好较之身体情况差者,安静心率低。如果人在高山持续停留超过 1h 以上,心率则转慢,并趋向其正常平原上的值。这种调节直到 4572m 左右起作用。超过这个高度即使是适应的人,其安静心率也是增加的。短暂低氧几小时,低氧终止或下山时,心率便即刻恢到正常。然而,也有适应者回到平原,其安静心率可比正常稍低达数日之久。高原世居者比登山者安静心率低,登山者安静心率较高,但其最高心率则偏低。假如登山者在平原的最高心率为 189~190beats/min,然而在 5791m 的最高心率为 140~150beats/min,高原世居者在高山的最高心率为 196beats/min。低氧条件下心电图常见的变化为 T 波低下或倒置。严重低氧时 P-R 间期延长或 QRS 综合波变形。人们从平原上到海拔 4500m 的地区,心电变化包括额面 QRS 电轴右移,肢体和右胸前导联 T 波电压增高,P 波的变异,这些变化可能是由肺动脉高压引起的。

(二)肺脏

高原世居者的肋骨的走向水平,这提示其胸廓前后径较大。海拔高过 4500m 比 4000m 地方的世居高原者胸围显著增大,而身材的其他量度保持不变。这提示世居高原者胸廓发育的变化可能是一种低氧适应。在胸廓扩大的同时,肺毛细血管管床也扩张起来,这就产生了有利于肺泡和血液之间进行气体交换的条件。

莫索(1894)首次研究高山上的呼吸失调问题。潮式呼吸又称陈-施呼吸(Cheyne-Stokes respiration),特点是呼吸逐步减弱以至停止和呼吸逐渐增强两者交替出现,周而复始,呼吸呈潮水涨落样。潮式呼吸周期可长达 30s 至 2min,暂停期可持续 5~30s。低氧可引起过度呼吸,还可引起呼吸反馈机制的不稳定(即脑脊液、动脉血、静脉血中氧分压,二氧化碳分压以及 pH 的变化)。因此整个呼吸控制系统变得不稳定,而引起呼吸节律的波动现象,即潮式呼吸。潮式呼吸可以发生在静息状态和睡眠状态,在 2438m 这样的高度就可以观察到。当人们产生高山习服时,这种呼吸会逐渐消失,但是只要留在高山上,潮式呼吸可能持续一段较长的时间,但是高原世居者潮式呼吸表现得不那么明显。

在高山活动时,通气量随着海拔和运动强度增加呈进行性地增加。抵达高原前两周以内,通气量持续增加。这是初到高原的主要表现之一,高原习服者和未习服者的差别就在此。在高山上通气量高,运动功率增加,或地形陡峭,或地面由坚硬变松软,呼吸频率都会增加,并可引起过度喘气,使得登山者停下来,这可能是由于肺通气的耗氧量高而造成的。登山者的运动能力受到呼吸能力的限制,而高原世居者完成同样的运动负荷却没有感觉到呼吸困难。登山者可以达到一个大约为 140L/min 的通气临界水平。超过此水平,即使通气再增加,肌肉不会得到更多的氧。高原居住的人们通气次数较少,因而呼吸肌消耗的氧气较少,从而把更多的氧气供给肌肉。

1960年和1961年分别进行一系列经典的研究,科学家们在海拔5800m的大本营进行了为期8个月的测试,这个项目被称为"银屋探险"(silver hut expedition),这项探险活动获取了大量有关高海拔心肺动力学的信息。尽管许多发现在当前看来是不言而喻的,但它们在当时没有得到可靠的数据作为支撑。以下是这次探险一些主要的发现:

(1)不论海拔高低,相同功率运动时的氧气需求均保持不变。例如,在300千克力功率下(持续5min),氧气消耗在海平面和海拔4650m、5800m、6400m和7440m处均保持在大约0.90L/min的水平。

(2)在海拔7440m的地方进行了自行车测力计运动检测。在健康的受试者中,最大摄氧量仅为1.48L/min。显然,这是精英运动员最大摄氧量4L/min的大幅下降,这有助于解释高海拔地区运动能力急剧下降的原因。从这些数据推断,预测在珠峰峰顶,最大摄氧量约为1L/min。如图14-2所示,最大摄氧量随着海拔的增加呈进行性降低。

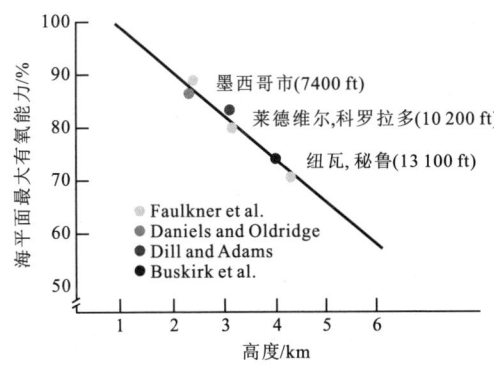

图14-2 最大有氧能力随海拔高度增加的变化(注:将海平面时的最大有氧能力设定为100%,1ft≈0.305m)(据Powers et al.,2017)

(3)高地氧分压的降低损害了氧运输能力。在海拔7440m的高地,静止状态下,氧饱和度仅为67%,而在海平面上健康个体的氧饱和度接近100%;轻度运动时,降至56%~63%;中度至重度运动时,降至50%以下。维持去饱和的一个主要机制是肺内扩散的限制。然而,在珠穆朗玛峰峰顶从未进行过血液氧饱和度的直接测量。

(4)次最大努力条件下,高地与平原心输出量高度相似,但在海拔5800m时,最大心输出量从大约23L/min降至16L/min,心血管循环转变很明显,每搏出量显著减少,而心率则代偿性增加,最大心率显著降低。长时间停留在高原时,红细胞的体积和血红蛋白以及血细胞比容会显著增加30%～50%。

二、血液功能

在海拔4572m以下,机体通过提高红细胞压积增加血液携氧能力。红细胞压积增加使得血液黏滞度增高,从而加重心脏负担。上升到4572m高度,在24h以内,2,3-二磷酸甘油酸浓度增高,并伴有氧解离曲线向右移的现象。这种效应可能是2,3-DPG的直接作用,也可能是减低了细胞内pH值的结果,而其他因素,如平均血红蛋白浓度和溶解状态的二氧化碳浓度增加也起着重要的作用。当登山者和高原世居者返回平原,这种曲线右移现象就会消失。对高原世居者和登山者进行的研究证实其2,3-DPG水平较平原人高。由于动脉氧含量随海拔的增加而逐渐减少,因而氧解离曲线右移获得的好处较小。

高山世居者的氧容量比登山者大。在5300m处,高山世居者的氧容量是30.5mL/100mL血液,而习服的登山者为25mL/100mL血液,相差10%,但后者在这时的氧容量比在平原时大。在海拔5334m登山者静息时的血氧饱和度约下降到平原的76%。登山者静息状态的血氧饱和度随着海拔增高而下降,在6300m处,降到65%。在高山的居民中,某些人只具有平原血红蛋白的量,而他们的劳动能力没有降低。

由于寒冷而引起血流减慢,这时血液氧饱和就会明显不足,从而引起紫绀(紫绀是指血液中脱氧血红蛋白增多,导致皮肤和黏膜呈青紫色改变的一种临床表现,俗称为发绀。全身皮肤、黏膜均可出现发绀,但在皮肤较薄、色素较少和毛细血管丰富的部位,如口唇、鼻尖、舌和面颊部等较为明显)。紫绀既可在高山地区,也可在寒冷条件下发生。登上一定海拔高度,紫绀察觉就出现问题。由于多数帐篷是有颜色的,在帐篷里面人的皮肤往往受到帐篷颜色的影响而"着色",在帐篷外,雪山上的人戴着深暗色的眼镜,皮肤也同样"着色",很少有机会在正常的光线下看东西,一直到紫绀严重时,人们才注意到这一现象。

登山者获得同高原世居者一样的习服特征,需多长的时间尚不了解,而这种"完全"习服是居住平原的人不可能达到的。高山适应包括血液红细胞数和血红蛋白量的增加。这是机体红细胞生成能力增强的结果,但是登山者和高原世居者,血小板和白细胞的数量均保持在平原的正常值。高原新生儿出生数天以后,才有红细胞增生活动,表明在胎儿期间,没有低氧刺激,影响不明显。在平原居民高山反应的最初几个小时以内,红细胞的生成数超过破坏数。由于控制红细胞增生的机理对低氧很敏感,在低氧 2h,红细胞的铁转换率就加快,在低氧 7~14d 达到峰值,这时的红细胞生成速率约为正常的 3 倍,6 个月以后,红细胞的铁转换率仍然较高,甚至到 8 个月以后,红细胞的破坏和生成还未达到平衡。但是 1 年以后,不论是总血量,还是血液的其他成分都未能达到高山世居者的水平。

高原世居者每天的红细胞生成量比平原居民约高 30%。高原世居者移居到平原后,红细胞铁转换率逐渐下降。在第 3 至第 5 个星期达到最低值(只有最高值的 1/3),然后逐渐恢复正常。在平原 3 个月以后,红细胞数量下降到正常水平以下,但在以后数月内,红细胞数量又恢复到正常水平。

红细胞增多的程度和其定居的海拔高度有关。红细胞生成是受促红细胞生成素调节的。红细胞生成素作用于产生幼红细胞的骨髓细胞。在 4300m 处,停留 19~39h,血浆红细胞生成素浓度达到最高值,然后逐渐下降。在此高度的第 10 天,下降到低氧前的水平。高原世居者下到了平原,表现出红细胞量下降,红细胞生成受到抑制。

促红细胞生成素刺激红细胞生成,肠内铁吸收加速。平原受试者到达 4540m 高度的初期,铁的吸收增加 3~4 倍,1 星期以后其吸收率达最高值。返回平原后,铁的吸收率下降,3 周内达其正常值的 1/5。高原世居者,其铁的吸收与出生并居住在平原的人相比较,差别不显著。在平原和高山进行活动,两者的血液变化不存在显著差别。虽然红细胞压积和血红蛋白稍有增加,这可以用血液的再分配加以解释,而由体力活动引起红细胞生成活动增强的现象不明显,并且很快恢复到正常值。

高原世居者表现出海拔高度与血红蛋白浓度之间呈线性关系。在 3658m 以下,血红蛋白浓度增加较慢,在 3658m 以上,血红蛋白浓度增加较快。在 5334m 以上,血红蛋白浓度可以增加到 23%。快速上升到海拔 4267m,血红蛋白浓度升高 10%~15%,这是由于血浆量减少所致,血红蛋白浓度在这种最初的快速增加以后,接着是 2 个月内的缓慢增加,最后就不再增加,而维持在较高水平上。在高山的最初 2~4 个月,血量下降,此后,其量上升,血量达平原正常值的 110%~120%。大约 2 个月以后,虽然红细胞继续升高,而血红蛋白浓度维持恒定。但血红蛋白浓度达到约 20% 时,就不继续增加。

在急性低氧条件下作亚极量强度运动,血乳酸浓度呈进行性地增加。血液 pH 值在较低的运动负荷时没有显著变化,但在 2300m 高度上运动负荷相当于摄氧量 3L/min,在 4000m 高度上运动负荷相当于摄氧量 2.5L/min,血液 pH 值下降。在急性低氧下作激烈运动,血乳酸是增高的,然而在慢性低氧下作激烈运动,乳酸的生成则减少。血液 pH 值是限制乳酸生成的因素之一,可能是一种反馈机制,由于切断了糖酵解的部分途径而使致命性的酸中毒得以避免。高原世居者运动时,血乳酸积蓄比平原对照组低,运动负荷增加时这种差别加大。亚极量强度运动,登山者比高原居民产生更多的乳酸。

三、肌肉功能

除心肺因素外,肌肉形态、氧化能力或生理特性的变化可能导致高地运动能力的改变。一个早期的假设是:在高水平低氧应激的反应中,肌肉氧化代谢得到加强,从而形成对有限的氧供应的适应性反应。一个潜在的途径是减少毛细血管和肌纤维之间的氧气交换距离,增加单位面积肌纤维毛细血管的数量,因此氧气的输送得到增强。但是,这种变化可能不是由于新血管的形成,而是由于单个肌纤维本身横截面积减少的缘故。Ⅰ型肌纤维和Ⅱ型肌纤维的相对分布比例没有变化。研究表明,随着气压的降低,中枢疲劳性会增加,这意味着神经自主能力降低,导致其在高原上自主募集肌纤维收缩能力的下降,这是肌肉疲劳加剧的潜在途径。神经肌肉能力的下降可能是由于中枢驱动或肌纤维本身的变化引起的。低氧症越严重,那些为正常书写需要的肌肉其控制能力的丧失程度就越大。随着低氧症的加重,书写就变得越来越难以辨认了,由低氧症造成的肌肉功能丧失是上行性的。开始时,以腿肌功能丧失为主,然后是双臂,颈肌最后受到影响。

四、代谢功能

(一)体重变化

1981年,科学家进行了一次珠穆朗玛峰的探险研究。研究显示机体的代谢功能和身体成分发生变化。长时间高地活动反应的主要特征之一是持续的体重减轻。一些登山者在探险过程中体重减轻了5~10kg。基本上这种减重是通过能量消耗和摄入之间的不平衡而促发的。运动员在高地通常出现厌食症而无法摄入足够的热量来补充体重的减轻,而厌食症可能是由于食欲抑制和味觉变化的综合作用,以及烹饪足量食物的现实的困难引起的。运动员登上高山,会出现食欲不振、热量摄入不足和体重下降等反应。运动员较为缓慢地登上高山,可使高山病的症状减轻。良好适应最简单的指标之一是正常食欲的维持。适应好,则体重减轻不明显;适应力差,则食欲减退,肠道吸收失调,体重减轻。运动员在高海拔地区长时期停留,只有达到正常体重时,才能算是完全恢复了。

高原的饮食变化可能会损害肠道对营养的吸收。低地居民在低氧条件下脂肪和木糖的吸收都将减少,粪便和尿液样本中脂肪和木糖的含量增加就是一个证明。脂肪吸收困难对长期高原生存构成了一个额外的障碍。因此,在低氧的情况下我们需要增强肠道对脂肪和其他必需营养素的吸收。在极端高地,主要的代谢转移至肌肉蛋白质分解代谢上。因此,肌肉蛋白分解代谢和肠道吸收不良都是高原减重的重要因素。这些变化不一定归因于脂肪储存不足。在探险之前增加体重或体内脂肪无法防止高原上肌肉的损失。

在高海拔地区,机体摄糖的欲望增加,而摄脂的欲望减退。高糖膳食可减轻急性高山病症状。健康者出现高山病的概率要低,而低糖摄入的久坐生活的人迅速登上高山,出现高山病的概率激增。那些高糖膳食和正常进食的人也发生体重减轻的现象。人体急性低氧可出现氮的负平衡,如果摄取足够的能量,就可获得氮的正平衡。关于体重变化的其他影响因素涉及液体摄入不足和肠胃不适而导致脱水。急性低氧可改变与维持体液平衡有关的调节激素的活性,包括醛固酮、抗利尿激素和肾素。人体脱水的逐渐增加可能与急性高原病症状的严重程度密切相关。

(二)热平衡

登山者习惯于摄氧量为 2.0～2.5L/min,或极限负荷 50%～60% 的强度下进行活动,其产热量为 450～600kCal/h。这就意味着,他们以适当速度步行就足够在中等寒冷的条件下保持体温的稳定。体能较差的登山者为了保持温暖,其运动强度要接近最大负荷水平(或最大摄氧量),但是他们仍不能通过高产热率来维持热的平衡。

登山者容易遭受冷冻损伤,在早期的登山队中,轻度的冻伤是常有的事。高海拔冷冻损伤临床的观察提示,在气温相似的条件下,冷冻损伤在海拔高的地方比在海拔低的地方更为普遍。这可能与以下因素相关:①失温与某种程度的脑功能丧失有关,低氧易导致注意力不集中和遗忘,有可能会丢失或忘记戴上像手套那样重要的装备;②随着海拔的增加,最大摄氧量下降,活动能力会下降,机体的产热量较低;③随着通气量的增加,经肺散失的热量将增加,海拔越高,这种热散失就越严重;④高山衰退的基本表现是没有食欲和体重下降,皮下脂肪组织的消失降低了身体的保温性。随后,机体出现肌肉萎缩,伴有肌肉无力和不能工作,因而不能产热;⑤寒冷和高海拔条件都有引起局部血液浓缩的倾向,如果毛细血管壁有损害,血管内淤塞的可能性大大增加,从而导致组织的损害和坏死;⑥登山者基础代谢率降低;⑦登山者寒战的能力减弱;⑧体温降低诱导氧解离曲线向左移,由此而造成组织中的氧分压降低;⑨人在高山比在平原更容易遭遇冷冻损伤。

(三)水代谢

即使人体热量摄取充足,高山急性低氧还是会引起体重下降。这可能与体内水分丢失有关。高山急性低氧时,细胞外的水分虽保持恒定,但细胞内的水分减少。机体水分减少的时期是急性高山病发病率最多的时期。人登上高山的初期,临床上可能出现浮肿的现象。有许多重力性水肿的病例被报道。如果登山者侧身躺卧,就可能发生单侧面部水肿,并有眼睑半闭的症状。长期在高山,水肿现象较轻微。

随着登高,温度下降,冷利尿有可能得到加强。体液的丢失可能是一种高山适应。机体水分的丢失,可以降低脑脊液的压力,减少发生脑水肿的可能性。体液的丢失与高山诱发肺通气量增加和高热负荷相关。

五、内分泌功能

长期逗留在海拔4360m的人,醛固酮的分泌量将显著地减少。当控制食物的钠钾含量时,上升至3500m高度发现醛固酮的分泌明显下降。返回平原后,醛固酮恢复到正常水平。人体单纯暴露于低气压7~9d,研究发现醛固酮分泌少量增加。醛固酮分泌的抑制机理可能是在右心房,当右心房扩张时,醛固酮的分泌减少。在高海拔地区,右心房的扩张可能是和右心室肥厚同时发生的。血管容量的变化可能部分起着控制醛固酮分泌的作用。醛固酮分泌过高能引起高血压,故在高海拔醛固酮分泌的减少可能就有一种保护作用,这可能与世居高原居民高血压发病率低有关。

快速登上高山时,血浆皮质醇浓度增加。在高山习服的早期阶段,肾上腺髓质受到刺激。人体由平原上升至海拔3800m,尿内去甲肾上腺素的排泄增加。在此海拔高度逗留14天时,去甲肾上腺素的排泄增加1倍,而肾上腺素的排泄没有明显的变化。在不超过4300m的高度逗留大约2~3周以后,从平原登山的人,其肾上腺的活性可恢复到正常。世居高原的居民肾上腺髓质的活性是正常的。高原世居者在海拔4500m和在平原时血中儿茶酚胺浓度没有明显差异。在海拔5791m停留数月,我们可以观察到肾上腺皮质功能的降低。

六、脑力活动

在身体组织中,神经系统组织抗低氧的能力较差,皮质区对低氧较敏感。如果大脑皮质的氧张力超过 5mmHg,它就能够正常工作,因为有小量的溶解氧储备。在相当于海拔 8534m 高度的氧分压下,皮质细胞会发生改变,而且有些改变是不可逆的。1960—1961 年的喜马拉雅山科考队,在海拔 5791m 停留 3 个月之后,他们出现脑力疲乏的现象,主观上感觉脑力活动正常,可是计算错误经常发生,而且,进行一切脑力活动,都需要比在平原时作出更大的努力。

脑代谢的氧需超过它得到的血液氧供。脑血流既取决于动脉血氧分压,又取决于二氧化碳分压。在一定的动脉血氧分压下,过度换气能使脑血流减少。这种因过度换气而使脑血流增加受到限制的情况,可能就是急性高山病病因学上的一个重要因素。在低氧症的情况下,大脑利用葡萄糖量增加了,于是葡萄糖转化为乳酸的比例也增加了。过量的乳酸盐就出现在脑静脉血中。如果低氧症持续时间长,就引起毛细血管通透性增加,使蛋白质得以进入血管外空隙,结果导致血管外渗透压增高,于是液体就从血管流出,而形成水肿。这会妨碍脑细胞的氧合作用。脑脊液压力增高,引起静脉堵塞,进一步加重低氧。这时血管扩张,血管周围出血,并伴随淤血现象。血管和神经周围出现水肿。严重的损害常见于大、小脑皮质和海马回。

人体出现急性低氧症时,动脉血的氧饱和度降低到 85％(PaO_2 = 50mmHg),这会引起脑力集中能力减退和肌肉精细协调能力的障碍。动脉血的氧饱和度降低到 75％(PaO_2 = 40mmHg),人就会发生判断错误,情绪不稳定和肌肉功能障碍,而降至 60％以下(PaO_2 = 32mmHg),就出现意识丧失,中枢神经进行性抑制。75％动脉血氧饱和度是进行随意动作控制的最低安全极限。

随着海拔的增加,脑力的活动能力将减退。基于这种理由,所有的观察都应该立即记录下来而不应留在记忆里。虽然低氧症是记忆力减退的主要诱因,但其他情况对脑力衰退也有重要的作用,这些情况包括低温、营养不足和疲劳,每种情况都可伴有严重的精神症状。高级皮质控制力的消失,是低氧状态的早期表现。高山环境的主要效应为精神上的怠惰。

由于低氧刺激神经系统,可以出现一种精神愉快的状态,并伴有一种欣然自得的感觉,然后,随之而来的是一段抑郁期。从平原来到高地的旅行者常诉有睡眠不安和多梦扰人。随着人们逐渐适应高山环境,这些现象就会消失。

长期停留在高地的人回到平原之后,在一段时期内会出现智力减退。这种改变的程度和持续的时间,与到达的高度和停留的时间有关。回到平原后,脑力特别疲乏可持续数周,常见的有记忆力的现象,但会逐渐消失。甚至有些探险队员罹患抑郁症,应采取心理治疗。

七、感觉功能

视网膜神经对低氧敏感。长期停留在高山上,光感和视力均可发生损害。在2500m以上高度时,人体会出现对光线的敏感度减少的现象。在弱照明的情况下,在2438m左右视力便出现减低。在4877m高度上,视力可减退到平原的50%。虽然中央视野不受影响,但是有证据表明周边视野轻度缩小。在高海拔的地方,视网膜血管的直径增加,静脉比动脉扩张的程度更大。

在高海拔的地方,所有的感觉都变得迟钝了。这些变化几乎是不可能从主观上觉察出来的,人们往往只是下到海拔较低的地方,才意识到自己原先没有觉察到这些感觉曾遭到损害。

八、运动能力

在高山运动时,机体氧耗量要比平原多。急性和慢性低氧都使运动能力下降。高原世居者比平原居民到高山后,前者有较好的耐力和有氧代谢能力,机械效能较高。登山者必须在高山居住多年以后,他们才能达到高原世居者同样的运动能力。最大工作效率,随着高度的增加而下降。

九、生长发育

在高原上,胎儿比在平原感受到更大的低氧刺激。高原居民与平原居民相比较,胎儿出生体重较轻,而胎盘的重量则较大。高原上"不规则形状"的胎盘为平原地区的3倍,这些胎盘较薄,使脐血中血红蛋白量较高。出生前对高原低氧的适应包括两点:①母体与胎盘之间氧弥散的面积增加;②胎盘屏障对氧输送的阻力减低。

据研究,高原的各年龄组比平原的各年龄组更重更高。在海拔4000m及更高的亚洲和南美高原上,生长发育和性成熟推迟,而高达3000m的埃塞俄比亚则似乎相反。

在高原居民中,成年人的右心室比左心室大,他们出生4个月右心室的发育就开始占优势,右心室增大与肺动脉压力增高有关。世居高原的人,出生后一个月肺动脉和肺小动脉肌肉层就开始增厚和增生。这种现象加上红细胞增多症而引起的血流黏滞度增高,导致了儿童和成人的肺动脉高压。在高山上,肺动脉压增高促进血液灌注肺部。

世居高原的人身材矮小,但比平原居民的肺容量大,主要的差别在于功能余气量和余气量。成年人肺容量增加是由于青少年时期胸廓加速发育的结果,肺的大小与其说同身材有关,不如说同胸廓的大小有关。胸廓发育快是一种特殊适应。移居高原时人的年龄越小,居住的时间越长,就越能获得高原世居者相同的肺通气量和有氧代谢能力。

第二节 常见的高山(原)疾病

多数人进入中高海拔的高地环境时,会罹患急性高山(原)病,有头痛、恶心、呕吐、呼吸困难与失眠等症状。这些症状从抵达高地 6~48h 就有可能发生,而且以第 2 天和第 3 天最为严重。虽然急性高山病不会有生命危险,但它可能影响身体机能,有些会发展出相关的致命病变,如高原肺水肿或脑水肿。本节概述了三种最危险的疾病,即急性高山(原)病,高原肺水肿和高原脑水肿。

一、急性高山(原)病

常见的非致命性高山(原)病是急性高山(原)病(acute mountain sickness,AMS)。其发生随着海拔高度、高度攀升速率、个人经验与人体低氧敏感性而有所不同。有些研究已针对经验丰富的登山者探讨高山病的发生率。根据 AMS 严格的定义,2500m 高度是该病发生的最小阈值。然而,由于个人对低氧反应的高度可变性,急性高山(原)病可能发生在海拔 1500m 的高度,其流行程度和严重程度有很大的个体差异。AMS 症状包括头痛、疲劳、气短(呼吸困难)和过度换气、失眠、食欲不振或胃肠不适以及口渴减少等。头痛是登山时常见的症状,很少有人在海拔 2500m 以下出现头痛但在海拔高于 3600m 时,多数人会有头痛症状。在高地发生的头痛是连续不断并阵阵抽痛,通常以早晨与运动后最不舒服,而且饮酒会加重症状。低氧造成脑血管扩张,引起痛觉感受器的伸张可能是一个重要的原因。

另一个急性高山(原)病引起的后果是即使相当疲劳,个人也无法入眠。有些人还会有呼吸中断的现象,称为睡眠呼吸中止症,有碍于进入及保持睡眠状态。睡眠呼吸中止症的特征是急促与缓慢呼吸交替,属于浅层呼吸,通常包括呼吸完全停止的间歇阶段,这就是前面提到的陈一施呼吸。此种不规则呼吸的状况随着高度上升而增加,在海拔2440m的发生率是24%,在海拔4270m的发生率是40%,海拔6300m以上则几乎每个人都会发生。

AMS的诊断目前尚有争议,常用的诊断工具是路易斯湖主观问卷。路易斯湖量表就急性高山(原)病的具体症状,包括:头痛、肠胃不适、疲劳、睡眠和整体活动五个方面进行评估。进一步的症状评分与临床检测相结合,包括精神状态、共济失调和外周水肿。路易丝湖量表适用于婴幼儿。尽管这个量表是现场诊断的宝贵工具,但重要的是要知道其主观属性。显而易见,这些普通的症状会使正确诊断变得非常困难,特别是在高海拔高地长途旅行中,加上饮食的变化,尤其如此。虽然急性高山病的真正诱因尚未明了,但资料显示承受极大压力的人,在低氧环境中有着低的换气量,换气量不足使氧分压下降多,并在组织里累积多的二氧化碳,这两个因素可能引发与高山病有关的绝大多数症状。

运动员应如何避免急性高山病?即使运动员在登山前有过良好的耐力训练,但是它们面对低氧环境的冲击时,这只能提供些微的保护作用。如果以渐进的方式增加高度,也就是在海拔较低的地方适应几天,通常能避免发生急性高山(原)病。为了将罹患高山病的风险降到最低,在海拔3000m以上,建议每天上升的高度不宜超过300m。至于缓解急性高山(原)病症状的药物,唯一认定具有预防作用的是乙酰唑胺,需从登高前一天开始服用。乙酰唑胺有时和类固醇合成为地塞米松,而这两种药物都必须在医学监控下才能使用。当然,严重急性高山病的最佳处理方法是移往海拔较低的地方,不过氧气罐和高压急救袋,在紧急状况下依然管用。

二、高海拔肺水肿

高海拔肺水肿(high-altitude pulmonary edema,HAPE)患者出现静息呼吸困难、胸闷压塞感、咳嗽、咳白色或粉红色泡沫痰,全身乏力或活动能力减低,它是高原地区特发病,以发病急,病情进展迅速为其特点,如能及时诊断与治疗,完全能够治愈。HACE与急性高山病有类似的临床问题,具有许多相同诱发风险。不像急性高山病,高海拔肺水肿的肺部积液现象会威胁生命。HAPE与低氧导致的肺部血管收缩有关,在肺部形成血块,而液体和蛋白质从微血管中流溢出来。它最主要的问题是心肺循环的氧气传输不足,这是由于肺内血流和液体积聚引起的。这个现象常发生在快速爬升到 2500m 的高度而无法适应的人身上，而这也会发生在健康的人身上，尤其是儿童或年轻人较常见。HAPE 发生发展的时间进程与 AMS 相似，一般在到达高原后不久或高度进一步迅速增加就开始。最初的症状包括休息时和劳累时呼吸困难，心动过速和呼吸急促。肺部积液明显，液体聚积妨碍空气进出肺部，导致呼吸短促，咳痰或血，咳嗽不止，胸闷与过度疲劳。有时容易被误诊为肺炎，如胸部检查时听到的爆裂声。另一个明显的身体症状是发绀。正常呼吸的中断会破坏血液氧合作用，相当严重时还会造成嘴唇与指甲发绀，神志不清与失去意识。高海拔肺水肿的处理方式，是补给氧气以及将病患移往低处。

HAPE 的诊断最初可以在现场使用类似于路易斯湖综合症状量表进行评估。各种机制引起的肺组织的血流量和压力增加，可能是 HAPE 的病理生理基础。例如，低氧诱导的肺血管收缩迫使液体进入间质液；内皮功能障碍进一步导致肺毛细血管渗漏增加。低氧应激引起的交感神经驱动力增强也导致血管收缩。因此，肺动脉高压或其他心肺循环问题可能成为个体易感性的预测因素。参照初始临床病史，以及在常压低氧暴露期间的肺动脉压力测试可以作为登山前的预筛选方式。

三、高海拔脑水肿

如果未及时诊断出 AMS 并且采取有效的预防措施，则症状将会在范围和强度上进一步扩大，AMS 潜在致命的终点是高海拔脑水肿（High altitude cerebral edema，HACE）。它是指颅腔内的液体聚积，通常是发生高海拔肺水肿之后的一种并发症。HACE 的具体症状围绕着中枢神经系统，包括潜在的严重共济失调、神志不清、昏睡、精神功能受损、意识丧失和视网膜出血，如果未及时进行药物治疗，补充氧气，使用高压急救袋，下降到较低的海拔，HACE 很容易造成永久性脑组织损害或死亡。

这种疾病多半发生在海拔 4300m 以上的地方，与 HAPE 相似，HACE 的成因牵涉到低氧导致体液从脑部微血管溢出，造成水肿。AMS 和 HACE 发病的确切机制仍有待商榷，它们可能源于中枢神经系统的肿胀。头痛可能是多因素造成的，既有身体内物理学因素的变化，也有化学因素的变化。一些更具吸引力的模型提出，高山（原）低氧血症导致代偿性脑血流量增加。与没有症状的人相比，经历 AMS 的个体脑动脉平均血流速度更快，流向大脑的血流量增加可能反过来导致血脑屏障通透性发生变化，最终导致颅内压升高和脑肿胀。脑中的液体积聚可能是由于细胞内或间液内的渗透压变化(细胞毒性水肿)促使的单个细胞内的肿胀引起的。另外,脑血管压力的变化可能导致蛋白质或液体通过血脑屏障的额外渗漏(血管源性水肿)。总的来说,这可能是大脑和脑脊液肿胀共同作用的结果。

第三节 高山(原)疾病的预防

高海拔地区疾病主要的预防和临床对策是让登山者逐渐适应高原,并在遇险时或出现疾病诊断的最初迹象时迅速下降到较低的海拔。AMS 症状较轻微时,通常要降低活动的强度。然而,重要的是持续进行监测,以确保症状不会增加并发展为严重的脑水肿和肺水肿。如有必要,应制定应急计划以进行撤离,在任何情况下均不得允许患有 AMS 的人继续爬升至更高的海拔,直到症状完全消失才许可。本质上,在这种情况下,下降从来都是合适的,而继续上升是不合适的,这就引出了登山格言"症状消失之前,不要上升"。与此同时,患者必须避免中度至剧烈的运动,因为这将增加生理压力和脱水风险,从而加剧症状。在登山环境中,需要动员大量人力资源来提供援助。这也使得许多其他已经接近其功能极限的人,处于危险之中。

AMS 常见的药物预防措施是使用乙酰唑胺。它的作用是阻断碳酸酐酶的作用,致使碳酸氢盐的积累,从而增加其从体内的排泄。反过来,这会降低血液的 pH 值并刺激通气。对于 AMS,已提出该药可增强低氧性过度换气反应,因此它可加快适应速度。但是,绝对不应该使用它来替代自然海拔适应过程。一个主要的副作用是排尿增加,这应该通过强调足够的液体摄入来进行调节。可以预防或在 AMS 发生时使用的另一种药物是皮质类固醇,地塞米松,它有助于减少炎症。有时将上述两种药物合用。

短期管理高海拔疾病的辅助设备包括便携式高压舱,或称为 Gamow 袋。Gamow 袋是密封的,可以用脚踏泵充气。通过将空气泵入袋内,可有效地将海拔高度降低约 1500m 或更多。Gamow 袋大多将病患完全放置入其内部,通过窗口进行监测。有些还包括一个二氧化碳过滤装置,它可以连续地泵入新鲜空气。患者可能被放入袋子里 1h 或更长时间,然后重新评估,必要时可以重复这个过程。然而,一些 Gamow 袋被设计成便于撤离的装置。不省人事的和有呼吸停止危险的患者不应该被放置于 Gamow 袋中。

高海拔疾病个体易感性差异很大,一项临床研究目标是了解 AMS 的潜在机制以及人体低氧反应的特征。总体而言,正如预测宇航员对太空运动病的易感性一样,确定有关个人生理或遗传因素的研究是非常困难的。对 AMS 的流行病学分析指出,其主要诱因包括环境的和情境的因素,例如:AMS 的既往病史,对现有的海拔高度适应性和上升速度。此外,高原疲劳会增加疾病的严重程度。除了这些主要因素之外,其他因素,如性别、年龄、训练状况、吸烟史和饮酒,也有一定的作用。低氧屋或帐篷的便用是可以让运动员提前适应将要登上的海拔的。这可以大大消除低氧的风险因素,从而最大程度地减少在探险之前适应环境所需的时间。类似的大型的低氧暴露设备(例如低氧控制的兵营)被证明对快速的高原军事部署是有用的。

  AMS 生理预测的一个重点研究领域是对机体低氧或对高碳酸血症的过度换气反应强度,其假设是较低的换气反应会导致较低的氧分压水平或呼吸刺激,从而导致较少的氧合作用,这样 AMS 的患病风险就大。然而,一系列研究显示,机体对低氧或高碳酸血症的通气反应与 AMS 敏感性之间的关联非常弱或无统计学意义。由于 AMS 的主要诊断标准涉及中度至重度的头痛,因此 AMS 易感性的另一个基础可能是中枢神经系统轻微的解剖结构变化,例如:血脑屏障的完整性。另一个需要考虑的因素是颅内和椎管内脑脊液的体积。理论上认为,大脑比颅腔的体积大,再加上颅内液体量高,在暴露于高原时,几乎没有空间容纳大脑的进一步肿胀。这种假设得到了对不同严重程度的 AMS 患者神经影像学研究的支持。然而,即使这个想法是正确的,困难在于使用神经影像技术作为测试的工具。正如环境和运动生理学领域的许多其他课题一样,了解高原疾病的机制和易感性可能得益于基因研究的最新进展。反过来,查明病因遗传因素可能有助于呼吸道疾病(例如慢性阻塞性肺疾病和肺动脉高压)治疗。但是,有人则认为,这些基因与高原疾病易感性之间没有明确而直接的联系。总的来说,将遗传因素剔出的一个问题在于,急性代谢综合征可能是由多种原因引起的,而不是由单一因素决定的。

主要参考文献

吕永达,霍仲厚,2003.特殊环境生理学[M].北京:军事医学科学出版社.

吕永达,李开兴,尹昭云,1995.高原医学与生理学[M].天津:天津科技翻译出版社.

邱仞之,2000.环境高温与热损伤[M].北京:军事医学科学出版社.

王鹤森,吴泰贤,吴慧君,等,2014.运动生理学[M].2版.新北:新文京开发出版股份有限公司.

王明晓,于乾海,2010.户外医学[M].北京:人民军医出版社.

王瑞元,苏全生,2012.运动生理学[M].2版.北京:人民体育出版社.

王瑞元,周越,2013.运动生理学[M].北京:北京体育大学出版社.

徐伟刚,2016.潜水医学[M].北京:科学出版社.

朱大年,王庭槐,2019.生理学[M].9版.北京:人民卫生出版社.

HACKNEY A C, 2016. Exercise, sport, and bioanalytical chemistry: principles and practice [M]. Amsterdam: Elsevier Inc.

KATCH V L, MCARDLE W D, KATCH F I, 2010. Essentials of exercise physiology[M], 4th ed., Philadelphia: Lippincott Williams and Wilkins, a Wolters Kluwer business.

KRAEMER W J, FLECK S J, DESCHENES M R, 2011. Exercise physiology: integrating theory and application [M]. New York: Lippincott Williams and Wilkins.

KRAEMER W J, FLECK S J, DESCHENES M R, 2013.应用运动生理学-整合理论与实务[M].林正常,郑景峰,李佳伦,等译.新北:艺轩图书出版社.

NICK D P, CHRISTOPHER H S, 2008. Adventure sport physiology [M]. Chichester: John Wiley and Sons Ltd.

PLOWMAN S A, SMITH D L, 2013. Exercise physiology for health fitness and performance[M]. 4th ed., New York: Lippincott Williams and Wilkins.

POWERS S K, HOWLEY E T, 2017.运动生理学:体适能与运动表现的理论与应用[M].2版.林正常,王鹤森,何仁育,等译.新北:艺轩图书出版社.

POWERS S K, HOWLEY E T, 2017. Exercise physiology: theory and application to fitness and performance[M]. 10th ed. , New York: McGraw-Hill Education.

STEPHEN S, CHEUNG C L, 2010. Advanced environmental exercise [M]. Champaign: Human Kinetics.

WILMORE J H, COSTILL D L, KENNEY W L, 2012. Physiology of sport and exercise [M]. 5th ed. , Champaign: Human Kinetics Inc.

WILMORE J H, COSTILL D L, KENNEY W L, 2017. 运动生理学[M]. 林贵福,张正琪,蔡忠昌,等译. 3版. 台北:和枫书局.